U0948899

1990—2015

上海陆家嘴金融贸易区规划和建设丛书 COLLECTION OF SHANGHAI LUJIAZUI FINANCE AND TRADE ZONE PLANNING AND CONSTRUCTION

梦缘陆家嘴

LUJIAZUI: WHERE ALL DREAMS BEGIN

第一分册 总体规划

Volume Ⅰ Overall Planning

上海陆家嘴(集团)有限公司
上海市规划和国土资源管理局 编著

中国建筑工业出版社

编委会

本册编写人员：何　虹（组长）沈文新　高　琦　王梦亚　罗　翔
余　兰　陈凌云　陈　雯　孙　倩

寄语陆家嘴

（浦东开发以来主要领导寄语，以在浦东任职时间先后排序）

沙　麟（1990年5月初任上海市人民政府浦东开发办公室主要负责人）

开发浦东的目标是建设一个全新的上海，它不是加一块，更不是单纯地疏解浦西的压力，而是以一个新的浦东的开放为契机，真正形成一个西太平洋的金融、贸易和多功能的城市明珠。浦东的开发必须而且是首先要开放浦东，而开放浦东，必须深化改革。浦东的新的格局、新的改革被突破，会带动整个上海的一个全新的机制，现在浦东的问题还不是一个给优惠政策的问题。我认为，单纯地给优惠政策所具有的作用是有限的，更重要的是像保税区、土地批租、允许经营第三产业，尤其是投资基础设施、外资银行进来可以发行股票、进行证券交易等等，使我们经济运行机制有一个新的格局。（摘自《沙麟：亲历上海对外开放》）

沙麟

杨昌基（1990年5月任上海市人民政府浦东开发办公室主任）

今年是陆家嘴公司的二十五周年寿辰，我真挚地向你们表示祝贺。

二十五年来，公司从艰苦创业到茁壮成长，公司的领导和全体职工以忘我劳动赢得辉煌的胜利成果，我衷心地向你们致敬。

二十五年来，你们为浦东开发作出了巨大贡献，已经载入了浦东开发的史册，人们会永志不忘的。

如今，中央和市、区领导又交给你们新的重要任务，我为你们高兴，也相信你们一定能再立新功、再创新的辉煌。

陆家嘴集团公司从来都很重视史料的收集整理工作，已经出版过几个丛书和画册，2013年开始又筹备了另一套丛书，我认为这些都很有意义。希望能订定一些制度，一代又一代的坚持和发扬。

出版丛书和画册是一项重要的工作，它如实反映实际情况。而另一方面更重要的是科学总结经验教训，使“实践—认识—再实践—再认识”的不断深化和提升。这比编写丛书和画册更具有指导今后工作的重要意义。编写丛书和画册只是“知其然”，总结经验则是“知其所以然”。我认为陆家嘴集团公司可以为自己或他人共享的应该是“授人以鱼、不如授人以渔”。陆家嘴有陆家嘴的客观条件，当初的客观条件现在也已发生了变化，自己和他人都不能照抄照搬当时的某些经验。而总结经验则是“日新、日新、日日新”的面向未来的重要基本素质。要青春常驻就要求我们不断地加强学习，提高善于总结经验的本领。这件最难最重要的任务，我认为陆家嘴集团公司应该已具备了较好的条件。而中央、市、区领导交给公司的新的重要任务也更加迫切地要求公司在总结经验的基础上，以新的思维和精神状态确立新的工作目标、新的人员素质、新的工作效率，才能圆满地完成。

万事开头难，党的十八大以来，首先是总结了经验教训，经过顶层设计全面制定了新政，吹响了全面复兴中华民族的号角。习近平总书记深入浅出地作了许多讲话，其实都是经验的总结，所以大家越读越爱读。我们在认真总结经验时，可以从中吸取许多智慧。特别是其涉及城市建设和规划的有关片段，对我们从事开发、规划和建设的工作的人感到更为亲切。

浦东开发和陆家嘴集团公司创业初期都很难，但是后来的转型和规划建设都要比初创更有难度，今后的任务则比过去25年会更难。因为能否“华丽转型”、“华丽转身”也都有“万事开头难”的过程。我们从事过首创时期工作的人们，不要去迷恋过去初创时期的“难”的历史和光荣，而是要总结初创时期的“经验和教训”，去理解后继工作人员的难在哪里，不论“先创者”和“后建者”都把心思放在如何使今后更美好上，因为他们的心本来就是相通的。

习近平总书记的讲话中提到提升城市和提升城市基础设施的质量以及适度超前、适度留有余地等问题，也提到城市建设为经济服务、为人民生活服务；以及绿山青水和金山银山的相互关系等方面。短短几句话，讲出了极深刻的哲理，都是值得我们认真学习和深思的。陆家嘴（集团）公司初创期间规划和建设的目标是国际一流现代化城市，是开发浦东、振兴上海、服务全国、面向世界。而现在的目标提升了，要求成为全世界的金融贸易中心、科技创新中心，原来是基本一张白纸，可以画成美丽的图画，但由于目标提升了，要在建成的城市建设格局上再提升基础设施的质量和数量，加上弥补原来规划和建设造成的人民生活设施上的欠账，显而易见是非常困难的。我们如何去“知难而行”呢？就得靠群策群力，激发更多方面的积极因素去“心往一处想，劲往一处使”，努力促其圆满解决。当年浦东人民编演的话剧“情系浦东”使很多人感动得流下了热泪，我至今记忆犹存。“情系浦东”不只是浦东的梦，它是和中国梦、民族梦、人民的梦紧紧相连的“梦”，也是“陆家嘴的梦”，这个梦现在还在路上！

杨昌基匆匆.
2015年6月3日.

夏克强（1991年8月任上海市人民政府浦东开发办公室主任）

我在浦东开发办工作的一年，是令我终生难忘的一年。想起那紧张、高效的岁月，我至今仍感受颇深。

在起步阶段，浦东新区就紧紧瞄准世界一流城市的目标，建设具有合理的产业发展布局、先进的综合交通网络、完善的城市基础设施、便捷的通信信息系统和良好的自然生态环境的现代化城区。

我到浦东开发办时已经有了一批政策文本，后又制定了一些新的法规条文。对此要进一步加以细化和完善，抓紧制定社会经济发展和能够体现一流城市水准的总体规划。做好详细规划的超前准备工作和开发建设规划的应急制定工作，及时向中外投资者提供相关资料。同时，简化外商投资审批程序，提高办事效率，为外商投资提供“一条龙”服务，切实改善投资“软”环境。（摘自《2号楼纪事/难忘的一年》）

夏克强

赵启正（1993年1月任浦东新区管委会主任、党工委书记）

今天中共上海市委浦东新区工作委员会和浦东新区管委会同时成立了，这标志着浦东新区的开发开放又翻开了新的一页。

回顾历史，开发浦东曾是几代人的夙愿，但是都未能付诸行动。只有贯彻执行了邓小平同志所创导的建设有中国特色的社会主义理论之后，才使开发开放浦东成为现实，浦东大地上才能开始发生历史性的伟大变化。

十四大报告指出，以上海浦东开发开放为龙头，进一步开放长江沿岸城市，尽快把上海建成国际经济、金融、贸易中心之一，带动长江三角洲和整个长江流域地区经济的新飞跃。刚刚闭幕的上海市第六届党代会又以浓重的笔墨描绘了浦东新区光辉的未来和开发浦东的指导方针。（摘自1993年1月1日赵启正同志在浦东新区党工委、管委会正式挂牌仪式上的讲话）

趙啓正

周禹鹏（1995年12月任浦东新区党工委书记、1998年2月兼任浦东新区管委会主任）

在陆家嘴建设国际化的现代金融贸易区，是开发浦东、振兴上海、服务全国的重大战略举措。在全国、全市人民的大力支持和参与下，经过上世纪90年代的拼搏和开发建设，陆家嘴地区的形态、功能发生了质的飞跃，知名度不断提高。特别是去年的APEC盛会，以及1999年的财富论坛上海年会，更是陆家嘴成为上海国际化大都市的重要标志。

我相信，二十一世纪第二个十年的陆家嘴金融贸易区新一轮开发建设，必将以更新的视野进行规划，更新的步伐向前迈进，并必将以更新的神韵和面貌展现在世人面前。

周禹鹏

2015年8月30日

胡　炜（1993年1月任浦东新区管委会副主任、2000年8月任浦东新区区长）

二十一世纪的头二十年，对我国来说，是一个必须紧紧抓住并且可以大有作为的重要战略机遇期。对上海来说，今后二十年，是建成社会主义现代化国际大都市和国际经济、金融、贸易、航运中心之一的关键时期。浦东开发开放进入了全面建设外向型、多功能、现代化新城区的新阶段，浦东新区在上海建设世界城市的进程中担负着重要的责任，要进一步发挥浦东改革开放的体制优势，围绕上海建设国际金融中心的目标，基本建成陆家嘴中央商务区，形成中外金融机构、要素市场和跨国公司总部（地区）的高度集聚以及比较完备的市场中介和专业服务体系。（摘自2003年浦东新区政府工作报告）

姜斯宪（2003年2月任浦东新区区委书记、区长）

陆家嘴金融贸易区是上海在过去二十五年中最令人叹为观止的发展成就之一。其中，尤以其高起点的规划、高品质的建设和高价值、强辐射的功能开发为各方称道并载入史册。我坚信，陆家嘴金融贸易区将在提升上海乃至中国的核心竞争力方面持续发挥加速器的作用。我祝愿陆家嘴集团百尺竿头、再创辉煌！

姜斯宪

2015年5月8日

杜家毫（2004年5月任浦东新区区委书记）

陆家嘴是中国改革开放的象征和缩影，是中国道路、中国力量、中国精神的体现和标志。它不仅是浦东人的骄傲，也是每一位中国人包括全球华人的骄傲。我相信在实现两个一百年的中国梦的进程中，陆家嘴一定能够奏响无与伦比的华美乐章。

杜家毫

二〇一五年五月十一日

张学兵（2004年5月任浦东新区区长）

以陆家嘴金融贸易区为主要载体，以资源集聚和金融创新为抓手，推动以金融为核心的现代服务业快速发展，努力做好加快自身发展和服务全国两篇文章。发挥浦东要素市场集聚、资源配置能力强的优势，为国内企业走向国际市场提供便捷的服务。用好鼓励大企业在浦东设立地区总部的政策，支持国内企业把浦东作为拓展国际市场的基地。（摘自2005年浦东新区政府工作报告）

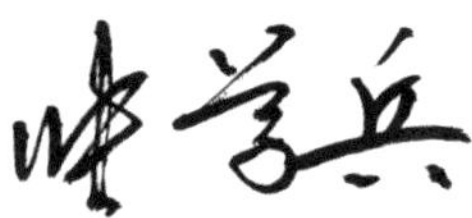

徐　麟（2008年2月任浦东新区区委书记）

在“十二五”期间，我们通过全力推进十大工程建设再打造一批以金融为主的机构入驻的载体是非常必要的，与此同时，也还更要体现陆家嘴的深度城市化，要按照“以人为本”的理念，更好地营造一个适合在这里工作、生活、娱乐、休闲、文化和购物的良好环境。未来的发展，不仅仅是一个办公楼宇的量的释放，同时还伴随着深度城市化的进程，在配套设施、城市功能的进一步提升和完善上更下功夫。今天所介绍的十大工程，其实都是综合性的，不仅仅是办公功能，也是相关的文化、商业等其他配套的供给。我们要坚持做到这两者的有机结合，不断地在载体建设和环境优化上、在城市功能的提升和完善上尽到我们的努力。（摘自2012年5月14日陆家嘴金融城十大重点工程建设推进大会上的讲话）

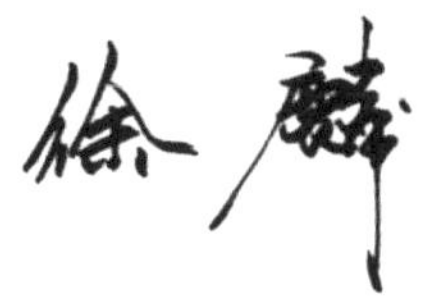

李逸平（2008年3月任浦东新区区长）

陆家嘴作为国家级的金融贸易开发区，要着力营造良好的金融发展环境，不断提升上海国际金融中心核心区功能。要切实解决办公楼宇用餐难等“三难”瓶颈问题，积极创新理念、完善规划、加快实施，进一步提高陆家嘴地区生活服务综合配套水平，吸引更多的金融机构、人才集聚。对于陆家嘴金融区东扩，要不断完善规划，突出规划的引领作用，努力促进要素集聚和功能优化。陆家嘴集团公司要继续发挥好开发区建设主力军的作用，紧紧围绕“金融聚焦”的战略目标，探索创新发展模式，不断改善陆家嘴金融生态环境。（摘自2008年5月4日在陆家嘴公司调研时的讲话）

李逸平

2015.5.7

姜 樑（2009年5月任浦东新区区长）

今后，我们仍然要注重金融中心核心功能区的建设，以金融市场体系建设为核心，以功能提升为导向，以陆家嘴金融城为主要载体，以先行先试、机构集聚、空间拓展、环境配套等为主要抓手，积极争取金融创新，推动证券、期货、产权、股权等要素市场拓展功能、提升能级，完善多层次金融要素市场体系。要继续大力引进高能级金融机构，争取大型国有商业银行在浦东设立第二总部，争取金融业增加值占地区生产总值的比重达到20%左右。要继续大力提升金融城的品牌知名度和影响力，加快推进上海中心等重点楼宇建设，完善商业、文化等综合服务配套功能。（摘自2012年浦东新区政府工作报告）

姜樑

沈晓明（2013年5月任浦东新区区委书记）

浦东是国家改革开放的旗帜，是国家战略的集中承载地，党中央和市委、市政府对浦东寄予厚望。浦东应改革而生，因改革而兴，过去浦东的成就靠改革，今后浦东的发展还要靠改革。目前浦东正处在二次创业的新时期，分水岭就是两区合并。我们推进浦东二次创业，只有把改革这个看家本领传承好、发扬好，二次创业才有坚实的基础，二次创业的目标才有可能完成。（摘自2014年3月浦东新区区委常委会讲话）

孙继伟（2013年10月任浦东新区区长）

围绕“四个中心”核心功能区建设，创新陆家嘴金融城管理体制机制，拓展金融城发展空间，推进金融机构集聚，优化金融发展环境，支持航运金融、航运保险、海事法律等高端航运服务业发展，促进高能级跨国企业总部集聚，创新监管模式，主动承接自贸试验区在金融、航运、贸易等方面开放创新的溢出效应，加快要素资源集聚，增强核心枢纽功能，提升全球资源配置能力。（摘自2014年浦东新区政府工作报告）

孙继伟

编者序

浦东开发开放至今已走过25年历程。过去25年，如果将中国比作全球增速最快的列车，上海浦东无疑是最为强劲的发动机之一；而陆家嘴，堪称其中设计最为精巧的“核心部件”。它身负重任，历经打磨，日渐散发出巧夺天工的光彩和磁石般的引力。

一切，都源自敢于“做梦”。20世纪80年代初，上海对改革开放、对浦江东岸的开发跃跃欲试，“吃不到饼就先画饼”，规划、建设的蓝图开始涂上梦想的底色。1990年4月18日，党中央、国务院在上海宣布了开发开放浦东的决策，至此，原本充满地缘情结的“上海梦”、“浦东梦”，一跃上升为国家战略，承载着国强民富的“中国梦”。作为全国唯一以“金融贸易区”命名的国家级开发区，陆家嘴的“金色梦想”，也就此起航。

以今人的眼光审视陆家嘴，也许并不完美。但追溯至25年前，那“无中生有”的魄力，敢想敢做的担当，科学周密的论证，注定给后世留下一份惊叹。规划方案面向全球征集，最终没有照搬照抄其中任何一个，而是结合各方案之长，因地制宜，描绘出一个属于陆家嘴自己的“梦想空间”。一如陆家嘴的梦，从懵懂到清晰，不变的，是那份激情与荣光。

最初参加过陆家嘴规划方案征集的英国建筑设计大师理查德·罗杰斯也曾感慨，没想到中国人能对国外设计方案当中的理念理解得这么好，也没有想到他们能把各家的优点结合起来，并运用得这么巧妙，令人刮目相看。这位被业界奉为“教科书”式的大师还大胆断言，世界城市规划的教科书上很快就会出现中国的东西。

桃李不言，下自成蹊。改革开放总设计师邓小平当年的寄语：“抓紧浦东开发，不要动摇，一直到建成”，像一面鲜明的旗帜，不仅牢牢地印在陆家嘴的地标建筑外墙上，更深深地镌刻在每一个参与这片热土规划和开发建设者的心中。他们，脚踏实地，不忘初心，一步步朝着梦想前行。

Preface

The opening and development of Pudong District, Shanghai has been going on for 25 years. In the past 25 years, Pudong has doubtlessly been one of the most powerful engines propelling China, the fastest train that runs among the global machines. Lujiazui Area is the most delicate part that has ever been designed of this engine. It bears on its shoulder a great task that through times has burnished this part to its glorious splendor and mesmerizing charm.

It all started because of a daring dream. Back in the early 80s of the last century, Shanghai adopted the reform and opening-up policy and started to develop the east bank of Pujiang River, later called Pudong District. Everything was built from scratch with the blueprint of planning and construction beginning to shape up. On April 18th 1990, Party Central Committee and State Council issued a policy of developing and opening-up of Pudong District. From that day onward, the local "Shanghai Dream" and "Pudong Dream" up-scaled to a national strategy, carrying the Chinese dream of strengthening the nation and improving people's livelihood. Being the only national development zone as a financial trade area, the vessel of Lujiazui sailed to its golden dream since then.

From today's point of view, Lujiazui may not be the prefect area in terms of its planning and development. But the fact that it took enough courage and wisdom to realize the dream 25 years ago would always startle generations to come. The planning projects were collected from all around the world. Instead of adopting a single project, the final plan took different advantages of each project in accordance with local conditions, yielding to a unique dream space of Lujiazui. With the outline starting to shape, passion and glory never receded.

Richard Rogers, the world-renowned English architect who was one of the many architects participated in Lujiazui planning project, never thought the Chinese would thoroughly understand the concepts in foreign projects, nor that they would even combine all the advantages from different ones to come up with a more refined one. He then predicted that in the near future the Chinese projects would be introduced in the global urban planning textbooks.

As a Chinese idiom goes, a trust-worthy and loyal man attracts admiration. Deng Xiaoping, the general designer of the reform and opening-up policy, once suggested that governments should spare no efforts to carry out the development of Pudong District until its completion. His words are not only just some banners that are painted on the façades of

正是因为他们的执着与奋进，才让今日陆家嘴的繁华与绚丽成为可能。

从单一到融合，从园区到城市。黄浦江畔的这片热土，见证了一个时代的变迁，一座“金融城”的崛起。今天的陆家嘴，作为上海建设国际经济中心、金融中心、贸易中心和航运中心的核心功能区，集聚效应突显，直入云霄的天际轮廓线与“站立的华尔街”美名，深入人心，不仅是中国改革开放的样本和标志，更以傲人的姿态参与全球竞争。

当梦想照进现实，所有的心血和付出，意义非凡。把逐梦的点点滴滴，留存、记取，仿佛一个个清晰的脚印，可供后人追寻、思考。这，也是本套丛书诞生的初衷。

15年前，上海陆家嘴（集团）有限公司就曾与上海市规划局合作，编辑出版了《上海陆家嘴金融中心区规划与建筑丛书》，忠实记录了陆家嘴梦想蓝图的诞生经过；15年后，1.7平方公里的“陆家嘴中心区”长成31.78平方公里的“陆家嘴金融贸易区”，经济、金融、贸易等复合功能突显，政企再度携手，推出本套《梦缘陆家嘴——上海陆家嘴金融贸易区规划和建设丛书》，继续秉承亲历者编写的宗旨，以约300万字、图文并茂的形式，还原一段为梦想而亦步亦趋、精耕细作的历程，回答一个“陆家嘴何以成为陆家嘴”的问题。

第一册**“总体规划”**，详细记录了陆家嘴金融贸易区规划编制的历程及演变、陆家嘴金融贸易区规划的意义、经验和思考；

第二册**“重点区域规划和专项规划”**，将陆家嘴金融贸易区重点功能区域规划和交通、基础设施、城市景观、立体空间等规划、城市设计和盘托出；

第三册**“开发实践”**，生动讲述了以上海陆家嘴（集团）有限公司为开发主力军，滚动开发陆

landmarks in Lujiazui, but also etched in the minds of each and every person who took part in the process. They had always been keeping a humble heart towards their dreams. It is due to their devotion and endeavor that Lujiazui can see its own prosperity and splendor now.

From industrial parks to the entire city with gradual integration, Pudong District witnessed the change of an era and the rise of a financial town. As a major function zone integrated with international economic center, financial center, trade center and shipping center in Shanghai, Lujiazui nowadays shows strong aggregation effect. Skyscrapers in this area give it the name Standing Wall Street, which echoes with every one's heart. All its achievements, setting as examples that mark China's reform and opening-up policy, enjoy great competitiveness among global markets.

When dream finally came true, all the dedication and hard works were doubtlessly of great significance. It is the very goal of these volumes that records every step along the way that leads to the dream so that they can be seen by later generations.

15 years ago, Shanghai Lujiazui Development (Group) Co.,ltd. and Shanghai Planning Bureau co-published a series Shanghai Lujiazui Finance and Trade Zone Planning and Construction which recorded in detail the entire process of how Lujiazui's blueprint was being born. The 1.7-square-kilometre Lujiazui Central District now grows to 31.78-square-kilometre Finance and Trade Zone integrated with economic, financial and trade functions. The government works with corporations again to publish this new series *Lujiazui: Where All Dreams Begin-Collection of Shanghai Lujiazui Finance and Trade Zone Planning and Construction*. Just like the former series, this one is also written by the participants who take part in the course. About 3-million words along with pictures restored the entire process of inexhaustible devotion and delicate designs, all of which are answers to why Lujiazui being the Lujiazui today.

Volume Ⅰ, *Overall Planning*, gives the planning process of Lujiazui Financial Trade District, its evolution, significance, experiences and thoughts in detail.

Volume Ⅱ, *Key Area Planning and Subject Planning*, introduces planning of key functional regions, as well as of

家嘴的“筑梦”经历；

第四册**“功能实现”**，利用详尽的数据和图表展现了陆家嘴围绕“四个中心”建设目标而实现的复合功能及城市形态和经济社会发展成果；

第五册**“建设成果”**，则选取最能反映城市形象变化的楼宇、道路和景观雕塑等建设成果，勾勒陆家嘴金融贸易区独特的气质和神韵……

这里，永远是梦开始的地方，追梦的脚步永不停歇。

2015年初，中国（上海）自由贸易试验区“扩区”，陆家嘴金融贸易区纳入其中；在上海市新一轮总体规划编制中，提出上海要在2020年基本建成“四个中心”和社会主义现代化国际大都市的基础上，努力建设成为具有全球资源配置能力、较强国际竞争力和影响力的“全球城市”。为打造中国经济升级版，陆家嘴作为核心功能区责无旁贷。

抚今追昔，展望未来。一个更加美好的陆家嘴，渐行渐近……

更多的惊喜，未完待续……

杨小明 庄少勤

2015年9月

transportation, infrastructure, urban landscape, stereoscopic space.

VolumeⅢ, *Development and Practice*, is about the experiences of realizing the Lujiazui dream that was led by Shanghai Lujiazui Development (Group) Co., Ltd.

VolumeⅣ, *Function Implementation*, lays out Lujiazui's multi functions of international economic center, financial center, trade center and shipping center, as well as the achievements of urban morphology, economic and social development.

VolumeⅤ, *Construction Achievements*, outlines the distinctive quality and charm of Lujiazui Financial Trade District reflected on the buildings, roads, views and sculptures.

Here is the place where all dreams begin. The steps of seizing them never cease.

In early 2015, China (Shanghai) Pilot Free Trade Zone included Lujiazui into its map as the expansion goes. The undergoing Shanghai's new overall planning states that on the basis of form up the four centers in 2020, Shanghai will strive to build a global city with strong international competitiveness and influence and the capability of global resource distribution. To promote China's economy to a new high, Lujiazui bears unshakable rcsponsibility as a major functional district.

Looking into the future with the recollection of the past, a better Lujiazui is bound to happen.

More surprises are about to come.

Yang Xiaoming, Zhuang Shaoqin

September, 2015

目录 Contents

第二章 陆家嘴金融贸易区规划历程及演变

第三章 陆家嘴金融贸易区规划

第四章 陆家嘴规划的意义和影响

第五章 陆家嘴规划的经验与思考

第一章

概述

第一节 昔日陆家嘴

一、地理位置

作为中国改革开放的象征，浦东陆家嘴如今已是上海最具魅力的地方，然而“陆家嘴”名称的来历，却未必人人皆知。据上海地方志资料记载，明永乐年间，黄浦江水系形成，江水自南向北与吴淞江相汇后，折向东流，迤逦而来的黄浦江在东岸拐了一个近90° 的大弯，形成一块嘴状的冲积沙滩。明代翰林院学士陆深，生卒于此，故称这块滩地叫“陆家嘴”。

陆家嘴金融贸易区所处地理位置的独特优势，要放在开发浦东的大背景下理解。浦东新区地处上海东大门，黄浦江以东，位于中国最富庶地区之一的长江三角洲东部，是濒海之域；属江海冲积平原，是在江流和海潮的长期相互作用下，由积聚的沙洲逐渐连片成陆的。虽然其面积仅1405km²，浦东新区却处于中国黄金海岸与黄金水道的交汇处，面对着太平洋及我国的香港、澳门、台湾地区，以及日本、韩国、新加坡等诸多发达国家，是中国改革开放的最前沿。

陆家嘴金融贸易区面积为31.78km²，城市化率达100%。区内地面平均高程在3.5~3.9m之间。因浦东新区地处北亚热带南缘东亚季风盛行的滨海地带，属海洋性气候，陆家嘴金融贸易区四季分明，降水充沛，光照较足，温度适中，年平均气温16℃左右，全年无霜期约230天。浦东新区属平原水网地区，境内河流基本上形成塘东、塘西两条自成一体又互有联系的水系。黄浦江下游段，自西南杨思港东北流至吴淞口与长江汇合，河段流程38km，陆家嘴金融贸易区位于其中部，东西向主干河张家浜横穿陆家嘴金融贸易区，内河之水西注黄浦江，东入大海。同时，其生态环境良好，动植物物种资源丰富。

上海区位分析

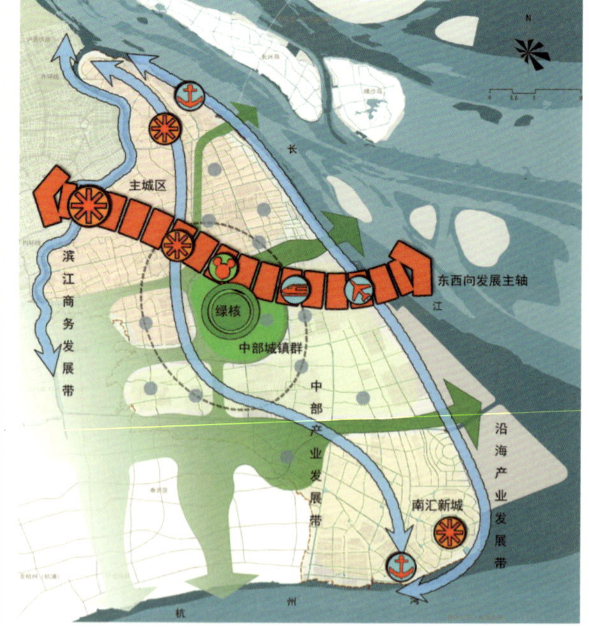

浦东新区空间结构分析

浦东区位图

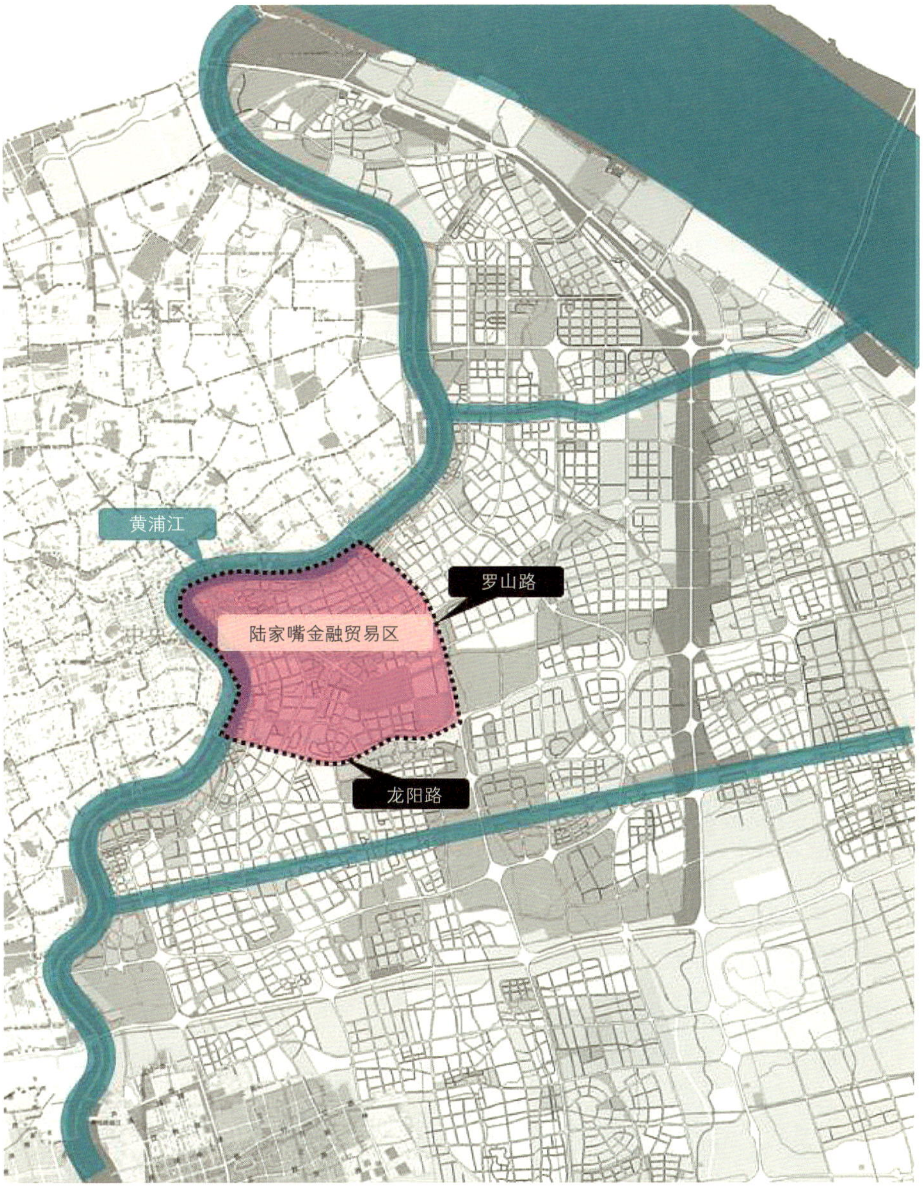

陆家嘴行政范围图

陆家嘴金融贸易区是浦东新区改革发展的核心区，已成为世界各国投资者进入中国浦东新区的第一道大门。陆家嘴金融贸易区还有便捷的国际航路优势，临近的浦东国际机场与世界各地的城市都能直接或间接通航。金融贸易区的北面与中国（上海）自由贸易试验区外高桥港区相接，借此与世界各重要的港口城市相通，每年有数以4万计标准箱的货物运往世界各地，其区位优势国内仅有。

二、历史沿革

浦东新区的前身主体是川沙县，其历史沿革可追溯到南北朝时期的梁大同元年（535年），其时设立昆山县，隶属于信义郡；古代的川沙是戍卒屯垦的海疆，唐天宝十年（751年）属华亭县；元至

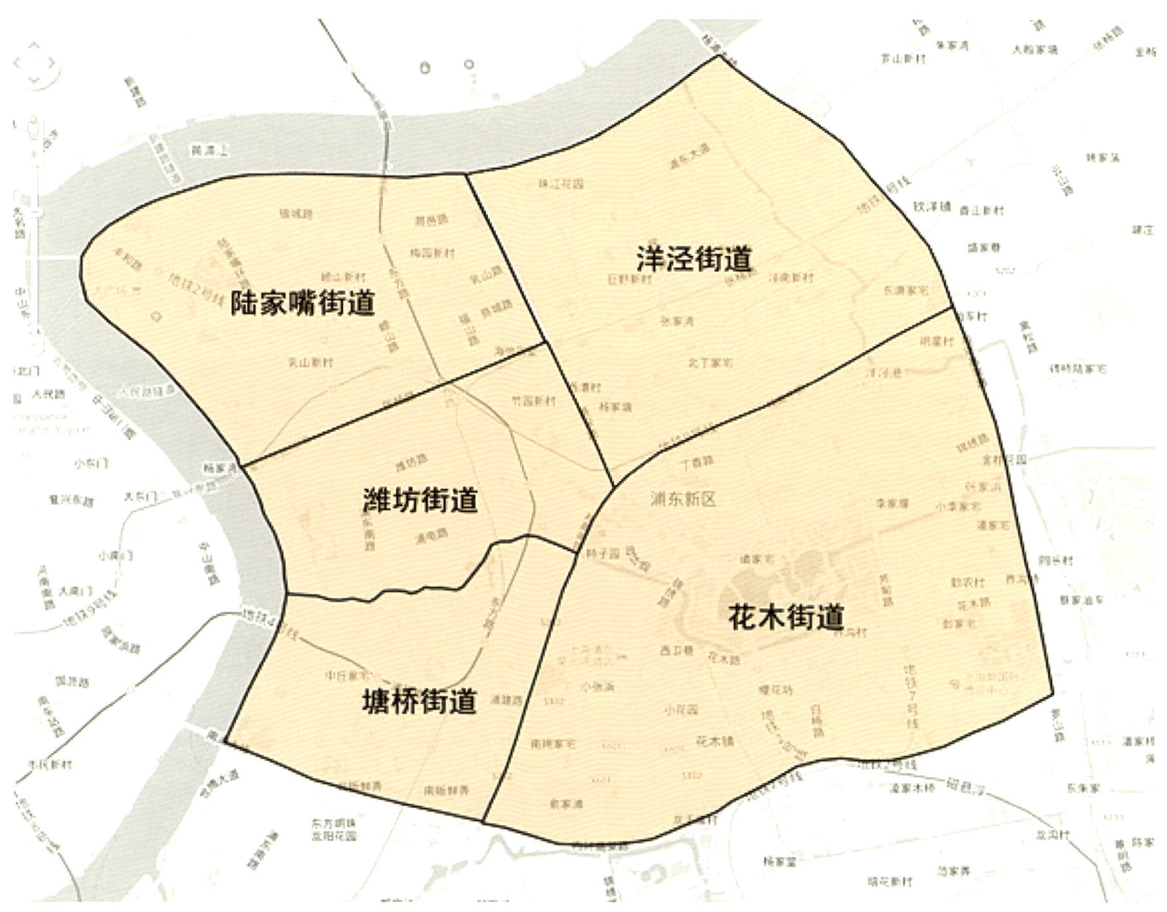

陆家嘴金融贸易区行政区划图

元二十九年（1292年），归属上海县；清雍正三年（1725年）后分隶南汇和上海两县；嘉庆十五年（1810年）开始由上海、南汇两县划出，设川沙抚民厅；辛亥革命（1911年）时改厅为县，直隶江苏省；1950年由南汇划入29个乡；1958年川沙从江苏省划出，改属上海市管辖；1961年成立才两年的浦东县的农村部分全部划入川沙；1984年将沿黄浦江的塘桥、陆家嘴、洋泾一带划归黄浦区；1990年，中共中央和国务院决策开发浦东；1993年浦东新区管委会成立，川沙县建制撤销，同时将划归到南市、黄浦、杨浦的地区及闵行的三林乡收回，成立浦东新区。

陆家嘴金融贸易区隶属于浦东新区，是浦东新区一个重要的组成部分。2004年10月，浦东新区成立陆家嘴、外高桥、金桥、张江等四个功能区域；2005年底，又先后成立三林世博、川沙功能区域。陆家嘴功能区域辖梅园、潍坊新村、塘桥、洋泾社区（街道）以及花木镇。2006年7月，花木镇改为花木街道办事处，梅园新村街道更名为陆家嘴街道。2006年8月，潍坊新村街道办事处改为潍坊新村社区管理委员会。一年之后，其他四个街道办事处均改为社区管理委员会，实现政府职能的转变和机构的改变。2009年5月，国务院批复同意撤销上海市南汇区，将其行政区域并入浦东新区。2010年1月12日，陆家嘴功能区域管委会被撤销，成立陆家嘴金融贸易区管委会，主要从事经济发展、规划建设、产业促进、环境优化等职能。

三、经济、社会发展和城市建设

陆家嘴地区的经济发展可追溯至清同治元年（1862年），英、美、法、日、德等国在境内先后辟建仓库、码头、堆栈、工厂。同治十年，清政府建立轮船招商局，并在烂泥渡建北码头，在陆家嘴设立南栈房。英商在烂泥渡建太沽栈。在陆家渡有法商永兴栈，德商瑞记洋行火油池等。陆家嘴沿江先后建起英商祥生铁厂、日商黄浦造船所、日华纱厂、英商茂生纱厂、英美烟厂等。民族工商业也在此兴办天章造纸厂、荧昌火柴厂、鸿翔兴船舶修造厂等。烂泥渡地区商业渐趋繁荣，大宗家用器具，砖、瓦、竹、木等建筑材料，以及各类土特产等均以此为集散地，逐渐形成商业街。

抗日战争期间，境内商业由烂泥渡路和陆家嘴路，逐渐移向东昌路。境内自南向北，设有陆家渡、烂泥渡、游龙路、隆茂栈、春江、坟山、小南洋、泰同栈等8个舢板对江渡。现大部分渡口被工厂、仓库等所占，仅存东昌路、泰同栈、陆家嘴3个轮渡站。新中国成立后，东昌路成为浦东地区最繁荣的一条商业街，有百年老店松盛油酱店、大鸿运酒楼、东方羊肉面店、德兴馆等名特产商店，以及其他各类商店；新辟东宁路与陆家嘴集市贸易市场。

至浦东开发前，陆家嘴境内有市属工业26家，区属14家。其中有年创汇2000万美元的上海肠衣厂，上海第一家沪港合资经营的上海联合毛纺织有限公司，日产鲜奶26万瓶的上海乳品三厂等。自

20世纪初的陆家嘴

1970年代的陆家嘴

1980年起，在东昌路两侧开设中国农业银行、浦东电话局、沪东商场、常青花店、丽华家电商店、远东电梯厂第一门市部、红江服装店等数十家。东昌路东段的南侧开办了交通银行、中国人民建设银行、中国银行等银行的浦东分行，上海信托贸易投资公司、中国人民保险公司浦东分公司等金融机构。

1987年的陆家嘴

1990年的陆家嘴

第二节 历史的机遇

一、应时而生：浦东开发是国家战略的布局

1978年召开的党的十一届三中全会，开启了以经济建设为中心的改革开放新时期，全国上下呈现出生机勃勃的发展新貌。然而，在整个1980年代，上海却逐步失去了在国民经济和社会发展中“独领风骚数十年”的地位。其中，1985-1987年，上海连续3年地方财政收入滑坡。到1990年代初，上海的地区生产总值由全国第1位降到了第6位。

1980年代初，《解放日报》曾在头版显著位置刊登《十个第一和五个倒数第一说明了什么？》，发起关于上海发展方向的讨论。其中，振聋发聩又让人深思的“五个倒数第一”，集中反映了上海城市建设的窘境，包括：（1）市区人口密度4.1万人/km^2，为全国之最；（2）人均拥有道路仅1.57m^2，绿化面积0.47m^2（像一张《解放日报》那么大），建筑之密、厂房之挤、道路之狭、绿化之少，均为我国大城市之最；（3）市区人均居住面积为4.3m^2（包括棚户、简屋、阁楼），4m^{2}以下的缺房户近百万户，占全市户数60%左右，比重之大为全国城市之最；（4）因交通事故造成平均一年死亡人数为42.5人/万辆，车辆事故为全国大城市之最；（5）由于三废污染严重，上海市区癌症发病率之高为全国城市之最。

至1980年代末，上海人均道路面积、人均居住面积、道路绿化等各项民生指标位居全国末位，各种不安全因素不断暴露，对整座城市的生产建设和人民生活造成威胁。1987年12月10日的陆家嘴轮渡事故（黄浦江持续大雾导致轮渡停航，复航后因聚集人数过多而导致踩踏事故），再一次对相对滞后的城市建设敲响警钟。

上海是一座典型的跨河型城市，被黄浦江分割成东西两部分。浦东是长江三角洲东缘的一方扇形土地，东临长江主干道公海段，北扼吴淞口，处于中国“黄金海岸”与“黄金水道”的交汇点。然而由于历史上黄浦江两岸没有桥梁和隧道沟通，一江之隔使浦东迟迟得不到开发，除沿江部分区域，大部分还只是农村地区。根据当时上海城市的经济、空间、体制、机制等现状，为了赢得疏解布局、调整结构、强化功能的发展时机，必须在拓展城市新空间上做文章。

除了城市本身的发展诉求，开发浦东更是在和平与发展的国际格局下，为我国坚持改革开放的政治形象树立了一面旗帜。1989年之后，小平同志在应对国内外、党内外人士对改革开放路线能否继续的质疑时指出，“现在国际上担心我们会收，我们就要做几件事情，表明我们改革开放的政策不变，而且要进一步改革开放”。小平同志倡导的浦东开发，从政治层面全面提升了上海的地方战略。

1986年10月，国务院批复原则同意《上海市城市总体规划方案》，并强调“当前，要特别注意有计划地建设和改造浦东地区。要尽快修建黄浦江大桥及隧道等工程，在浦东发展金融、贸易、科技、文教和商业服务设施，建设新居住区，使浦东地区成为现代化新区”。1990年4月18日，李鹏同志代表中共中央、国务院在上海宣布了开发开放浦东的决策；同年6月2日，中共中央、国务院批复原则同意上海关于开发浦东的请示。1991年2月18日，时任市委书记和市长的朱镕基向邓小平汇报了浦东开发情况，包括浦东新区初步规划方案。邓小平指出：“开发浦东，这个影响就大了，不只是浦东问题，是关系上海发展的问题，是利用上海这个基地发展长江三角洲和长江流域的问题。抓紧浦东开发，不要动摇，一直到建成。”至此，浦东开发开放从地区开发策略上升为国家战略。

邓小平同志题词

二、运筹帷幄：长期深入研究是科学规划的基础

1980年代初，在改革开放带动的思想活跃氛围下，来自规划学界、经济学界、地理学界的专家，纷纷为浦东开发建言献策：1980年2月，市规划局陈坤龙有感于上海城市建设长期偏于浦西一隅，设想在浦东建设带状形新城区，有效解决老市区“乱、挤、脏”的困扰，为此撰写的《向浦东广阔地区发展》一文，是迄今所见较早的大胆设想；1981年3月，上海城市经济学会会长叶进明等撰文《在浦东沿江建立新的市中心》，提出了“上海是全国的经济中心”和“国际贸易进口城市”论断，进一步阐明了开发浦东的意义；随后的几年里，王纲怀、陆怡椿、董鉴泓、顾泽南、高柳根、钟淳昌、金瓯卜等学者陆续发表文章，从城市发展战略的角度，参照国外城市发展经验，提出沟通黄浦江两岸，疏解老市区、解决市区“城市病”的措施，认为“开发浦东是疏解上海中心城臃肿的一条最经济最方便的捷径”，为浦东开发的前期研究贡献了真知灼见。

来自理论界和学术界的声音，也引起了上海市政府和中央部委的高度重视。1984年9月，中央派出了由国务委员宋平、国务院经济研究中心总干事马洪率领的上海经济发展调查组，进行了为期半个月的调查研究。在此基础上，邀集了中央以及全国各地的专家学者，召开了近百人参加的“上海经济发展战略研讨会”。会后，上海市人民政府向国务院提交了《关于上海经济发展战略汇报提纲》，1985年2月8日，国务院批转该报告，明确提出对上海的“三个突出”战略目标：一是突出上海作为国际中心城市特别是亚太地区中心城市的地位；二是突出以传统工业升级带动贸易、金融等第三产业发展；三是突出带动经济区乃至全国经济起飞。批复还指出“重点向杭州湾和长江南北两翼展开，创造条件开发浦东，策划新市区的建设”，为上海拓展经济发展新空间奠定了基调。

与此同时，海外的关注目光也投向了上海浦东。美籍华人、著名桥梁学家林同炎，是20世纪80年代倡议开发浦东的海外第一人。1987年7月，上海市人民政府专门成立了由副市长任组长的浦东开发联合咨询小组，陈国栋、胡立教、汪道涵等担任高级顾问，林同炎等一批海外知名学者被聘为海外顾问。1988年5月，市政府召开“浦东新区开发开放国际研讨会”，时任市委书记的江泽民、市长朱镕基和市政府顾问汪道涵，与来自国内外的140多位专家学者共商开发浦东大计。研讨会上，江泽民同志强调“开发浦东，加快向外向型经济发展，建设国际化、枢纽化、现代化的世界一流新市区”。

历经近十年严谨缜密又开放包容的深入研究，上海市委、市政府于1990年2月26日，正式向党中央、国务院提出《关于开发浦东的请示报告》，在邓小平同志的支持下，时任国务院副总理姚依林受中央委托，来上海研究制定开发浦东大政方针；随后，时任国务院总理李鹏向全世界正式宣布开发浦东的战略决策。

三、首当其冲：陆家嘴金融贸易区成为浦东开发的前沿

早在1990年代，市政府批准的浦东新区总体规划中明确陆家嘴金融贸易区是上海建设金融中心、贸易中心和经济中心的重要组成部分；2001年国务院在批复新一轮上海市城市总体规划中，明确指出上海城市建设与发展要遵循经济、社会、人口、资源和环境相协调的可持续发展战略，以技术创新为动力，不断增强城市功能，把上海建设成为经济繁荣、社会文明、环境优美的国际大都市，国际经济、金融、贸易和航运中心之一。

2007年《上海浦东金融核心功能区发展十一五规划》提出“陆家嘴金融城”的概念，并指出陆家嘴在未来担负起类似伦敦金融城的功能定位。浦东金融核心功能区的金融机构将高度集聚，达到国际新兴区域性金融中心水平。为给金融业长期发展预留空间，形成“一道三区”的发展布局，即世纪大道及以其为轴线串联的陆家嘴中心区、竹园商贸区和世纪大道中段两侧地块，以及花木行政文化区。在功能结构布局上，金融办公和总部大楼集中在陆家嘴中心区；各省市和中央部委建设的“省部楼”布局在东方路、张杨路沿线；行政管理、文化科教职能的公共建筑坐落在花木地区。三个组团之间，用快速道路和地下管线联通，由此构筑出陆家嘴地区发展的空间骨架。

2009年4月，国务院颁布了《关于推进上海加快发展现代服务业和先进制造业建设国际金融中心和国际航运中心的意见》，指出上海加快建设国际金融中心、国际航运中心和现代国际大都市，是现代化建设和继续推动改革开放的重要举措；是贯彻落实科学发展观，转变经济发展方式，突破资源环境承载能力制约，实现全面协调可持续发展，继续发挥上海在全国的带动和示范作用的必然选择。

为配合陆家嘴金融贸易区产业功能与城市功能的完善，实现向“城”的转变目标，在空间形态上，其建设重点从“一道三区”地区逐步向周边扩展，包括上海船厂地区、杨高南路商务走廊、塘东总部基地、竹园公园商贸地块等正成为金融服务、商务商贸功能新的承载地；同时，整个陆家嘴地区在重点发展金融产业的过程中，其相关配套的商业、文化、娱乐休闲、居住生活、绿化生态等功能的空间建设也在逐步完善之中。

陆家嘴金融贸易区空间结构图

第三节 今日陆家嘴

一、四个中心

作为上海“四个中心”建设（即国际经济中心、国际金融中心、国际航运中心、国际贸易中心建设）的核心区域，陆家嘴金融贸易区无疑具有举足轻重的地位。

1. 经济中心建设

一般认为，经济中心城市本身应该具有较强的经济实力，其主要特征表现为集中：人口的集中、金融活动的集中、商品流动的集中、生产的集中以及中枢管理职能的集中。建设国际经济中心实际上是建设实体经济中心和服务经济中心，后者发展由第三产业来承担。陆家嘴金融贸易区积极发展以金融为核心的现代服务业。25年来，陆家嘴金融贸易区实体经济（第二产业）比重逐年下降，第三产业快速发展，已经形成世界级经济中心城市。其中，国际经济中心建设的亮点尤为突出，总部经济、楼宇经济、要素市场等成为陆家嘴金融贸易区独特的发展亮点。

2. 金融中心建设

在国际金融中心建设上，陆家嘴首当其冲。截至2014年末，陆家嘴落户持牌类金融机构728家，约占浦东新区金融机构的90%。其中外资法人银行18家，约占上海市外资法人银行的86%，全国的一半。基金管理公司46家，约占上海市基金管理公司的95%，全国的43%。新型金融机构成为新的经济增长点。累计引进诚盈、中信、中非信银等股权投资企业578家，融资租赁企业53家，成为金融业中增幅和成长最快的行业。另外，专业服务机构不断涌现，引进捷银支付、嘉实、平安财富、标准普尔、惠誉、普华永道、安永等专业服务机构。区域内有第三方支付机构8家，财富管理机构95家，资信评级机构9家，知名会计师事务所50家。

入驻陆家嘴的知名企业标志

3. 航运中心建设

浦东新区所处的地理位置非常优越，对外贸易货源广，港口基础设施完善，货物吞吐量和集装箱吞吐量双双排名全球首位。在硬件设施方面，新区遥遥领先于国内各大港口，甚至在全球范围内都是首屈一指。陆家嘴金融贸易区的航运业特别是航运服务业迅速发展壮大。在港口运输、航运服务产业和航运基础产业三大行业中，航运服务业始终是陆家嘴金融贸易区航运业中占比最大的行业，而且比重保持在80%左右。2013年，浦东航运服务业实现增加值232.96亿元，是2009年96.68亿元的2.41倍，年均增长19.23%，是三大行业中增长最快的领域，高于整个航运业增长率5.62个百分点。

4. 贸易中心建设

陆家嘴金融贸易区是中国唯一以“金融贸易”命名的国家级开发区。也就是说，国家层面在浦东开发之初就赋予其贸易的重要功能，浦东打造国际贸易核心区也是国家的战略任务。金融和贸易功能相互依托、密切联系。1990年之前，陆家嘴地区的商业几乎就仅仅是居民区旁一些零星的杂货店铺，与浦西城市化发展不可相比。如今，陆家嘴金融贸易区内有众多大型购物中心，譬如在陆家嘴中心区域内的正大广场以及上海国金中心，新上海商业城已经成为上海的六大市级商圈之一，包括上海第一八佰伴、华润时代广场、新梅大厦、中融国际商城等多个购物中心。

二、商务服务

2009年4月，《国务院关于推进上海加快发展现代服务业和先进制造业建设国际金融中心和国际航运中心的意见》的文件发布后，同年9月，上海市政府发布的《2009-2012年上海服务业发展规划》（沪府发〔2009〕50号文），提出上海要优化服务业布局，围绕“四个中心”发展目标，着力打造战略性、功能性的现代服务业发展载体，逐步形成上海服务业发展重点区域。其中，外滩—陆家嘴金融贸易核心区依托上海金融要素市场集聚的优势，结合黄浦江两岸的开发和外滩沿线的功能调整，进一步完善商业、交通等配套设施，重点发展以中外银行、保险及资产管理等企业为主的金融服务业，强化和提升金融、商务、休闲功能，努力建设成为上海历史风貌和现代文明完美结合的、经典的高档商务区，基本建成层面多、功能强、辐射广的上海金融中心的核心功能区。

2009～2014年，陆家嘴金融贸易区紧紧围绕“四个中心”核心功能区建设，大力发展金融服务、航运物流、现代商贸和文化创意、旅游会展、信息服务等重点领域的现代服务业，社会服务业稳定发展态势良好，从2009年的4237.11亿元增至2014年的6885.43 亿元，6年增幅62.5%，年均增长8.43%。其中，商务服务业总资产达到3986.42 亿元，约占服务业总资产的60%。

三、会议展览

2001年开始，陆家嘴金融贸易区经历了浦东会展业迅速发展带来的辉煌，已成为上海国内国际商务活动最为频繁的区域之一，很多上海乃至国家级重大活动在这里举办，诸如财富500强会议、APEC会议、上海合作组织峰会、世博会开幕活动等等，已经初步形成了陆家嘴国际会议中心与新国际博览中心两个增长极，成为上海会展业发展的核心功能区。目前陆家嘴已成为上海会展产业发展的领先区域，展览总面积不仅占浦东新区的80%左右，展览的市场占有率近几年也一直保持着上海市场60%左右的市场份额。

上海国际会议中心

上海新国际博览中心

浦东展览馆

四、旅游休闲

25年的开发建设，陆家嘴金融贸易区已成为上海“四个中心”的核心功能区，同时也形成了以都市旅游为特色的旅游目的地，成为上海建设世界著名旅游城市的主要承载区域之一。陆家嘴金融贸易区拥有众多旅游景点，环球金融中心、金茂大厦和东方明珠每日接待数以万计的世界宾客，高达632m的上海中心也将成为上海的新地标，吸引来自五湖四海的游客。

上海仅有的3家5A级景点均坐落于浦东，其中东方明珠电视塔、上海科技馆都位于陆家嘴地区。金茂大厦88层观光厅、海洋水族馆、世纪公园、环球金融中心观光厅是4A级景点。上海科技馆是世界上规模最大的综合性科技博物馆之一。以上景点使得陆家嘴地区成为上海高等级旅游景点集聚区，也成为上海都市旅游最为标志性的地区。尤其是以东方明珠电视塔、金茂大厦88层观光厅、环球金融中心观光厅为代表的“摩天览胜”构成了上海最美的天际线，2009年被市民、游客投票选为“沪上新八景”之一。无论是内容的观赏性与吸引力、项目的维护水平还是推陈出新的能力，以上景点均处于国际高水准景点之列，因而持续吸引着国内外的游客前来游览。比如东方明珠开业至今共接待了超过570位外国首脑以及6000万人次的游客。

五、宜居社区

陆家嘴地区作为浦东最早开放和城市化的地区，社区建设多集中于20世纪80年代，公共配套的指标相对现今的市民需求有较大的差距；同时，由于陆家嘴金融贸易区的开发，这一地区的人口结构亦发生了较大的变化，使得公共配套设施的需求具有多样化和复杂化的趋势，产生了配套设施短缺或供

东方明珠电视塔

上海科技馆

需不平衡的状态，进一步加大与当地居民服务消费需求的差距；而城市功能高端化使该地区的土地资源极为紧张，公益性的社区公共服务设施的配置落地越发艰难。

浦东开发开放以来，依托现有的人居环境，拥有了发展国际社区的基础和潜力，本区内现有陆家嘴滨江、联洋国际社区。通过20多年的建设，浦东逐步建立健全了各项规章制度，提高制度管理的水平，探索灵活的建设和管理模式，努力提高政府管理水平的竞争力，加强国际社区公共服务建设，提升政府服务水平，为国际社区硬件配套设施及人文环境建设创造了很好的条件。

作为“四个中心”核心区，陆家嘴区域对人才集聚有强大的吸引力。目前区域人才总量达到41万，其中金融从业人员17万。为更好地服务人才、筑巢引凤，陆家嘴金融城启动“人才公寓”计划。目前已投入运营的人才公寓（含单身公寓、大户型公寓）逾两千套，金融白领（员工）可享受租金梯度补贴政策，并可使用公积金支付房租。人才公寓至金融城开通了往返短驳巴士，为入住者提供便利的生活配套设施。人才公寓在“我最喜欢的保障房设计评选”中获最受欢迎房型奖，实践证明“度身定制、拎包入住”的创新公寓模式已得到人才和市场的肯定。

金茂大厦与环球金融中心

陆家嘴滨江国际社区

联洋国际社区

陆家嘴人才公寓

第二章

陆家嘴金融贸易区规划历程及演变

第一节 蓄势待发（1950～1990年）

一、背景：突破瓶颈，城市发展战略上升为国家战略

1. 上海亟须空间拓展

放眼国际，巴黎的塞纳河、伦敦的泰晤士河、波恩的莱茵河、布达佩斯的多瑙河，都是大河两岸比翼齐飞，带动整个城市发展。一江之隔使浦东迟迟得不到开发，上海除沿江部分区域，大部分还只是农村地区。

新中国成立后，由于上海长期的“重生产，轻生活”，在浦东地区沉睡的几十年里，伴随浦西地区经济快速发展的，是城市建设的积疴累累。对此，上海曾经采用扩大市区范围的办法。1949年扩大为86km^2，1958年开辟了若干个卫星城镇，扩大至127km^2，为重工业的发展提供条件，1985年扩大为261km^2。但这仅仅是“见缝插针”的发展，不能解决市区的超饱和状态，还使得工业布局更趋恶化、城市基础设施陈旧落后、道路交通拥挤、电力紧张、环境污染，电话、自来水、煤气等公用事业跟不上群众生活需要。经济结构不合理、体制机制局限、空间布局逼仄等问题严重制约着城市经济发展。用美国著名智库兰德公司专家的话说：“中国的经济中心已出现南移的趋势，广东将取代上海。”根据当时上海城市的经济、空间、体制、机制等现状，结合1990年浦东对外开放的国家战略，为了赢得疏解布局、调整结构、强化功能的发展时机，上海必须在拓展城市新空间上做文章。

2. 世界形势倒逼

20世纪60年代后，产业结构发生重大变化。一些主要发达国家进入了“后工业社会”和信息化时代，世界进入经济全球化时代。高新技术产业和服务业得到迅速发展，一些劳动密集型产业如纺织、服装、食品等传统产业，纷纷向发展中国家和地区转移。随之而来的贸易、金融等相关产业的需求也随之上升，这对于中国来说是一个契机。

与此同时，1980年代末，我国周边国家与地区也加大了开放与引资步伐：1983年，韩国宣布要把济州岛建成“第二香港”；1987年，日本在那霸港开辟自由贸易区；1989年，泰国大规模建设谢布省自由经济区；东欧与苏联也有大进之势。周边国家的开放，基本上都与我国处于同一层次，这就意味着这些国家在吸收国际游资和产业转移上存在着激烈竞争。世界的竞争压力以及上海中心城市发展的失落让人们开始思考：如何寻找新的生长点？

1989年之后，小平同志在应对国内外、党内外人士对改革开放路线能否继续的质疑时指出，“我们面对国际对我们的质疑，继续坚定改革开放政策不变，并且进一步改革开放”。作为长三角的龙头城市以及曾经的全国金融业的长子，来自国内外的目光历史性地聚焦在了上海浦东。从此，开发开放浦东，不仅仅是作为城市的发展战略，更是国家经济上加快发展和战略布局优化的战略需求，是我国在世界舞台上坚持改革开放的一面旗帜。邓小平同志认为上海完全可以发展快一点，与繁华浦西一江之隔的浦东开发比深圳晚，虽然迟了5年，但依托上海人才、技术和管理等方面的优势，起点可以更高，甚至可以后来者居上，拥有巨大开发潜力。从1990年初中央委派国务院有关领导来浦东调研，到4月18日中共中央、国务院同意上海市加快浦东地区的开发，在浦东实行经济技术开发区和某些经济特区的政策，将开发开放浦东这一20世纪80年代的上海地方战略构想上升为20世纪90年代的国家重大发展战

略，将中国最大的城市放到改革开放的第一线，全部决策过程仅仅用了2个月。

二、核心问题：浦东新区“新”在哪里？

1. 战略定位问题：为什么不叫特区而叫新区？

不同于深圳、珠海、汕头、厦门这四个经济特区，浦东开发建设将不以倚重国家给予的特殊政策为主要发展手段，而是靠新思路、新理念和新的发展方式，充分利用经济全球化的机会，促进加快产业结构的战略升级，进一步承接全球产业梯度转移，树立金融中心的重要地位。

2. 发展路径：深圳、香港或新加坡？

浦东未来开发的道路应该怎么走，学者们归纳了几种可供借鉴的模式：

1）经济技术开发区模式。这种开发区实际上是工业小区，不具备城市经济的集聚辐射功能，与浦东整体开发的目标不相符合，但这不排斥在浦东搞若干工业新开发区，仍然可供浦东开发借鉴。

2）深圳经济特区模式。特区模式必须以浦东、浦西分隔为前提，如果浦东成为计划单列，“拉铁丝网”式的特区，将使上海一分为二，达不到东西联动、再造中心和重构上海的全国经济中心的要求。

3）香港模式。香港模式具有经济中心功能，内外集聚和辐射力很强，但香港是完全市场经济体制，如采用这一模式将对上海已有的经济模式和实体经济造成巨大冲击，影响上海经济的稳定。

4）新加坡模式。该模式在功能上与再造香港模式类似，但属政府调控型经济。新加坡实行五年计划与十年计划而且又面向市场；政府企业产值，占国内生产总值70%，做到政府企业与外资企业、私人企业平等竞争；大力引进外资银行，而国内银行依然发展；30%的土地国有化，而又能使土地批租大见成效。昔日8km^{2}旧城，一跃成为298km^{2}的世界一流花园城市，在吸引西方技术资金的同时保持和弘扬了东方传统文化。因此，当时认为新加坡的发展模式，在功能和体制两方面都比较贴近浦东的开发目标和具体条件。

三、规划特点：高瞻远瞩，规划定位和能级的不断提升

1. 属于浦东的开发模式

面对着开发开放浦东，首先需要确定的问题是，应该如何开发，哪一种开发模式才是最适合浦东的？

有的专家分析说：为什么要成为拥有广大后备地区的“香港”？当初开设深圳、珠海、汕头等经济特区，初衷希望通过它们使广东经济与比邻的香港经济实现一体化，并于香港回归后，使香港向内地靠拢最后实现经济一体化。同样，厦门特区的设立也是希望能使福建经济和对岸的台湾地区的经济一体化。但是，经济特区的发展并没有实现原先的设想，并且出现了广东经济、华南经济的香港化。

根据对深圳、香港、新加坡三种开发模式的总结及对浦东发展的利弊影响分析，浦东的开发模式建立在借鉴经验的基础上。此外，上海还北向天津、南向广东、福建和深圳特区考察取经。如从天津、北京、香港近10年来城市建设中归纳总结出“交通建设”的重要性，明确了在浦东开发初期建设两条快速干道“环线”的方案。考察形成了上海关于开发浦东新区的开发策略思路。

最终确定了浦东开发开放模式。第一，浦东和经济特区有本质区别，不走深圳之老路，应该成为江苏、浙江以及长江沿岸各城市贸易、金融、信息、运输、科技等的中心，成为拥有广大后备地区的

“香港”，但又不同于香港，对国际市场有强大的经济吸引力。第二，浦东开发开放的模式大体上可以表述为“东西联动”的开发模式，“东西衔接”的开放模式，“东西统筹”的管理体制，“东西协调”的中观调控机制。浦东一开始开发开放，构想和10年前深圳特区及之前划定的其他14个沿海开放城市的开发模式不同，目的很明确，就是要新起点、高标准，要着重利用上海的优势来面向世界，使上海和长江三角洲的经济与世界经济接上轨，促进这一地区的外向型经济，实现向国际金融中心的发展。

随着浦东开发开放模式的确定，浦东发展纲要、方略、方案陆续推出，浦东的重要地位逐步提升和明确，就是要把浦东建设成为布局合理、交通便捷、信息灵敏、设施完备的符合现代化国际大城市功能要求的新区，并结合浦西的振兴改造，把上海建设成为太平洋西岸最大的经济贸易中心之一。这些都为陆家嘴后来的定位发展打下基础。

2. 百花齐放，民间到官方的研究历程

（1）学术界、民间的声音

早在1919年，孙中山先生撰写《实业计划》时，就提出在长江口附近的浦东地区建设东方大港，使上海成为面向世界的航运中心。在新中国成立后的历次上海城市总体规划中，均对浦东地区的开发有不同程度的规划设想，也引起了社会各界人士乃至海外学者的广泛关注。

世界银行也做了一个《上海城市发展方案》，一开始不倾向于开发浦东，但经过深入分析，认为新一轮开发不是土地延伸，关键是功能拓展，金融、商贸功能的培育升级，放弃了“北上、南下、西扩”等“摊大饼式”的设想。因为改造旧区要比建设新区投入的人力、物力、财力更大，且在世界城市发展史上鲜有成功典范，最终认同“东进浦东”方案。

（2）政府的规划研究

1949年12月，政务院邀请苏联专家希马柯夫、巴莱尼柯夫来上海指导城市建设和管理工作。

1950年3月，提出《关于上海市改建及发展前途问题》的意见书。

1951年10月，市政建设委员会编制《上海市发展方向图（草案）》，作为近期城市建设的依据。

1953年9月，苏联城市规划专家穆欣来上海指导编制了《上海市总图规划示意图》。

1956年，上海市规划建筑管理局在新的形势下编制了《上海市1956～1967年近期规划草图》。

1959年10月，完成《关于上海城市总体规划的初步意见》。

1982～1984年，上海市政府组织编制完成上海市总体规划方案。随后，上海市政府又补充编制《上海历史文化名城保护规划》和《上海市中心城地下空间开发利用战略规划研究》两个专题规划。

1986年10月，国务院批复原则同意《上海市城市总体规划方案》，并强调，“当前，要特别注意有计划地建设和改造浦东地区。要尽快修建黄浦江大桥及隧道等工程，在浦东发展金融、贸易、科技、文教和商业服务设施，建设新居住区，使浦东地区成为现代化新区”。

1986年10月8日，时任上海市市长的江泽民主持会议研究浦东新区规划。11月7日时任副市长的倪天增召开会议，决定由市建委、市计委、市规划局等单位共同协作编制浦东新区规划纲要及初步方案，由市规划局负责汇总。

1987年2月，上海经济研究中心、市计委、市科委共同编写了《浦东新区经济、科技、社会、文化发展纲要》。

1987年2月，九三学社上海市委组织完成研究报告《上海新市区建设预可行性研究——浦东新区建设方略》通过专家评估。

1987年4月，同济大学、市科委合作完成了《现代化浦东地区发展形态的研究综合报告》。

1988年5月，开发浦东联合咨询小组中方组在浦东开发国际研讨会上介绍主要研究成果。

1989年10月，编制完成了《浦东新区总体规划初步方案》，比1984年2月《上海市城市总体规划方案》中的浦东大大扩容。

最终，上海市委、市政府于1990年2月26日，正式向党中央、国务院提出《关于开发浦东的请示报告》，在邓小平同志的支持下，时任国务院副总理姚依林受中央委托，来上海研究制定开发浦东的大政方针；1990年4月18日，时任国务院总理李鹏代表中共中央、国务院在上海宣布了开发开放浦东的决策；1990年6月2日，中共中央、国务院批复原则同意上海关于开发浦东的请示。

3. 总体规划对浦东定位的演变

（1）伴随上海城区社会主义城市改造

新中国成立初期，中共上海市委和市人民政府努力恢复发展生产，关心劳动人民生活，重视城市建设，提出“为生产服务，为劳动人民服务，首先为工人阶级服务”的方针，引进了苏联城市规划理论和方法。1949年12月，政务院邀请苏联专家希马柯夫、巴莱尼柯夫来上海指导城市建设和管理工作，专家组成员巴莱尼柯夫根据苏联城市规划的理论与经验，于1950年3月提出《关于上海市改建及发展前途问题》的意见书。1951年10月，市政建设委员会编制《上海市发展方向图（草案）》，作为近期城市建设的依据。该《草案》认为，上海是全国轻工业的中心，贸易和文教事业都占一定的地位，虽地处沿海国防要地，但仍将有一定的发展。在城市布局上，以已有市中心区为将来市区的中心，以扩大已有市区的面积来发展新市区，其中，在浦东主要布置的内容包括：沿江设置面积80km^2、可容纳160万人的住宅区；在白莲泾至陆家嘴间设立深水码头区；高桥沙一带设立中国石油公司等石油仓库区；设置751hm^{2}的浦东工业区；在浦东上川铁路东南地区规划8.2km^{2}以中级技术学校为主的文教区等。

1953年9月，苏联城市规划专家穆欣来上海指导编制了《上海市总图规划示意图》，提出用社会主义改造城市的方法，保留历史上已经形成的城市基础，加以彻底的整顿，重新规划，合理地分布住宅、工厂、铁路、运输和仓库，使城市中稠密的人口加以疏散，创造城市居民的正常和健全的生活条件，并根据整个规划，把广场、主要街道、河岸、公园在建筑艺术上加以组织，在建设住宅和公共建筑时运用古典建筑的艺术形式及现代建筑中的一切技术成就，根据城市特点，加以综合统一，使之建设成为一个社会主义城市。规划方案特别强调城市规划和建设中的建筑艺术布局，采用完整的、多层次的环状放射和轴线对称的道路系统，在保留反映上海城市面貌的外滩建筑风貌基础上，将福州路拓宽到40m，形成自外滩沿福州路过人民广场市政府大厦继续向西的城市建筑艺术布局中轴线，向东在陆家嘴辟建中央文化休息公园，并在其间修建一高耸的纪念建筑，这样上海的面貌将完整而经常地被人民欣赏。当时的规划，把黄浦公园的绿化延伸到外滩，修建了浦东公园；按中轴线要求布置建设了中苏友好大厦（今上海展览中心）。

（2）浦东黄浦江沿江地区初步构思

1956年，中共中央主席毛泽东发表《论十大关系》，要求好好利用和发展沿海工业的老底子以支持内地工业，给上海的发展提供了一个新的契机。上海市规划建筑管理局在新的形势下编制了《上海市1956～1967年近期规划草图》，提出除原有沪东、沪南和沪西三个工业区内的大部分工厂可以就地建设、改造外，要建立近郊工业备用地和开辟卫星城的规划构想，为后来编制的《上海市1958年城市建设初步规划总图》作了准备，发挥了城市规划在城市建设中的超前作用和指导作用。近郊工业区和卫星城镇的开辟，改善和发展了上海城市布局。1959年6月，市人民政府邀请建筑工程部规划工作组来上海帮助编制城市总体规划。同年10月，完成了《关于上海城市总体规划的初步意见》，提出“逐步改造旧市区，严格控制近郊工业区，有计划地发展卫星城镇”的城市建设方针。

《初步意见》提出在15年左右时间里，逐步压缩旧市区人口至300万左右（包括浦东30万～40万人），控制近郊区人口至100万左右，大力发展卫星城镇，使卫星城人口达到180万～200万人。对于卫星城镇，规划作为接纳从市区疏散出来的工业和人口的基地，每个基地10万人左右，有的可达20万人

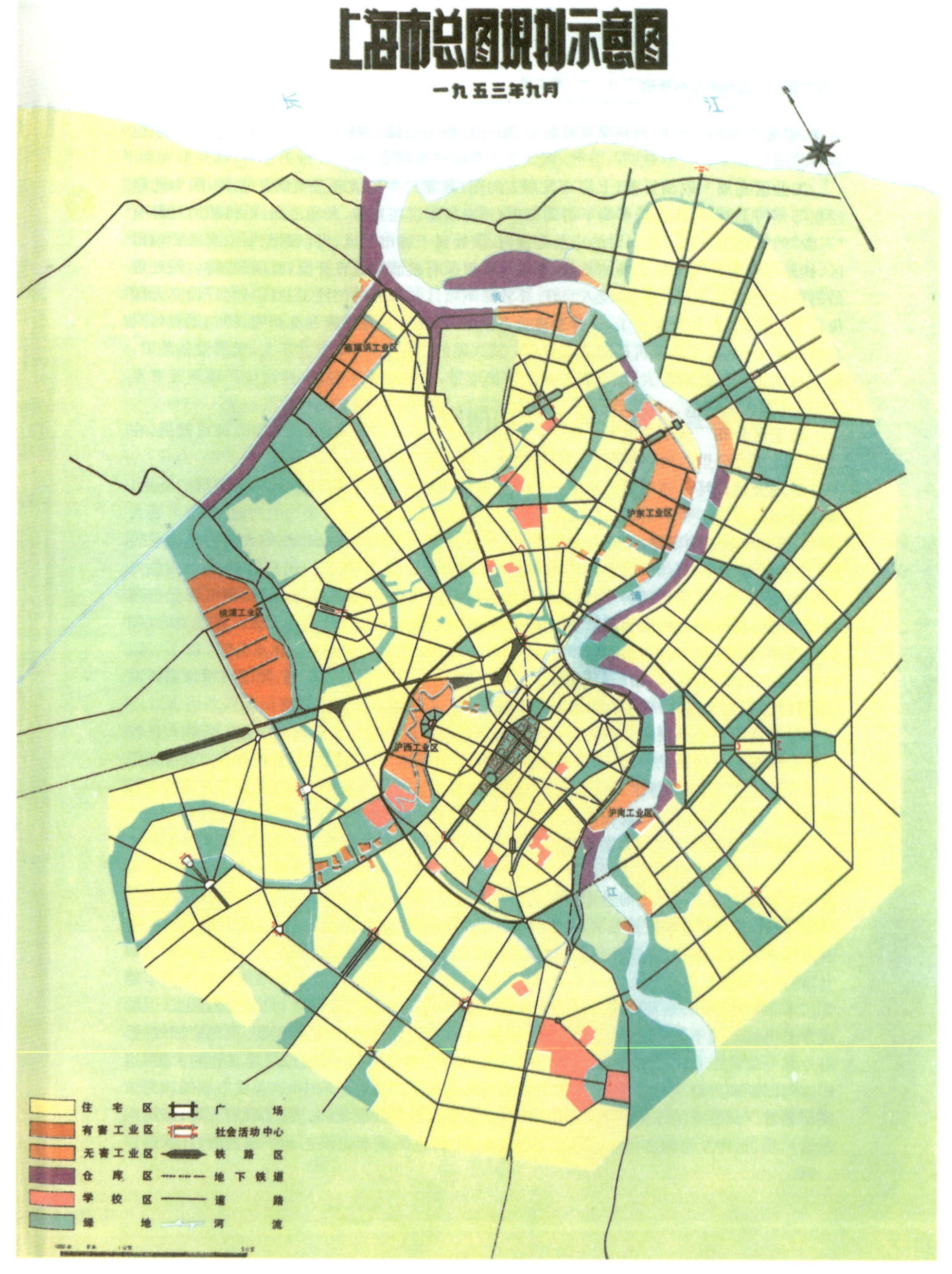

上海市总图规划示意图（1953年）

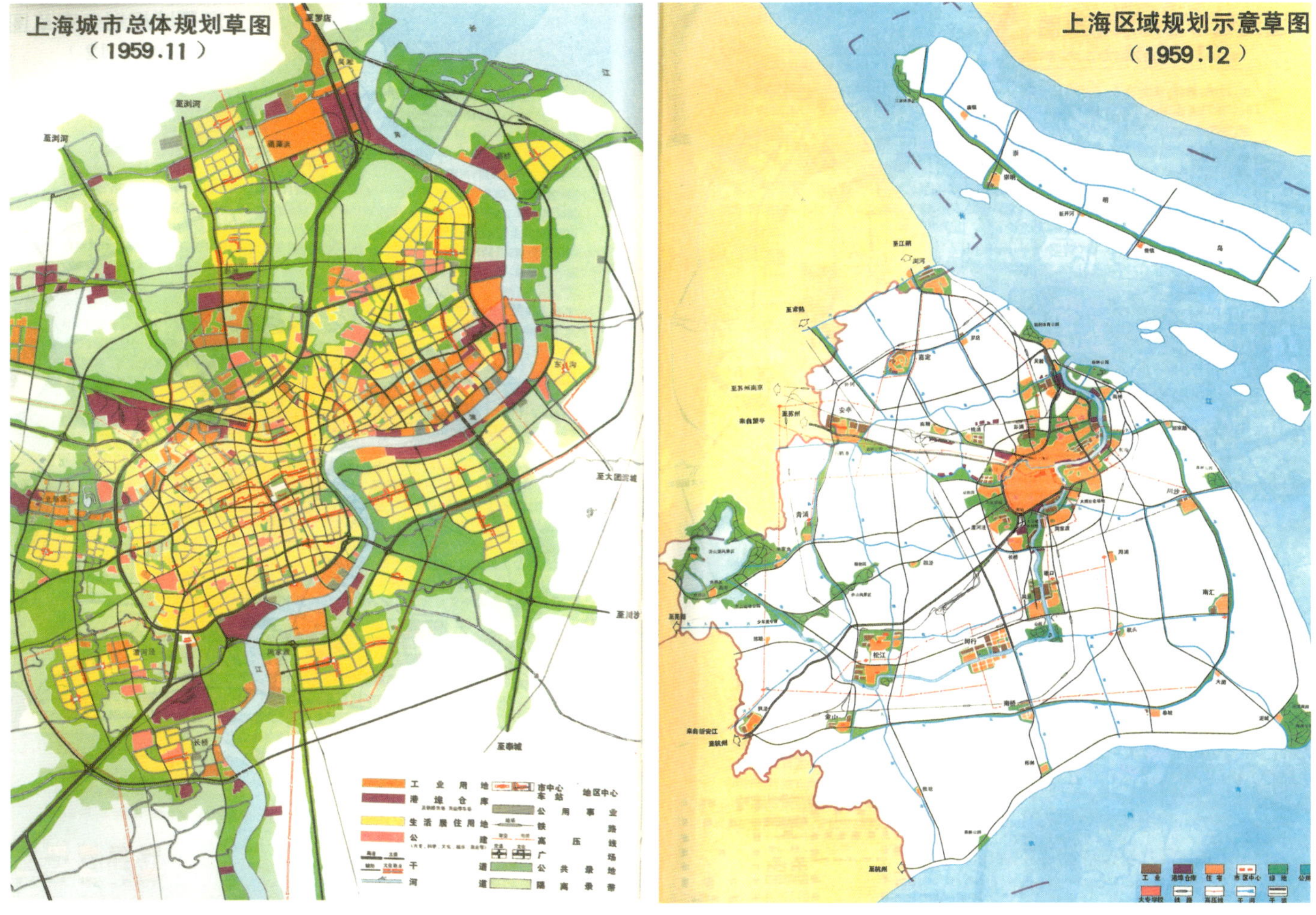

上海区域规划示意草图（1959年）

上海城市总体规划草图（1959年）

左右，并形成基本独立的经济基础和大体完善的城市生活。除已有的闵行、吴泾、嘉定、安亭、松江外，新规划卫星城12个，即北洋桥、青浦、塘口、南桥、周浦、川沙、朱泾、枫泾、奉城、南汇、崇明、堡镇等。

在《初步意见》中，浦东沿江地区作为上海市城区及近郊区的组成部分，主要发展高桥、东沟、陆家嘴、花木、白莲泾及周家渡地区，其布局模式是结合工业区设置居住区和公共设施，同时近郊工业区与市区之间规划保留1～4km宽的隔离绿带，避免市区和郊区连成一片导致城市膨胀。从当时的规划草图中可以看到，陆家嘴地区滨江设置了船厂、港埠仓库以及大面积的绿地，腹地则以居住功能为主。

（3）雏凤初鸣，规划伊始

改革开放后，上海从以工业为单一功能的内向型生产中心城市逐步向多功能的外向型经济中心城市发展，迫切需要一个新的城市总体规划。1982～1984年，上海市政府组织编制完成上海市总体规划方案，国务院于1986年10月正式批复，这是上海市有史以来第一个报经国家批准的城市总体规划方案。随后，根据城乡建设环境保护部的意见，上海市政府又补充编制《上海历史文化名城保护规划》和《上海市中心城地下空间开发利用战略规划研究》两个专题规划，这些为指导上海城市建设和发展提供了重要依据。

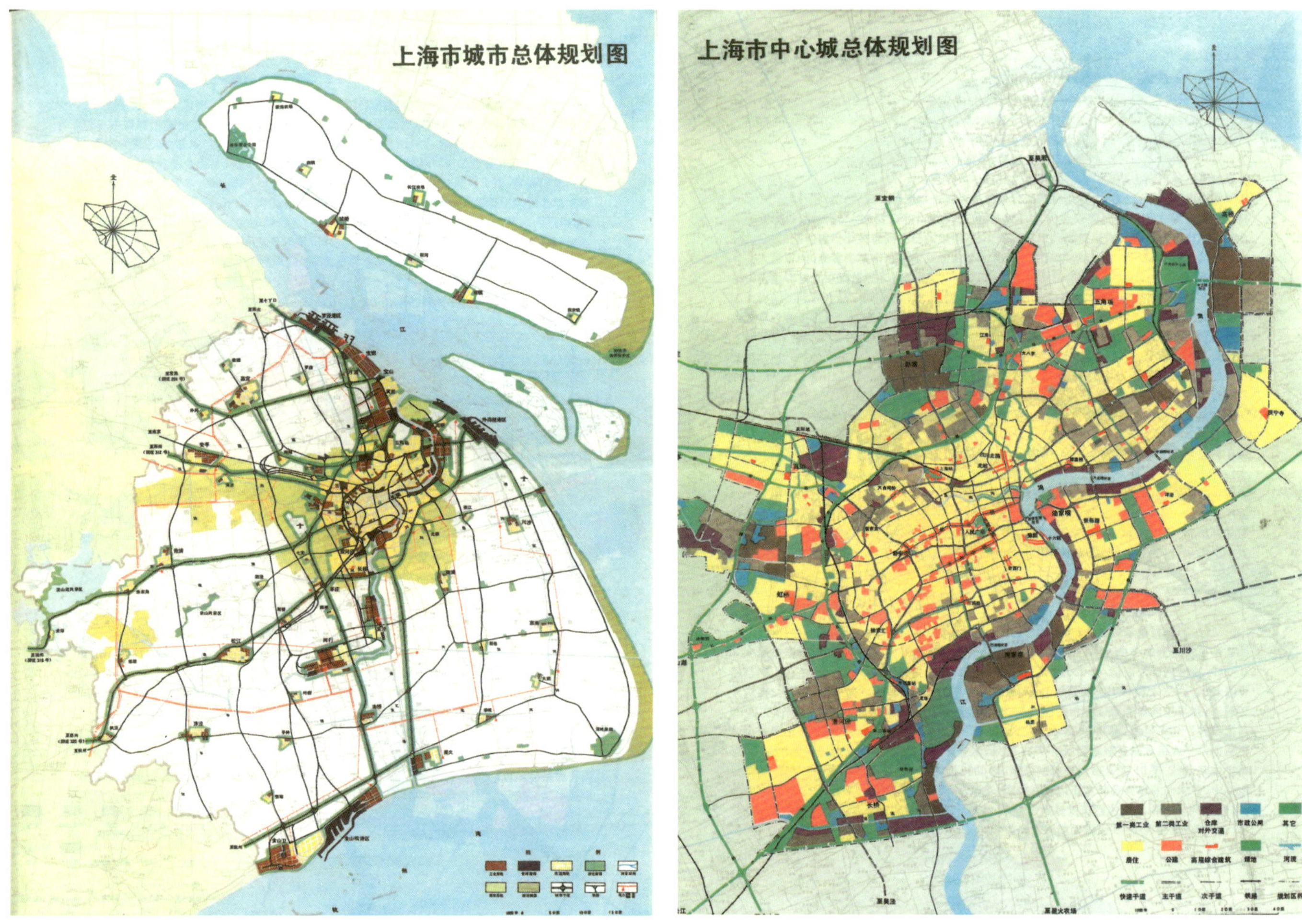

1986版总规空间结构

1986版总规用地结构

此轮城市总体规划提出“上海是我国最重要的工业基地之一，也是我国最大的港口和重要的经济、科技、贸易、金融、信息和文化中心”，同时还提出，“应当把上海建设成为太平洋西岸最大的经济和贸易中心之一”。遵照中央的要求，上海要发挥“重要基地”和“开路先锋”的作用，要通过几十年的努力，把上海建设成为经济繁荣、科技先进、文化发达、布局合理、交通便捷、信息灵敏、环境整洁的社会主义现代化城市。

在空间发展策略上，规划提出“改造和建设中心城，积极开发浦东地区，充实和发展卫星城，有步骤地向杭州湾北岸和长江口南岸两翼展开”的设想。中心城按照“多心、开敞”的原则，打破行政界线，建立综合分区，逐步形成市级中心、分区中心、地区中心、居住区（或社区）中心四级公共活动中心。在卫星城规划方面，每个卫星城各有自己的主导产业，强调产城一体的规划和发展，为如今的新城建设打好了基础。规划强调当前特别要注意有计划地建设和改造浦东地区，要尽快修建黄浦江大桥及隧道等工程，在浦东发展金融、贸易、科技、文教和商业服务设施，建设新居住区，使浦东地区成为现代化新区，为此，“在陆家嘴形成新的金融、贸易中心，成为上海市中心的延续部分”。

该版上海城市总体规划的实施，在交通方面，建成3座跨越黄浦江的大桥，完成了内环线等多条重要道路的建设和改造，新建了铁路上海站，扩建了虹桥国际机场；在住宅方面，1983～1995年新建

130多个居住小区，改造了大量棚户危房区，极大改善了上海住房紧张的历史遗留问题，使上海的社会、经济和城市建设有了很大发展，浦东现代化新区的形象初步展现，为迈向21世纪提供了物质基础和基本框架。

第二节　初登舞台，陆家嘴中心区先行开发（1991～1995年）

一、背景：浦东开发晚了

1. 深圳成功了，上海加把劲

1980年，第五届全国人大常委会批准深圳、珠海、汕头和厦门设立经济特区，作为中国改革开放的试点。四个经济特区先行，使南方沿海地区发生了翻天覆地的变迁。

作为先驱者，深圳特区获得了相当大的成功。1979年4月邓小平同志首次提出要开办“出口特区”，后于1980年3月，“出口特区”改名为“经济特区”，并在深圳加以实施。深圳毗邻香港，交通便利，在利用外资发展经济方面，具有得天独厚的条件。1979～1989年的10年间，深圳已与世界30多个国家与地区的客商签订协议6890多项，实际利用外资27亿美元；在1992年，全国人大常委会授予深圳经济特区立法权。

深圳特区的成功代表了中国改革开放的正确思路，而相比之下，作为我国经济中心的上海，前进的脚步相对迟缓了。邓小平1990年谈到浦东开发的时候说：“你们搞晚了。但现在搞也快，上海条件比广东好，你们的起点可以高一点。从80年代到90年代，我就在鼓动改革开放这件事。”需要把浦东也带到改革开放的路上来，奋起直追、快速发展。与深圳这一成功先例对比，上海是沿海地区，也有国家战略的支持，但是上海浦东是以“金融贸易”命名的开发区，与深圳不同。在国家开放的新时期下，地处长江口“龙头”的浦东，能否取得像深圳特区一样甚至是更大的成功，未来浦东的开发应该怎么走，如何做到成功且快速，这是一项不小的挑战。

2. 只有3000万，艰难中的艰难

1990～1991年，时任市长朱镕基部署筹建陆家嘴、金桥、外高桥三个开发区，尽快启动十几平方公里土地的开发。按开发成本2亿元／km^2算，需开发资金20多亿，然而由于所需资金庞大，时间紧迫，整个资金审批过程历经艰辛。一开始，市政府决定给一个公司3亿资金先滚动起来用，之后由于建设和振兴上海也要钱，国家决定给一个公司1亿资金做启动，后来由于在如此短的时间内实在难以筹集巨额资金，最后只给一个公司3000万财政拨款作为开办费，只占初期计划设想的十分之一！如何运作需要自己想办法。如此少的资金在开发阶段之初，可想而知难度前所未有。

当时共有3000个以上的工地在进行施工，开发强度之大、速度之快让世人惊叹。外国友人曾感叹，“世界上五分之三的塔吊在中国；中国的塔吊一半在上海；上海的塔吊绝大多数在浦东”。在开发的5～10年内，需要投入几百亿元的资金。这么多的资金，单凭国家单一渠道是凑不齐的，需要充分挖掘上海优势，从国内通过中央的支撑、上海地方财政的积累、上海市人民的集资，以及国内外通过借助外企金融组织提供低息贷款和国内外企业家直接投资等多个渠道来筹资，才有可能筹集足够建设的资金。

除却国内外资金支持，浦东开发开放仍有资金缺口。由于当时浦东拥有广袤完整的低价土地资源，如何使土地增值，创新开发机制以土地换取资金，利用好含金量高的土地政策，这被证实是当时迫不得已却正当其时的创新机制。

二、核心问题：如何快速打造陆家嘴

1. 20年造一个新区，史无前例

20年打造一个浦东新区，是史无前例的事。根据邓小平同志关于“一手抓建设，一手抓法制”和“要聚精会神把长远规划搞好”的重要指示精神，在广泛总结和借鉴国外新兴城市建设和沿海经济特区开发建设的成功做法的基础上，我们根据浦东开发建设的定位，提出了“法规和规划先行”的开发思路。

根据“法规先行”的思路，浦东开发开放以来，上海市人大和市政府已在浦东新区先后颁布了20多项有关外商投资的法律和法规。上海市人大还颁布了《外商投资企业清算条例》、《外高桥保税区条例》；浦东新区也在规划管理、土地管理、项目审批、征地吸劳、外来人口管理等方面制定了26个暂行规定和办法，发布了保护知识产权的白皮书，成立了全国第一家知识产权保护法庭，引进并建立了国际律师事务所、国际会计事务所、国际公证等法律保障机构，形成了统一、开放、竞争、有序的投资环境与市场秩序，受到进驻区内的中外资企业的普遍欢迎。

按照“规划先行”的思路，浦东制定了堪称世界一流的城市形态规划，坚持以高标准、系统化的规划指导高起点开发。陆家嘴金融贸易开发区在全国率先采用国际方案征集、咨询的形式，经过英、法、日、意、中五国专家的设计，以及10多个国家的30余位专家17轮讨论深化，历时两年，高质量地完成了陆家嘴中心区城市规划。“规划先行”的做法，保证了开发的有序性，也创造了一笔巨大的无形资产，对投资者产生了强烈吸引力，促使浦东的投资。

2. 陆家嘴，第一颗棋子

在陆家嘴开发开放中，打造什么样的开发高度才算合适，也是一个极其重要的问题。邓小平同志1991年初在视察上海时指出，深圳是面对着香港的，珠海是面对着澳门的，厦门是面对着台湾的，而浦东是面向世界的。在浦东开发定位问题上，从一开始就确立了面向世界、率先与国际经济接轨的思路。根据上述指示，上海市委、市政府提出了“开发浦东、振兴上海、服务全国、面向世界”的工作方针。

而作为浦东重要组成部分的陆家嘴，从一开始也被寄予厚望，陆家嘴所占上海浦西浦东相交核心区的黄金地理位置，开发规模必须是21世纪世界级的，开发的规划必须是达到世界标准的，开发的资金来自世界各地，开发的智力思想源于五大洲、四大洋，开发的运作方式也要借鉴国外领先经验。陆家嘴将作为全球经济金融贸易的标杆，融入世界经济特别是亚太地区经济的发展进程。

3. 旧城改造和三大难题

开发建设陆家嘴，将开展大规模的建设工作，将有数以万计的用户企业需要动迁安置。然而1990年陆家嘴浦东南路以西、东昌路以北的沿黄浦江区域内共有居民20000余户，除东昌新村等少数新工

房外，其他都是旧式里弄与简易棚屋，有超过一半的旧城区。如何将这些旧城拆除？怎么拆除？此外陆家嘴还拥有众多农业人口，拆迁、征地安置将是一个庞大的工程。据统计，从1990～1993年底，陆家嘴金融贸易区开发动迁了7500多户居民，仅1993年就动迁了6000多户。如何处理安置城内村民和开发、发展的关系，如何将第一产业的人口转移到第二、第三产业，如何处理减少的耕地，这些都是陆家嘴开发中的一大难题。

旧城改造不是简单的重建翻新，改造项目实施过程中，需要平衡政府、开发商、原住居民、消费者等多方面利益。政府需要一个和谐、生态的城市环境，开发商希望打造一个品牌和利润兼备的成功项目，原住居民需要得到合理的重新安置，消费者希望在旧城中找到过往的记忆和未来的期许……因此，旧城开发已然成为一个复杂的社会系统工程。总体来看，旧城改造项目面临的困境包括：旧城项目中最大的难点拆迁补偿，甚至高达项目费用的50%以上，由高额拆迁安置费用带来的项目超强度开发容易加重交通和公建负担；城区改造致功能空心化、旧区历史人文难以保留；工厂迁移不当增大投资风险；大规模推倒重建的改造模式打破传统居住文化圈造成社区衰落等等。

此外，陆家嘴发展初期，要解决众多主要矛盾，在发展中遇到三大难题需要协调，并最终确定了“三个先行——金融贸易、基础设施和产业改造升级先行”。其一，交通先行与土地开发方面，基础交通系统是城市发展命脉，要形成陆家嘴高密度的经济联系，必须先建立高密度的交通联系，必须在规划建设中平衡土地开发和交通先行的关系。其二，招商与规划方面，陆家嘴是“规划先行”，但有了好的规划之后就需要先期起步的投资。其三，产业与城市发展方面，陆家嘴要发展金融贸易区，就要以第三产业为主。

三、规划特点：高起点，新速度

1. 迷雾中的灯塔：规划引领

（1）浦东规划的大支撑

历经多年考虑及模式借鉴，浦东开发的思路也渐渐理清，而陆家嘴也随着浦东在上海地位角色的明确，逐渐承担起越来越重要的作用。

1990年浦东新区开发开放，重点提出发展以外向型为主的经济，大力发展金融、经贸、房地产、信息、物资、旅游、购物、服务等行业，与浦西旧区发展互补，把浦东开发和浦西改造有机地结合起来。1992年编制完成浦东新区总体规划方案并获市政府批准，为适应浦东开发定位的提高，陆家嘴地区进行规划修改，在保留原规划的基本原则和肌理的基础上，提高了开发容量，从240万m^2提高到370万m^2，明确了陆家嘴中心区对浦东开发建设的重要作用，明确了陆家嘴地区在上海市总规的核心地位。

1992年的浦东新区总体规划方案，采取轴向开发、组团布局、经济功能集聚、社会活动多中心、用地布局开敞的城市布局模式，并考虑三条发展轴。其中一条轴线从陆家嘴金融中心区开始，经花木行政中心至川沙镇、长江口滨江的第二国际航空港，这是上海中心城东西向经济发展轴的延伸和强化。在功能分区上，明确了五个功能分区，其中陆家嘴—花木功能分区与陆家嘴金融贸易区一致，是浦东的核心地区，提出了陆家嘴1.7km^2的金融贸易中心区，是上海中央商务区的重要组成部分。在景观风貌上，在陆家嘴电视塔和花木行政文化区之间，规划建设形态和意向相结合的城市景观主轴线，形成浦东新区现代化城市风貌的象征。

1992年起，国家指出上海浦东新区是今后10年开放开发的重点，陆家嘴中心区的地位又被提到另

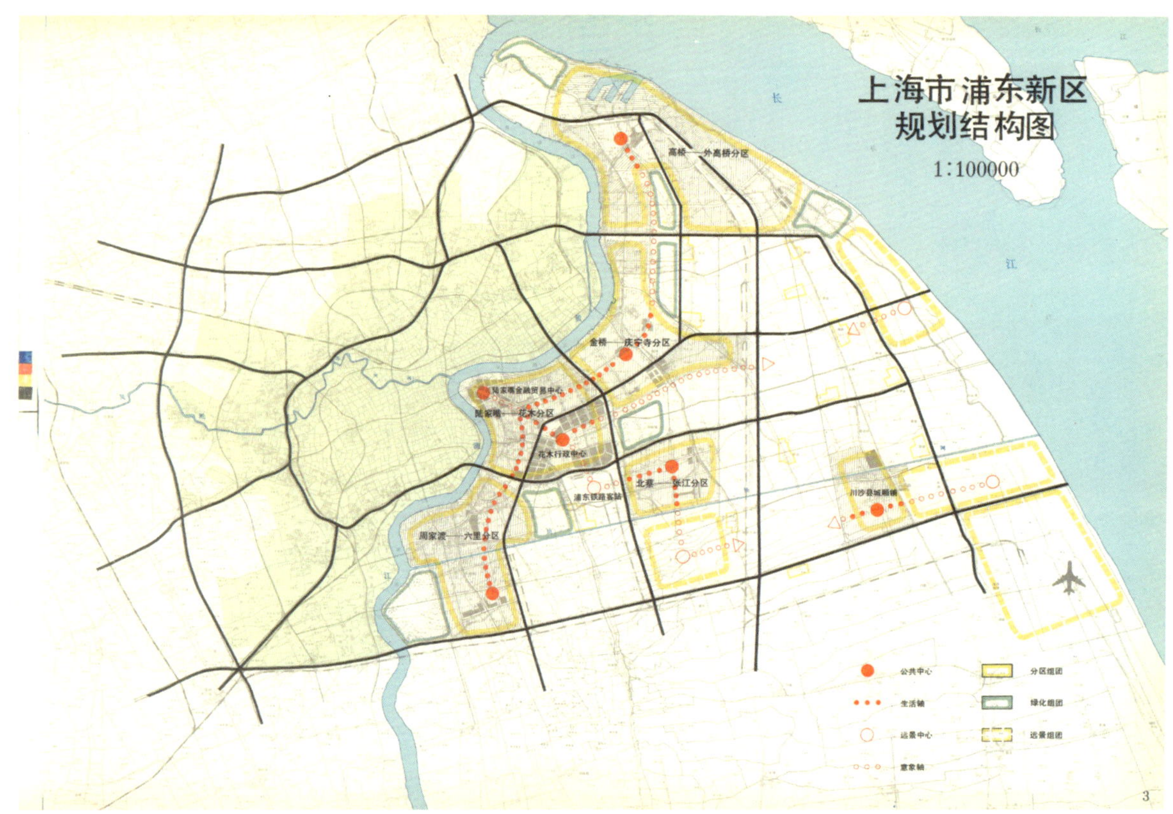

1992版浦东总规空间结构

1992版浦东总规行政区范围

一个高度，分担的重任越来越多。

从1992年的浦东新区总体规划对陆家嘴定位为“上海中央商务区（CBD）的重要组成部分”，到之后2003年的浦东新区综合发展规划将陆家嘴金融贸易区定位为“外向型、多功能、现代化的新城区”，陆家嘴中央商务区的重要性和地位随着浦东战略地位的提升而提升。而陆家嘴中央商务区的建设和大量越江交通的建设反过来促使浦东发展越来越好，和浦西结合越来越紧密。在浦东新区综合发展规划中，提出陆家嘴功能区域以世纪大道为纽带，连接陆家嘴CBD地区和花木行政文化区，形成具有国际影响力的金融商务区，拓展上海金融中心功能，兼有居住功能，陆家嘴中心区的影响力被进一步扩大。

（2）外国人眼里的陆家嘴：国际规划设计竞赛招标

1980年代的改革大潮促涌下，上海市政府及中外有识之士把目光投向浦东这片沉寂多年的宝地，提出陆家嘴与外滩结合，作为全市现代化商务中心（CBD）的新定位。在新中国城市规划史上率先打破惯例，利用外资、引进外智，组织国际规划设计竞赛和国际咨询。1991年4月～1992年12月之间，陆家嘴金融中心区的国际规划设计进一步确定陆家嘴金融中心区在上海CBD的重要地位，建议区内建筑规模控制在300万m^2内。陆家嘴中心区的规划目标是21世纪上海的CBD主体，远东地区国际交流中心，新上海的意象标志。以此为依据，陆家嘴中心区进入集中建设的加速时期。

应邀参与规划咨询的五家国际著名设计公司，从创意、定位、形态、环境和交通等方面着手，提出的方案各具特色、各有千秋。意大利福克萨斯方案可称作“油画中的城中城”，方案设想在城市核心区建设一个被四周底层建筑群衬托的椭圆形高密度的“城中城”，和老城相呼应，同时中心留有绿地，注重文化文脉的延续；日本伊东丰雄方案展现的是一个科幻的信息化城市，提出沿黄浦江五条功能带，和浦西呼应，发展信息化城市；法国贝罗方案的形态对后期实施深化有很大影响，展示的是个呼应外滩的直角高层带，构思与外滩形成鲜明对比的直角形塔楼区，充满浓郁法兰西个性；英国罗杰斯方案受西方古典城市空间启发，提出圆形格局的创意，以环状放射路网展开结构，提出“中心保留绿地”的概念，呈现出一个西方古典与现代动感冲击的城市空间，并综合考虑了黄浦江河湾的空间形态和视觉景观效果；上海联合团队提出一个中规中矩、易操作的方案，延续与重塑历史格局，强调城市东西向轴线的延伸与重塑。

（3）历史与未来结合的宏伟画卷：深化方案

1992年陆家嘴中心区规划深化工作组成立，按照“中国与外国结合、浦西与浦东结合、历史与未来结合”的原则，进行陆家嘴中心区的规划深化工作。上海市建设委员会组织上海规划专家及相关部门领导决定进一步组织力量深化国际咨询设计精神，在更高的起点上编制陆家嘴中心区规划实施方案。1993年正式完成《上海陆家嘴中心区规划设计方案》编制工作，由上海市人民政府正式批复。最终的陆家嘴金融中心区占地174万m^2，规划建筑面积435万m^2。

从1992年12月到1993 年12月，是陆家嘴金融中心区规划方案的深化和审批阶段。深化规划工作过程分为三个阶段。1993年2～3月为方案构思阶段，1993年工作小组完成了3个比较方案，最后选定方案三、并吸收方案二的优点作为进一步规划深化的基础——“以陆家嘴中心调整规划方案为基础，融合国际咨询方案优点，提出超高层和弧形高层带建筑格局，与发展轴绿带及中央旷地、滨江旷地构成环境格局结合，形成强有力城市形态”，并提出组成核心区三塔等建议。1993年3月中旬至5月初为方案深化阶段，提出建筑形态、环境绿化空间、城市设计分析、交通预测、区内外道路交通系统、共同沟等地下设施及剖面、基础划分及区位评价、群体轮廓等规划设想，组织模型及电脑表现图，确定总体框架。1993年5月下半月到8月中旬为规划完善及编制成果阶段，工作小组出访巴黎、伦敦、新加坡和香港考察听取专家意见，确定深化规划工作重点是：形态布局、综合功能、城市设计、道路交通、基础设施的控制和实施。之后听取市人大常委会意见和市政协意见，如建议考虑配套设施、考虑高层建筑对地面下降的压力影响、规划预留景观、预留交通供电和供热等基础设施的余地，建议以立法手段实现规划控制，以一流建设实现一流规划。之后于1993年市政府正式批准深化方案。

陆家嘴中心区的深化方案博采众长，以上海方案为主，结合英国团队方案，同时吸收其他方案的优点，明确了开发方针和技术要点：定位以金融、办公、旅游、商业为主，辅以适量中高档住宅和酒店的“城中城”，形成“轴线、圆形、中央旷地”的整体空间形象，建筑群体和轮廓线体现上海特色和时代感；特别重视与周边地区和浦西的交通联系，完善各类基础设施和绿化建设，开发规模需同时满足功能需求和环境品质；并在深化方案基础上，进一步展开交通规划、城市设计和建筑设计。

2. 城市名片：地标形象塑造

（1）地标节点与建筑

浦东的快速开发开放，需要打造一系列耀眼的地标建筑。这些建筑的设计背后，是对现代中西文明的尊重和宽容，以及强烈的与世界对话意识。要吸取世界智慧精华，让世界各国的建筑设计师将不同的文化在这些建筑中延续。地理决定气质，面朝大海的浦东人从上海开埠后，对于“西学东渐”就采取了宽容态度，体现在文物建筑上，那就是浦东地区既有典型的江南大宅院落，也有纯西式精致建筑，还有大量在中式建筑中融入西方文化要素的民宅。这些建筑是上海地区珍贵的晚清和民国早期的中西文化交融的真实记录。

此外在陆家嘴，为快速打造城市形象，金茂大厦、环球金融中心、东方明珠塔、中国银行等建筑陆续快速建成，形成地标节点。以金茂大厦为例，她的设计是一个典型体现中国文化的作品。二次产业革命后，摩天大厦被人看作现代经济和现代文明的象征。在上海高楼丛林里，24层、高82m的国际饭店自1934年落成之后的整整40年间没有被超越过。1992年外经贸部打算在浦东最好的地方即陆家嘴金融贸易区核心区，盖最好和最高的楼，88层高420米。历经国际招标，SOM设计的金茂大厦脱颖而出，把中国文化之精髓融入其中，将高层建筑与中国历史建筑文脉相沿袭。设计选定西安的大雁塔作为塔顶部构思原型，将层层叠叠、向天空运动收进的佛教的八角形纪念性建筑融入金茂大厦的宝塔外形，配以玻璃和铝合金钢等先进的材料，最后给人呈现出一种中国式但又现代的建筑形象。同时，北京紫禁城的平面布局——金水玉带也被巧妙地引入金茂大厦形体设计中。

又如，位于陆家嘴地区黄浦江畔、名为“东方明珠广播电视塔”的建筑是上海设计师的作品，目前俨然成为上海的标志性建筑。该电视塔高468m，是当时亚洲第一、世界第三高塔，与周边现代建筑群和隔江万国博览建筑群交相辉映，游人可登高饱览国际大都市的壮观景色；又以其大小不等、错落有致的11个球体形成独特的建筑风格，与相邻的国际会议中心的一对巨大的球体遥相呼应。入夜，东方明珠广播电视塔华灯齐放，色彩缤纷；在塔上俯瞰都市夜景，则是灯火辉煌，流光溢彩。

（2）地标系统与空间

除了建筑以外，世纪大道的设计综合考虑了两侧的建筑与道路等设施，形成了独特的地标系统和空间。世纪大道两边布置了金茂大厦、环球金融中心、中国银行等地标建筑，加上有很强的方向性的道路，使得在大道上观察该区域时有种宏大壮丽的效果，形成深刻、恢弘雄伟的映像。

3. 民生建设与内核驱动，全速推进

（1）骨骼的构建：基础设施建设

陆家嘴开发建设之前，必须制定好综合交通和基础设施系统专项规划。1990年之后，在一系列重大规划引领下边规划边建设。在陆家嘴发展过程中，提出坚持“基础开发、功能开发和城区开发”并举的策略。强调功能开发必须依托基础设施建设和交通体系建设。通过加快大楼建设、加快陆家嘴张杨路商业街建设，完善各小区内配套设施，做好证券交易所、人民银行上海分行等东迁至陆家嘴的工作。此外通过大力加强公共绿地建设，开工建设浦东滨江绿地、道路、桥梁、隧道、燃气、雨污水泵站、邮政通信等基础设施，改善投资环境。

1990～1995年这几年期间，浦东新区制定实施了包括道路、通信、给水、雨污水、电力、燃气等十大基础设施工程计划，用上百亿人民币完成了诸多基础设施工程，及和陆家嘴相关的项目包括跨越黄浦江的南浦大桥、杨浦大桥、延安东路越江隧道复线，极大地改善了陆家嘴投资环境（见下表）。

陆家嘴金融贸易区1991～1995年相关大市政项目表 表2-1

道路	张杨路拓宽，源深路拓宽，轴线大道辟通，滨江大道，内环线浦东段
电力	东昌220kV，金杨220kV
通信	沈家宅电话局6万门，部分邮电局
给水	凌桥水厂，临江水厂，源深路、张杨路水库泵站
雨、污水	污水南干线，文登路泵站迁移，白莲径改道
燃气	东海石油天然气工程，杨高路、源深路高中压调压站

此外1993年上报的陆家嘴中心区规划中，提出提高市政设施运行和管理水平，减少建设和维护的开挖路面状况，建设中心区内张杨路高容量开发地带（浦东南路—上川路）采取共同沟方式。并建议今后陆家嘴中心区和轴线大道也将进行编制共同沟的规划方案。

（2）旧改创新：变“更新”为“契机”

为了使陆家嘴地区的黄金地段发挥出效益，短短数年间，产生了10万多的动迁居民，相当于一座中小级别的城市。旧城改造，既是陆家嘴的“更新”，也是居民生活和企业发展转变的“契机”。大动迁使陆家嘴得到广袤的、集中的开发用地，为后期陆家嘴的塑造打下基础。同时动迁也使无数居民告别世代居住的棚户屋，住进现代化配置的小区，提高了生活质量。

从1990年开始，滨江大道、世纪大道、竹园商贸区约60幅土地的拆迁交地任务陆续完成。金茂大厦在1994年开工前完成了浩瀚的动迁任务，其动迁居民达1100多户，陆家嘴中心绿地需动迁居民3500户。拆迁地上建筑物200多万平方米，累计动迁居民2.6万余户，企事业单位630余家，为陆家嘴金融贸易区的成片开发和滚动发展提供持续原动力。

1995年竣工的金杨新村，作为陆家嘴开发公司成立后最先建设的动迁住宅小区，也是浦东地区最大的动迁基地。为了安置从陆家嘴中心区迁出的约6万居民，金杨新村规划了高效、优质和齐全的公建配套设施。配套完备程度使该小区成为上海市住宅配套试点小区，达到市住宅配套试点小区的要求。

同时，1995年出台的旧城改造优惠政策，宣布对旧城7个地块，总面积48hm^2、建筑面积19万m^{2}的各类危旧房进行大规模改造，并推出实施危旧房改造的6项优惠政策，包括：土地出让优惠；部分税费暂予减免；适当调整建筑容量；“危棚简”地块改造项目可申请住房公积金贷款，“危棚简”地块开发经营内销商品房住宅；拆迁企业单位或居民户按《上海市城市房屋拆迁管理实施细则》的规定执行；按每平方米被改造建筑面积5元的标准鼓励开发“危棚简”地块。

陆家嘴“旧改”的创新离不开陆家嘴开发公司的大量工作。工作方式不是强拆，而是对居民晓之以理、动之以情，做好民生工作。陆家嘴开发公司同时在安置小区引进公交线路、幼托教育资源，安排商业网点、集贸市场、卫生医疗，加快有线电视电话的开通，促使安置小区具有极大的吸引力，使动迁居民渴望过上新生活；同时，陆家嘴“旧改”也离不开当地居民的广泛支持和配合。动迁居民为响应开发陆家嘴的号召，从之前紧挨着陆家嘴的地区搬迁到金杨新村，有些居民已是2次搬迁。

（3）内核驱动：产业与招商是全速推进的保证

金融是现代经济的核心，陆家嘴要开发，必须对原有的产业形式进行重整和升级，确立以基础设施、金融贸易和高新技术产业为先导的产业升级战略。

陆家嘴前期招商引资大致分为3个阶段：1990～1992年的起步引资阶段，1993～1994年的快速引资阶段，1995～1996年的市场回落阶段。阶段一以吸引内资项目为主，阶段二以吸引外资项目为主。尤其起步阶段，随着规划先行，如何推动“领头羊”的投资是最重要一步。经过不懈努力，中国人民银行上海分行于1991年成为第一个入驻陆家嘴金融贸易区的企业。之后在良好的示范作用下，招商银行、中国建设银行和国际投资信托公司也陆续入驻陆家嘴；第二波“领头羊”是上海证券交易所大厦，随后中国银行、招商银行、交通银行等也纷纷入驻；第三波“领头羊”是金茂大厦，作为贸易产业的先行者。

除了招商引资外，实施产业升级战略的政策措施也纷纷跟进。金融贸易先行体现在众多银行出台新政策，如1991年中国农业银行浦东分行经中国人民银行上海市分行批准，开始资产负债比例管理试点等等；高新技术先行方面，注重对引进的先进设备和先进技术的吸收和创新，初步形成了现代通信、微电子、生物工程、计算机及其相关产业、汽车等支柱产业。

第三节　从小陆家嘴到大陆家嘴（1996～2005年）

一、背景：从浦江时代迈向长江时代

1. 61号文件：优惠政策转向功能性政策

1995年的国务院61号文件，奠定了浦东开放、发展现代服务业尤其是金融业的基础，浦东成为国际金融中心核心区的大幕也随之拉开。中国的改革开放最初只是制造业对外开放、服务业不对外开放，当时有关部门规定外资银行不能经营人民币业务。61号文件出台后允许外资银行在浦东进行经营人民币试点，促进了我国金融业的对外开放，这是具有里程碑意义的事件。服务业的改革与开放是浦东开发开放最成功的经验之一，是我国加入世贸前服务业领域对外开放的一次重要探索，对全国具有明显的示范效应，而造成这种示范效应的，是1996年国务院给浦东的“功能性优惠政策”。所谓“功能性政策”就是针对当时中国对外资进入的领域限制、产业限制、经营限制和其他限制，按照国际惯例和国

内现状，允许浦东对外开放、先行先试，当时浦东的功能性政策下的改革就是WTO前夜的预演，而这场预演让浦东再一次站在了新一轮改革开放的最前沿。这些政策一公布，立即在国内外引起热烈反响。外资银行、外资保险公司、外资贸易公司、中外合资的百货零售企业等纷纷在浦东如雨后春笋般成长起来。

2. 上海住房制度的全面改革

2001年以后，上海住房制度的全面改革，带动了整个房地产的发展，掀起了陆家嘴CBD区域沿黄浦江开发高级公寓的热潮，为陆家嘴地区的复苏和振兴开了个好头。如香港新鸿基集团一次性转让5幅成片土地，于2003年前建造了规模达42万m^2的集办公、商业零售、酒店为一体，结合地铁车站的综合性项目，创造了CBD开发建设的新模式。

3. 全球经济波动下的城市结构调整

1997年亚洲金融风暴，使整个亚洲的经济遭受极大的打击。以房地产建设为主的上海陆家嘴CBD又一次进入了困难时期。经济全球化对于各个国家和区域的城市体系产生了前所未有的重大影响。各国的城市和区域发展逐渐纳入全球经济网络，经济全球化背景下的国家竞争已经更多地表现为城市和区域之间的竞争，以国际大都市为核心的城镇密集区域的国际竞争力是国家综合竞争力的重要组成部分。而上海要参与全球竞争就应该更多加强区域合作，以提高其抗风险能力。

改革开放以来我国已形成沿海经济发展带和长江流域经济发展带，上海正处于两大经济发展带的交汇点，在区域合作上拥有较大的优势。为了强化区域合作并促进上海的经济发展，上海于1990年代开展编制新一轮城市总体规划，形成了《上海市城市总体规划（1999–2020）》成果。

该版总体规划的出台同时适应了浦东开发开放的建设需求。在空间布局上，上海的城市发展空间从“浦江时代”拓展到“长江时代”，在传统沪宁、沪杭发展轴线的基础上，进一步开拓滨江沿海发展

1999版总规城镇体系

1999版总规用地结构

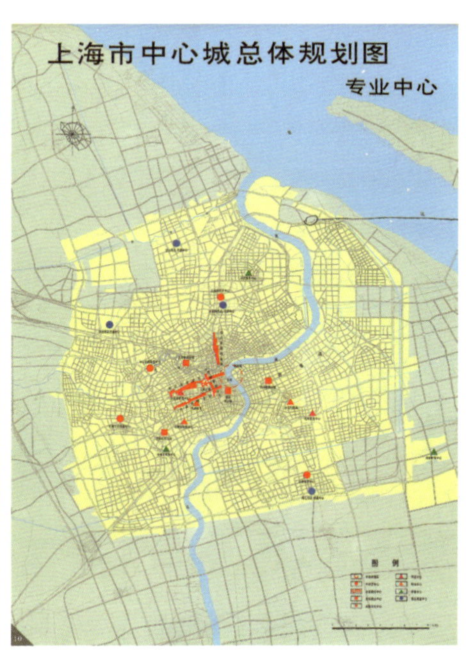

1999版总规专业中心布局

轴。该版总规提出“多轴、多层、多核”的市域空间布局结构，拓展沿江、沿海发展空间。在总体规划的指导下，虹桥枢纽、城际铁路等重大基础设施的建设取得了很大进展，浦东和虹桥“一市两机场”的功能协调也被继续完善，国际航空枢纽港初步形成。中心城区工业外迁，市级以上工业区在各区县落地发展，陆家嘴金融贸易区蓬勃发展，优化了上海的产业结构。

二、核心问题：“区”亦“城”？

1. 从形似到神似：如何充实产业功能？

亚洲金融危机以后，陆家嘴金融贸易区单一金融贸易功能的风险逐步凸显，原本相对独立的功能使得陆家嘴缺乏相关产业支撑，难以持续发展，培育咨询、法律、会展、国际商务旅游等服务产业需求上升。1990～1995年的陆家嘴开发建设侧重于规划、基础设施及楼宇开发建设等硬件层面，1990年起所投入的大规模基础设施和高强度的资金极大改善了陆家嘴金融贸易区的城市形态、投资环境和生活设施，为招商引资奠定了坚实基础。而从20世纪90年代中期开始，上海市政府和浦东新区政府都意识到了建设国际金融中心，其功能内涵更为重要，及时提出了形态开发与功能并重的重大发展战略，如何从形似到神似成为急需跨越的难题。在硬件的基础上，陆家嘴金融贸易区的产业功能需要有效开发，即区域内聚集的功能性机构的规模、数量，产生的经济活动总量，经济运营的软环境等，这些也对上海建设国际金融中心起到重要的推动作用。

2. 从开发区到城区：如何完善城市功能？

陆家嘴的总体规划定位从以金融贸易为中心的单一功能开发区，需要向集各种城市功能于一体的复合多元化活力的金融城转变。早在1990年代，市政府批准的浦东新区总体规划中明确陆家嘴金融贸易区是上海建设金融中心、贸易中心和经济中心的重要组成部分；2001年国务院在批复新一轮上海市城市总体规划中明确指出，上海城市建设与发展要遵循经济、社会、人口、资源和环境相协调的可持续发展战略，以技术创新为动力，不断增强城市功能，把上海建设成为经济繁荣、社会文明、环境优美的国际大都市，国际经济、金融、贸易和航运中心之一。在上海城市发展趋势和陆家嘴自身可持续发展的双重因素下，陆家嘴金融贸易区亟须进行功能整合和拓展，与商业、居住、公共服务设施等城市功能相互补充，共同形成宜居宜业、持续繁荣的金融城。

三、规划特点：结构赋予，集聚与扩展并重

1. 由点到面、全域推进

关于陆家嘴地区的地域范围概念，有“小陆家嘴”和“大陆家嘴”之说。其中，“小陆家嘴”即陆家嘴中心区，为泰同路—浦东南路—东昌路—黄浦江所围合的1.7km^{2}区域，在1980年代上海市城市总体规划中最初所提到的陆家嘴地区即指该区域。“大陆家嘴”即陆家嘴金融贸易区，为上海市内环线浦东部分（罗山路—龙阳路—黄浦江所围合的31.87km^{2}区域，不包括边界水域及边界道路面积则为28km^2），1990年经国务院批准为国家级开发区，且是唯一以“金融贸易”命名的开发区。

（1）积极融入全市格局，联动发展

从全市布局来看，陆家嘴金融贸易区积极融入全市发展格局，地处黄浦江河湾对岸与外滩CBD构

“小陆家嘴”与“大陆家嘴”关系图

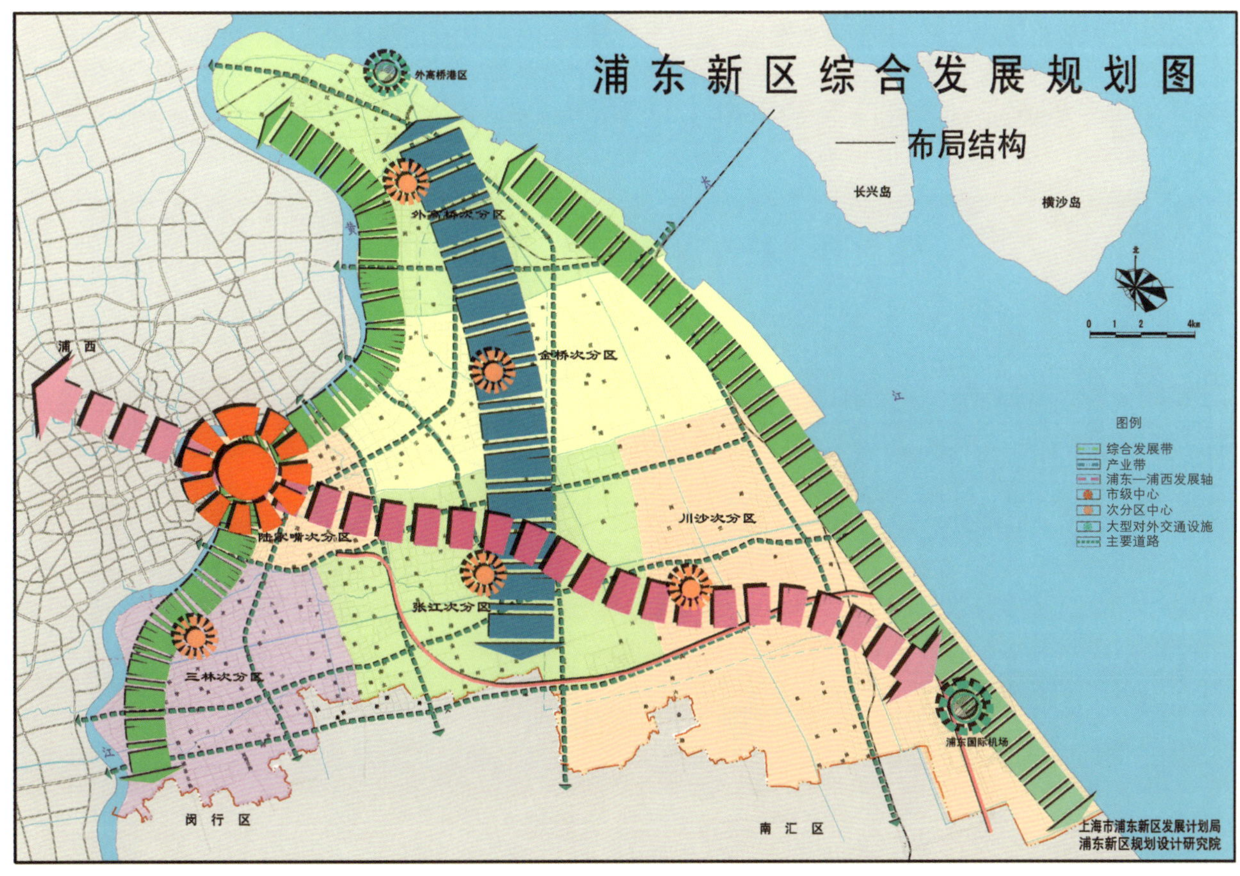

2003版浦东总规结构图

成对景，与浦西外滩共同形成中央商务区，集金融、贸易、信息、购物、文化、娱乐、都市旅游以及商务办公等功能为一体，并注重宜居环境。陆家嘴是构筑上海市域东西轴线（虹桥国际机场—浦东国际机场）的重要组成部分，是浦东新区黄浦江沿岸地区综合发展带的核心地区。《浦东新区综合发展规划（2003年）》提出，陆家嘴金融贸易区要与张江、金桥、外高桥、三林世博、川沙等功能区域联动发展，发挥其金融贸易的核心作用，带动浦东和全市的发展。

（2）空间延伸和结构调整

在空间形态上，陆家嘴金融贸易区功能开发主要集中在“一道三区”，即以世纪大道为轴线串联的陆家嘴中心区、竹园商贸区及世纪大道中段两侧地块、花木行政文化区。金融“城”的概念则是代表着空间的延伸，在原有“一道三区”的基础上，逐步向周边地区延伸形成。《浦东新区综合发展规划（2003年）》中提出，“陆家嘴功能区域”指梅园街道、潍坊新村街道、塘桥街道、洋泾街道的行政管辖范围及花木镇的部分行政管辖范围，具体范围是黄浦江、内环线所围合的区域，将以世纪大道为纽带，连接陆家嘴CBD地区和花木行政文化中心区，形成浦东新区的核心功能区域，上海市建设国际金融中心的主要载体，城市核心功能拓展的主要方向，国家金融贸易产业发展的龙头和示范基地，面向国际的现代化金融贸易区。

陆家嘴金融贸易区空间延伸的同时，陆家嘴中心区的空间拓展有序展开。上海船厂地区一期项目在2009年完成，该地区的发展为陆家嘴中心区做了合理延伸，CBD 东扩地区是连接陆家嘴中心区和竹园商贸区的桥梁。上海船厂地区结合船台和老厂房的改造建设，形成一条几百米长丰富而完整的滨江休闲空间，包含商业物业、办公楼、酒店、服务式公寓及住宅物业等功能，补充陆家嘴中心区的商业、酒店、公共休闲等配套功能，同时陆家嘴中心区进行合理的空间延伸，衔接了洋泾地区和小陆家嘴区域。为了满足未来金融城发展的需要，完善陆家嘴中心区的城市功能，东扩势在必行。东扩包含浦东大道、东方路、浦东南路和世纪大道围合的地块，将现状环境差、设施陈旧的旧式小区改造为商务办

陆家嘴金融城重点功能区域分布图

陆家嘴功能区域范围

公和商业服务配套设施，弥补现在陆家嘴CBD的功能不足和空间不足，对陆家嘴中心区和竹园商贸区的功能进行连接和串联。未来陆家嘴CBD地区是在现有1.7km^{2}加上上海船厂地区0.7km^{2}的基础上，再扩展0.85km^2，共计3.25km^2。

（3）设施建设奠定基础

由于受国家宏观经济调控和亚洲金融风暴的影响，1997年以后一段时间内以房地产建设为主的上海陆家嘴中央商务区又一次进入了困难时期，不少已批租的土地进行再转让，更多的项目推迟了建设周期。1996年后的陆家嘴中心区开发转入了调整时期。在这一时期，上海陆家嘴（集团）有限公司主要按照土地批租合同，积极做好市政配套工作，同时在社会投资萎缩、经济拮据情况下，土地开发的重点转向筹集资金建设滨江大道、中心绿地、世纪大道等项目，按照规划在旧房拆迁、市政设施配套建设的同时，精心营造滨江环境和绿色公共空间。

在这十年中，陆家嘴金融贸易区建成了延安东路越江隧道、黄浦江行人观光隧道、东方路一大连路越江隧道、复兴东路隧道、滨江大道、世纪大道、地铁2号线浦东段等重要的交通工程；建成了陆家嘴中心绿地、世纪公园等大型城市公园；建成了上海国际会议中心、上海海洋水族馆、上海科技馆、上海东方艺术中心、浦东展览馆等重大文化设施；建成了新上海商业城、正大广场、上海时代广场、浦东香格里拉酒店等大型高档商业商务设施；启动了陆家嘴第二幢标志性建筑上海环球金融中心的建设。其中，世纪大道西起东方明珠电视塔，东至世纪公园，全长约5.5km，宽100m，是上海市第一条绿化和人行道比车行道宽的城市景观人道，在设计上较好地解决了人、交通、建筑的综合关系，串联起了陆家嘴中心区、竹园商贸区和花木行政文化中心区。占地140hm^{2}的世纪公园是上海最大的城市生态型公园，种植了30万株树木、40万m^{2}草坪。滨江大道将景观和休闲功能很好地结合起来，引进了一些著名休闲品牌，成为中外游客游乐的首选场所。占地10万m^{2}的陆家嘴中心绿地是上海第一个大型人工绿地，已成为陆家嘴中心区的“绿肺”和上海著名的城市景观。基础设施的建设成为陆家嘴金融贸易区的优势资源，充分利用经济的低迷时期，对陆家嘴的发展起到了极大的推动作用，为陆家嘴后期的飞速发展奠定了坚实的基础。

2. 功能开发、高效整合

如今已成为我国发展外向型经济标杆的陆家嘴金融贸易区，经历多年的开发和建设，以金融为核心的现代服务业持续积聚，已逐渐成为全球发展楼宇经济最成功的地区之一。从黄浦江边的“烂泥渡”到世界瞩目的“金融城”，陆家嘴地区的规划建设，是功能分区、有序推进的典范。此阶段的陆家嘴金融贸易区主张功能组团下的集聚开发，在符合不同片区的功能导向下有序、集聚地进行布局，实现各功能组团的高效整合和联动发展。

陆家嘴金融贸易区的功能开发，主要集中在以世纪大道为轴线串联的陆家嘴中心区、竹园商贸区和花木行政文化区。在外资纷纷看好浦东这片热土，内资也希望利用浦东的平台“搭船出海”的形势下，如何布局？如雨后春笋般破土而出的楼宇，要不要集中在1.7km^{2}的陆家嘴中心区以便争取早日出形象，决策者和规划师坚持按照功能分类落地：金融办公和总部大楼放在陆家嘴中心区；各省市和中央部委建设的以商贸和要素市场为主的“省部楼”布局在东方路、张杨路沿线；行政管理、文化科教职能的公共建筑坐落在花木地区。三个组团之间，用快速道路和地下管线连通，由此构筑出陆家嘴地区发展的空间骨架。

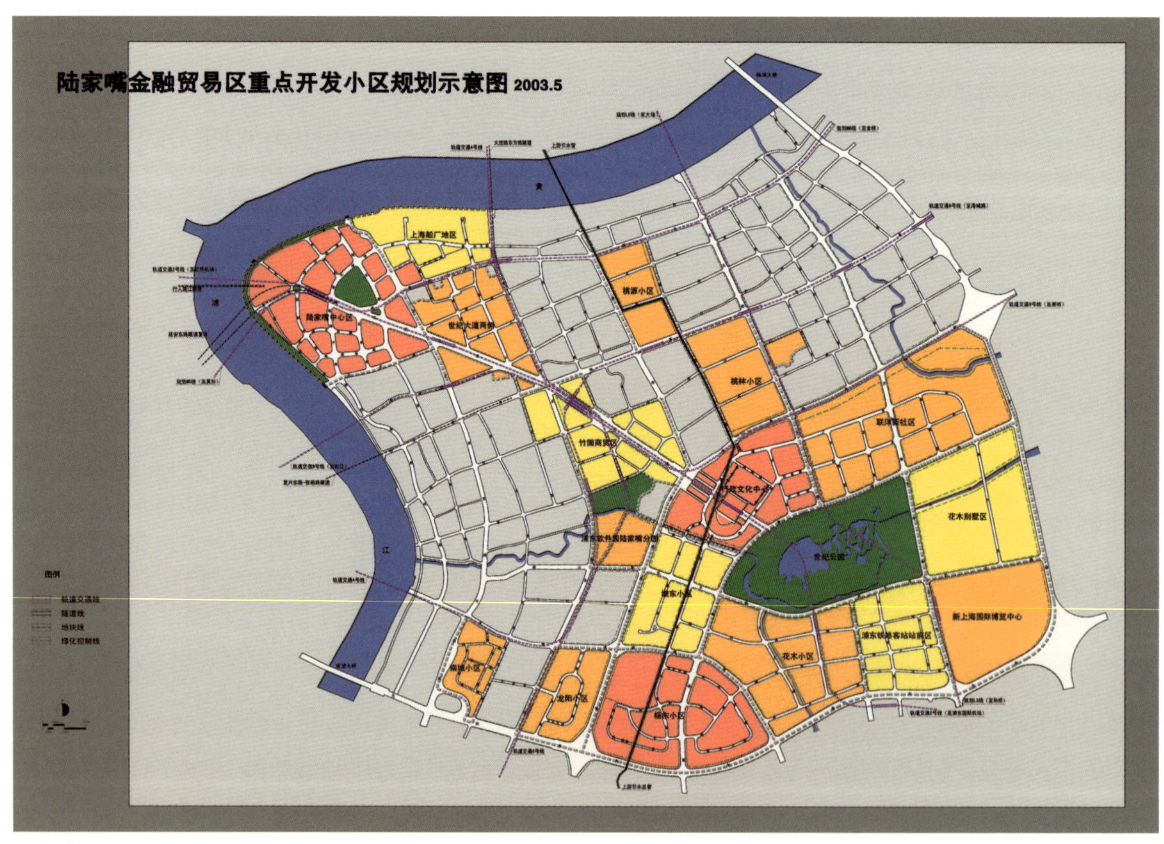

陆家嘴空间结构图

陆家嘴中心楼宇图

（1）陆家嘴金融组团——功能性项目导入，行业领头强示范

1996～2005年的陆家嘴开发建设步入了形态开发与功能开发并重阶段，利用中央、上海市、浦东新区政府给予的政策优势，加大了针对性的功能性项目引入速度。这一阶段，在前期基础设施建设取得突破性进展的基础上，国外投资开始大规模涌入浦东，生产能力快速扩张，产业规模急剧扩大，工业化取得实质性进展，服务经济萌芽，国际金融机构、贸易机构开始进入。从人民银行分行、招商银行、中国建设银行的进驻，到证券大厦、中国银行大厦、交通银行大厦、上海国际信托投资有限公司、中国农业银行招商局的第二批进驻，再到以金茂大厦、第一八佰伴等外贸公司集资兴建入驻，这样将金融、证券、贸易等商业“领头羊”牵进来、放下去，示范效应就出来了。多个代表着金融中心、贸易中心等功能性项目的导入，标志着陆家嘴金融贸易区的开发已经全面进入了新的阶段，成为形态、功能、人文、宜居并举的综合开发阶段。

（2）洋泾、塘桥居住组团——中心区的有力支撑

此阶段的陆家嘴金融贸易区在原本“一道三区”的基础上，向两侧延伸，主要包括洋泾、塘桥等城市功能组团的拓展和补充。在《陆家嘴开发区控制性详细规划（1995年）》中明确了洋泾、塘桥地区的定位和功能。洋泾地区是支持陆家嘴核心区的地区，包含北部沿江小区、大中专院校区、桃林体育居住综合区、洋泾工业小区、桃源及泾东西居住区等。规划将北部企业置换为商办和居住功能，区域内以居住、专业教育、体育医疗等服务设施为主，同时部分产业用地提供区域内一定的就业机会。塘桥地区规划以生活区为主，近南浦大桥部分改造为游憩绿地，同时在南浦大桥北面重点形成具全国规模的交易、批发、配送中心市场（物流中心），与浦西大柏树等物贸功能相互补充。洋泾、塘桥组团

拓展了陆家嘴金融贸易区的城市功能，对核心区起到了很好的支撑作用，同时高效整合资源、联动各组团功能，为陆家嘴的可持续发展提供了动力。

（3）竹园商贸区——陆家嘴中心区的呼应和补充

竹园商贸区聚集了国内一些中央单位和兄弟省市大量的房地产投资，国内外一批大企业也在这里“安营扎寨”。区域内期货交易所、钻石交易所开始形成全国乃至世界性的影响力，同时高档酒店（如瑞吉红塔、浦东假日等）云集。高品质办公楼和不断提升的商务氛围正成为该区域的主要特征。东方路世纪大道地铁站是上海市最重要的地铁枢纽之一，共有四条轨道交通线交会于此。竹园商贸区完善的配套设施和良好的投资条件将成为海内外客商云集的商业、贸易中心。其综合性的商贸功能，为区域赋予了特色及定位，承接了陆家嘴中心区的功能外溢，与陆家嘴中心区形成呼应和补充。

第四节 走向世界，重织大都会之梦（2006年至今）

一、背景：“四个中心”，陆家嘴迎来黄金时代

1. 国家第一个综合配套改革试点定在浦东

上海浦东新区综合配套改革试点是国家第一个综合配套改革试验区，明确了“三个着力，四个结合”的要求，即着力转变政府职能，着力转变经济运行方式，着力改变城乡经济社会二元结构；要把改革和发展有机结合起来，把解决本地实际问题与攻克面上共性难题结合起来，把实现重点突破与整体创新结合起来，把经济体制改革与其他改革结合起来，率先建立起完善的社会主义市场经济体制。综合改革的对象是政府自身，通过推进政府职能转变和管理体制创新，创造良好发展环境，提供优质公共服务。

浦东试验区着重探讨的是政府职能的转变，这是深化经济改革后，政府层面在体制上的全面改革探索。新区希望把经济体制改革与其他方面改革结合起来，探索并完善社会主义市场经济体制，而陆家嘴在这个阶段开始步入以内涵提升为重点的建设阶段，突出以人为本，浦东新区的深化改革对于陆家嘴的发展来说是具有积极意义的。

2. “起吊机经济”的终结

浦东开发开放以来，经济高速增长主要还是依靠大规模的投资拉动，曾有人把浦东的经济增长方式形象化为“起吊机经济”——通过“修桥、修路、盖房子”的固定资产投资拉动经济增长。有经济学家指出，这种过度依赖于大量资金投入的经济增长模式，难以带来可持续的经济增长。2008年全球金融危机似乎在印证此类观点，大洋彼岸吹来的金融风暴让亚洲尤其是中国沿海发达地区感到寒冷。因此，“起吊机经济”不应该是浦东经济的主要发展方式。浦东新区政府开始思考着如何通过经济结构的转型，实现由赶超型经济变为领先型经济。而这种领先型经济是通过发展战略新兴产业推动经济结构的转变实现的，是一种更高层次的领先。

3. 南汇并入浦东，“后台”变大了

上海市人民政府新闻办公室在2009年5月6日举行的例行新闻发布会上发布：国务院已于近日批

复上海市《关于撤销南汇区建制将原南汇区行政区域划入浦东新区的请示》，同意撤销上海市南汇区，将其行政区域并入上海市浦东新区。国务院批复要求，此次上海行政区划调整涉及的各类机构要按照“精简、统一、效能”的原则设置，涉及的行政区域界线要按规定及时戡定，要严格执行中央关于厉行节约的规定和国家土地管理法规政策，加大区域资源整合力度，优化总体布局，促进区域经济社会协调健康发展。

原浦东新区面积为532.75km^2，户籍人口为194.29万，2008年地区生产总值为3150.99亿元。原南汇区面积为677.66km^2，户籍人口为74.31万，2008年地区生产总值为548.03亿元。行政区划调整后的浦东新区，面积为1210.41km^2，户籍人口为268.60万。但是，任何行政区划的合并，都不仅仅是地理空间的简单相加。

合并之前的浦东新区，是上海城市经济发展的一个新增长点以及综合配套改革的试验地。随着浦东陆家嘴金融贸易区的日益成熟，浦东发展空间已经略显狭窄，土地等资源的约束在制约着浦东的发展。在这样的背景下，浦东、南汇两区的合并，原南汇成为原浦东的发展“后台”，新的浦东将拥有更大的格局，拥有更广阔的试验空间。两区合并之后，浦东可以更合理地布局，在1210km^{2}的土地上更自如地调整产业规划，在部分产业形成功能集约的同时，也实现部分产业顺利向原南汇区域延伸，而陆家嘴的金融贸易功能也有机会得到疏导。

同时，金融贸易中心以原浦东为主，南汇有临港地区、洋山港，所以适合航运中心的建立。将上海建设国际金融中心的核心区域——陆家嘴，以及国际航运中心的核心区域——外高桥——洋山港，统筹到新浦东的土地上，不仅可以在一个行政区划范围内实现功能互补，而且可以实现功能集约，达到“1+1>2”的效果。

4. 崭新的目标，走向世界的新机遇

2000年之后，随着现代化建设、改革开放的继续深入、经济发展方式的转变和实现全面协调可持续发展的实现，上海逐渐被提到更高、更重要的一个战略地位，从2006年中央提出的上海要实现“四个率先”，大力推进“四个中心”的建设，随着2008年北京奥运会的举办以及2010年上海世博会的举办，到2009年4月国务院颁布《关于推进上海加快发展现代服务业和先进制造业建设国际金融中心和国际航运中心的意见》指出上海加快建设国际金融中心、国际航运中心和现代国际大都市，到2011年1月召开的上海“两会”审议通过了《上海市国民经济和社会发展第十二个五年规划纲要（草案）》，表明“十二五”期间浦东将成为上海“四个中心”建设的主战场，一切国家举措都将上海提升到带动和示范全国的重要角色上来，还进一步提出了上海要建设自贸区和全球科技创新中心的目标。

自国家宣布支持上海的重要举措后，陆家嘴的发展随即提出了更高的要求。陆家嘴从国家级金融开发区，转变成为与国际大都市相适应的核心商务区，并在上海下一轮经济发展中，对接国际金融中心的建设，服务大飞机制造、迪士尼等重大项目的建设，在国际商务、文化旅游、会议展览等功能方面提出更多要求，陆家嘴将随着上海进入新的发展高度，迎来更加关键的机遇和调整。

二、核心问题：有限空间中的转型升级

1. 新格局面临发展转型

南汇并入浦东的新格局将给浦东带来许多新的挑战，曾经以空间规划与扩张、产业布局、引进企

业为主的“一次创业”阶段，将进入到重点完善上下游产业链、构建新区创新体系的“二次创业”阶段。提高自主创新能力，建设产业化支撑服务体系和创新管理体制，加快主导产业发展，增强国际化水平，是二次创业的核心和根本目的。在这一背景下，陆家嘴的发展应该如何应对，陆家嘴在未来如何丰富城市功能、实现功能转型升级，是新格局下陆家嘴发展的首要问题。

比如陆家嘴金融贸易区在发展时就出现了不少问题：生活服务设施、公共活动空间、人文环境建设等功能不足愈发凸显，城市功能不完善。陆家嘴金融贸易区空间尺度感过大，交通体系以机动车为主，缺少步行等慢行系统，大尺度环境下的人性化空间缺失严重；同时，公共服务设施的服务能力不足，在陆家嘴中心区密集的办公楼宇内外，几乎没有能够满足不同消费需求的商业和服务网点分布；人文环境缺失，滨江大道2.5km长，但滨江景观带仍然尚未成形，缺乏主题和特点，公共空间尚未完全贯通和开放。

2. 扩张需求大，办公楼“又多又少”

由于对上海未来的经济向好预计，故越来越多的外商总部向浦东地区集聚，同时国内企业也欲借助上海这一良好的平台进一步谋求发展。浦东新区以其良好的硬件环境以及相对成熟的软环境成为国内外企业竞相选择的重要区域。陆家嘴金融贸易区内金融、贸易、会展、旅游等功能已具备一定规模，市场对于该区域内的商务办公楼正处于理性的需求旺盛阶段。但目前区域内办公楼仍处于阶段性建设过程中，现状办公楼租售面积供应相对紧缺，难以有效满足市场需求；而且随着上海构建国际金融中心战略的进一步贯彻落实，远期需求将进一步扩大。《上海市商务区空间布局及结构规划》提出，至2020年，甲级办公楼应达到上海商务办公总量的30%～35%，陆家嘴、世纪大道沿线商务区是发展甲级办公楼的重点区域。正如目前陆家嘴中心区的办公楼处于“又多又少”的状况——规划总量多，在建规模大；而符合金融业扩展的、跨国公司区域总部的、满足个性特殊要求的高水准办公楼宇供应量不足。

三、规划特点：从宏观理念到微观空间，内涵不断提升

1. 新浦东，新规划，新未来

2009年5月6日原南汇区行政区域整体建制划入浦东新区，同时明确加快建设迪士尼、大飞机制造等重大产业项目，浦东新区进入了新的历史性发展阶段。作为市域东翼发展的重要一极，浦东是上海建设国际金融中心、国际航运中心和全球城市的核心功能区。为适应行政区域扩大后的浦东新区的全新发展格局，2009年6月起，浦东新区人民政府会同上海市规划和国土资源管理局组织开展浦东新区总体规划修编工作。

南汇并入浦东新区之后，浦东的金融贸易发展空间将更大，同时南汇的洋山港和临港新城为浦东建设国际航运中心提供了相当有力的支撑。在这一背景下，浦东新区总体规划确定其城区性质为：中国改革开放的示范区和综合配套改革试验区，上海建设国际经济、金融、贸易、航运中心的核心功能区，国家高新技术创新基地和战略性新兴产业主导区，具有国际一流品质的生态型宜居新城区。在上一版总体规划的基础上，提出了改革开放示范区、技术创新等建设要求，同时提出国际品质的宜居新城等新聚焦点。

新规划的提出对引领浦东的发展转型起了核心作用，2011年浦东新区总体规划修编注重提升城市功能和推进产业发展，针对浦东新区的发展面临的各项核心问题，浦东新区总体规划修编围绕产业转

型和综合城市功能提出空间优化、区域协同、产业转型提升等发展战略。一是在空间结构层面，2011版规划首先在落实和强化全市沿黄浦江、沿长江和东西向三条主要发展轴线的基础上，将贯穿浦东新区南北的中部产业发展带纳入整体空间格局，最终形成“一轴三带”的空间结构，为产业转移和转型策略提供支撑。二是将浦东新区划分浦东主城区、南汇新城和中部城镇群3大地带，以国家级产业园区及重点产业发展项目为核心，周边150～300km^{2}为单元，将浦东新区划分为特色鲜明、功能完善、各有侧重、分工协作的若干城市综合片区，做到统筹区域内有限空间资源、提高土地利用效率。三是通

2011版浦东新区总规空间结构图

过公共服务体系的重构提升城区的服务功能，将城区发挥全球或区域主导地位的核心功能载体落实到各大高等级公共中心上。在产业发展上更加提倡创新驱动，积极探索陆家嘴、金桥、外高桥、张江四大国家级开发区的转型发展和后世博园区、迪士尼主题乐园地区以及临港新城地区三大新兴战略地区的功能提升。

陆家嘴同样面临发展空间紧张以及转型升级迫切等问题。在新浦东、新规划的背景下，浦东新区发展空间增加，航运中心未来光明，其能级以及综合改革影响力都得到了一定提升，陆家嘴无疑是这

综合片区规划图

2011版浦东新区总规综合片区图

个大背景下最大的受益者之一："一轴三带"的空间结构带动原浦东与原南汇的产业联动，金融中心陆家嘴将与航运中心洋山港相辅相成，同时原南汇规划的大量产业用地，丰富的土地资源将催生巨大的产业发展空间，合并后大浦东的现代服务业和先进制造业可以在整个区域中创新规划布局，陆家嘴地区的金融贸易功能也能更好地对外疏导。2011年版的浦东新区总体规划的聚焦点之一是产城融合、提升城市的综合功能，陆家嘴作为浦东的代表，其在快速发展之下也显露出对复合城市功能、人文环境等要素的需求，总体规划的实施必将首先落实在陆家嘴地区。有了总体规划的支持，陆家嘴未来的发

2011版浦东新区总规公共中心体系图

展方向会更加明确，同时这也是一个不小的前进动力。

2. 产业空间拓展

为配合陆家嘴金融贸易区产业功能与城市功能的完善，2007年《上海浦东金融核心功能区发展十一五规划》提出“陆家嘴金融城”的概念，在陆家嘴金融贸易区的基础上，陆家嘴中心区将向东扩展版图，并在未来担负起类似伦敦金融城的功能定位。浦东金融核心功能区的金融机构将高度集聚，达到国际新兴区域性金融中心水平。今后的“陆家嘴金融城”将成为国内资金运用中心和高端金融人才高地，以及金融业务标准、信息标准、执业标准等的指定中心；为给金融业长期发展预留空间，在空间形态上，其建设重点将从“一道三区”地区逐步向周边扩展。包括上海船厂地区、杨高南路商务走廊、塘东总部基地、竹园公园商贸地块等正成为金融服务、商务商贸功能新的承载地；同时，整个陆家嘴地区在重点发展金融产业的过程中，其相关配套的商业、文化、娱乐休闲、居住生活、绿化生态等功能的空间建设也在逐步完善之中。未来，一座功能复合、富有特色、充满活力和魅力的，足以与伦敦和纽约金融城相媲美的“陆家嘴金融城”将展现在世人面前。

（1）上海船厂地区

陆家嘴中心区的快速发展带来的是发展空间的需求。早在1995年批准的《陆家嘴开发区（19km^2）控制性详细规划》中，上海船厂地区在功能上就被确定为是陆家嘴中心区的延伸和补充。2006年由美国Gensler公司进行了该地区的城市设计优化编制工作，并以此为基础，由市规划院再次进行了《上海船厂地区详细规划（优化）》的编制，该规划于2007年7月获得上海市政府正式批复。

船厂地区规划功能目标为扩展延伸中心区的金融贸易功能，并补充中心区缺乏的综合公共设施，突显文化休憩功能等，并通过船台、老厂房地区的改造成为人性化的聚集空间，成为陆家嘴中心区的有机组成。以船厂为代表的拓展区发展规划缓解了陆家嘴中心区紧张的城市空间，并与中心区功能形成互补，以创建更加成熟的陆家嘴金融城。

（2）塘东地区

随着花木行政文化中心、花木副中心的建设，杨高南路商务氛围逐渐形成。塘东地区地处世纪大道沿线，紧邻花木副中心，区位优势明显；同时道路交通便捷，周边软、硬环境良好，其土地的区位价值不容忽视。从长远角度讲，需要对其进行功能的提升和注入。2007年对塘东局部地块进行了控制性详细规划调整，将临近杨高南路、北至锦严路、南达东锦江宾馆南边界地块由居住用地调整为商办用地，塑造具有国际一流水准的多功能、生态化的现代商务区，成为未来商务商贸等功能的新承载地。

（3）陆家嘴软件园

随着陆家嘴金融贸易区建设的逐步成熟，陆家嘴软件园（原峨山路工业区）的转型改造进入了议事日程。2003年编制的控制性详细规划中，明确其由都市型工业园区转型为软件产业园区。2007年编制的《浦东软件园陆家嘴分园控制性详细规划调整》针对实施中遇到的各类问题，进一步细化并提出明确方案。规划明晰了软件园为新型开放式产业园区，是城市功能的组成部分之一，与城市功能和资源进行共享互补，并通过分地块逐步更新、再开发，由封闭型工业小区转变为以研发为主，结合适量办公、商业、休闲等城市综合功能的新型开放式产业园。

陆家嘴软件园紧邻城市中心区，在功能配置上应着重考虑它和城市的有机联系。与一般毗邻大学或高科技园区内的软件园不同，城市中心的软件园能够充分利用周边建成区的资源，与居住区、大学、商业中心、商务中心、高科技园区等城市功能互补互利。陆家嘴软件园可以利用周边居住区满足员工居住需求，利用区域集中商业文化中心满足部分购物、休闲需求，利用大学和高科技园区的成果作为研发动力。同时软件园研发、生产的软件产品也能更便捷地输入市场，园区内的绿化、商业功能开放地为周边居民享用。

3. 植入多样性，功能提升与复合

为了推进“陆家嘴金融城”的进一步发展，规划重点从外部空间形态规划向内部功能完善与拓展转变。随着上海市金融中心的建设，浦东地区金融产业发展宏观和微观环境的不断优化，现阶段将是浦东金融产业发展的重要时期。陆家嘴中心区以及世纪大道两侧区域作为浦东新区发展金融产业的重

上海船厂地区规划效果图

塘东总部基地

陆家嘴软件园一景

中之重，其建设应以吸引金融产业入驻为主。杨高南路两侧区域、塘东区域、竹园地区均成为金融服务、商务商贸功能新的承载地；上海船厂地区和滨江绿地成为沿江重要公共活动空间和文化记忆的传承区域；联洋地区逐渐成为行政文化资源聚集地。

同时，陆家嘴中心区在构建完善的城市服务体系、保持区域配套的平衡发展方面有所欠缺，导致目前区域内办公功能与服务功能在空间上出现分离，影响到CBD商务办公功能的高效运行。在此阶段中，规划更加注重大陆家嘴区域各个功能区块之间的功能复合性，注重产业园区、商务区块与城市功能的有机融合和资源共享。

联洋社区单元规划是功能复合的代表案例。2006年2月，浦东新区规划委员会第47次常务会议强调，杨高路沿线地区凸显商务办公的核心功能，同时辅以文化艺术、商业服务、休闲娱乐、社区配套等功能，打造一个具备综合性功能的商务区。根据新的发展要求，对联洋社区单元做最新的规划定位，其范围包括花木行政文化中心区和世纪公园两大部分。规划提倡功能的复合和全面，在前版规划的基础上结合控规编制，将各类功能落实到功能组团中，包含文化娱乐、行政办公、商务办公、生态绿化等多功能组团，结合花木城市副中心功能开发，并为周边居住社区提供服务设施配套和公共活动空间。

4. 立体交互，提高土地利用效率

随着陆家嘴金融贸易区的繁荣，土地稀缺问题日益凸显，借鉴国际经验、立体发展、提高土地利用效率成为发展趋势。陆家嘴积极开展规划，充分利用地下开发，倡导TOD的土地开发模式，并规划二层连廊等立体空间。

（1）地下空间开发

目前，陆家嘴地区的地下空间开发有一定的规模，但缺乏地下公共空间的综合开发利用，地下空间利用各自为政，缺乏整体性和系统性，地下环路实施条件和功能受制。国金中心、金茂大厦、环球金融中心、上海中心所在的陆家嘴核心区，各地块地下空间功能设置存在自然错位，缺乏彼此之间联系，有待梳理与系统整合。

2008年上海市政府批准了《黄浦沿岸江E14单元控制性详细规划》，规划对金茂大厦、环球金融中心、上海中心三个地块围合区域进行整体的地下空间开发，并与三地块各自的地下空间相连，设置相应的商业、餐饮、娱乐等设施。西侧与规划中的轨道交通14号线地下车站相连，形成整体的地下空间。此规划的实施将有效整合地下空间资源，完善城市功能，不仅提高了公共资源利用率，还使国金中心、金茂大厦、环球金融中心、上海中心等几大陆家嘴“地标”建筑实现地下相通、步行即达，消除空间割裂感，极大地改善陆家嘴中心区大楼与大楼之间、大楼与地铁站之间通行难的现状，有助于提高区域可达性与吸引力。

（2）土地集约利用

经过20多年的开发，陆家嘴区域可开发利用的土地不断减少，金融城的开发正面临着日益严峻的土地要素资源约束。因此，土地的集约化利用，新的集约用地开发机制探索土地资源进一步的精深化利用，是此阶段开发中急需解决的问题。陆家嘴金融城地区土地价值优势显著，轨道交通的通达带来了较高的土地经济效益，TOD的开发模式和土地价值为主导的开发强度分布模式，高效地利用了有限的土地资源，实现了利益最大化。

5. 内涵提升，人性设计

（1）留住绿色，留住城市客厅

陆家嘴中心绿地，位于浦东新区陆家嘴金融贸易中心区的核心地段，延安东路隧道浦东出口处左侧，是上海市区内规模最大的开放式草坪。中心绿地占地10万m^2，地形高低起伏，以绿为主，水景为辅，简洁、自然、通透、壮观，形成了现代金融城区的宜人一景，被誉为“都市绿肺”。绿地中心的色彩抽象群雕——《春》，充分展示了浦东新区一个现代都市的风貌。陆家嘴中心绿地已成为上海最佳的城市景观之一（AAAA级景点），每年都有丰富的文化、艺术活动在这里举行。

2012年5月8日，为促进陆家嘴金融贸易中心区公共空间优化和环境提升，推进陆家嘴金融城建设，陆家嘴金融城中心绿地健身步道建设项目正式开工，主要工程量包括新建健身步道800m、旧园路改造3600m^2、绿化种植2000m^2、小品设施维修等，该工程历时3个月顺利完工。2014年6月，陆家嘴中心绿地公共空间功能提升项目正式开工建设，包括改善供电房改造、灯具安装、淤泥开挖及外运、电气安装、中心湖净化等项目。工程完工后，将改善中心绿地区域的WiFi覆盖，完善水幕夜景等景观，增加直饮水设备等人性化功能，进一步促进城市功能集聚，培育陆家嘴金融城生态环境，提升金融城公共绿地空间品质，增加城市文化社区互动。

（2）滨水人文，重现都市活力

为塑造充满魅力和活力的滨江公共空间，体现人在空间体验上的连续性和城市形态的整体性，陆家嘴金融贸易区注入人文元素，注重滨水岸线的改造。在2006年上海船厂地区详细规划中，在滨江区域结合防汛通道设置标高7m的大平台，作为人流步行活动的主要公共空间。结合老厂房的改造建设，大平台上还设有小型商业设施，形成休闲、文化与娱乐复合的丰富而完整的滨江公共空间，将该地区历史文化的内涵与滨江景观很好地融为一体。围绕船台形成的半圆形围合场所，提供公众独特的空间艺术体验，成为浦东沿江的重要公共活动和展示场所。它与黄浦江对岸北外滩地区遥相呼应，共同形成沿江又一新的城市亮点。

陆家嘴在此阶段的规划优化了配套设施和商业功能的布局，注重商业设施和文化空间的塑造，提高了居民的生活品质。商业功能由原新上海商业城区域单核中心，调整为新上海商业城、世纪大都会双心引领，沿世纪大道和张杨路两轴向外拓展的商业结构，形成以中档消费为主的集购物、餐饮为一体的综合性商业中心。《陆家嘴金融贸易区发展报告》中计划将世纪大道作为构筑陆家嘴CBD区域文化的有效载体。世纪大道一侧作为CBD功能重要的延伸区，另一侧则建成国际一流的RBD（文化休憩产业区），大力引进一批体现人类文明、传播国际文化的传媒机构和企业，开辟文化艺术型的步行商业街，并兴建一批专业博物馆。此外，以新上海国际博览中心为核心，构建“新上海国际会展产业区”，使之成为上海2010世博会的副展中心区。

（3）微交通，扭转超大空间的困扰局面

为解决步行交通困难的问题，陆家嘴地区规划建设了中心区二层步行连廊，人们从陆家嘴轨道交通站出来，不再需要横穿马路，而是可以通过二层步行连廊，到达正大广场、东方明珠、国金中心、金茂大厦、环球金融中心等重要的商贸大厦和旅游景点，实现楼宇间互通互联，有效缓解“看得到、走不到”的困扰。陆家嘴步行连廊系统建设通过人车分流，充实各自的功能，确保城市交通的安全性，实现方便人行、尺度适宜的功能。利用二层连廊连接建筑物、广场和绿化等外部环境，实现了城市功能的联系；周边大楼裙房部分的集聚效果可以使社区产生商业周游环境，整体提高了城市中心区的魅力。

为解决陆家嘴金融城白领“最后一公里”的交通问题，2011～2012年间，陆家嘴金融城巴士1、2、

3路和人才公寓专线3条短驳巴士开通，至此，陆家嘴金融城公交短驳巴士实现了金融贸易核心区交通枢纽至楼宇的全覆盖。短驳巴士委托专业团队设计，充分体现了“短驳、便捷、低价”的原则，展示了金融城流动的风景线，为从业人员提供了交流的平台。同时，交通管理部门针对交通拥堵问题主要对道路指示标识进行调整，优化路口信号系统，完善实时监控系统并适当调整管理措施，将规划中难以解决的问题落到实处，切实地取得了较好的成效。

6. 智慧陆家嘴，一切为了“人”

智慧陆家嘴建设启动于2011年3月份，经过4年来的不断实践、不断研究，形成了陆家嘴模式，并取得了不错的成绩。在陆家嘴智慧社区建设模式中，人们能体会到对智慧城市、智慧社区建设的另一种诠释。人们来到城市是为了生活，人们建设城市是为了更好地生活。城市的建立，是人们躲避自然危险的选择，是为了贸易、分工、生产扩大化，是财富资源的创造，是为了生活的幸福和心灵的愉悦。陆家嘴智慧社区力求通过“社会保障、社会动员、社会创新”三大模式的建立，来实现区域内人的自由全面发展和更从容地生活。陆家嘴智慧社区建设只有一个核心：一切以人为中心，以人的发展和幸福生活实现为目的。建设的目标是优化人的生活方式，去除人们生活的后顾之忧，激发人们的创新意识和能力。

陆家嘴智慧社区建设重视统筹。其建设重点是促进科技信息技术在公共行政、社会管理、社区服

陆家嘴中心绿地

陆家嘴南滨江区域

陆家嘴中心区二层步行连廊

务等领域的广泛应用和聚合发展，包括内容完备和绩效、流程规范和便利、覆盖面完整性、信息化程度、数据应用率、公众参与度等。在公共服务领域，关注社区健康管理、养老保障模式建设；在社区管理领域，关注各部门信息的汇聚管理、网格联勤管理平台建设；在社区建设领域，注重社区经济活力和公众参与，关注社区商家诚信体系建设、志愿者动员、社会单位共治式参与等。建设社区共治、自治、科技辅助的生态体系，探索建立社会动员模式、社会保障模式。

项目主要建设内容为"一库、一卡、两平台、多系统"。"一库"即建立民情档案综合信息库，包括对区域内人、物、房、事、单位、楼宇等静态、动态信息管理的社区中心数据库。"一卡"为开发智慧城市卡，它是市民参与公共服务与社会治理认证记录的钥匙，市民获取服务后支付记录的载体。目前，智慧城市卡已经应用于志愿者时间累积和社会认证，身份识别后的社会服务与管理。下一阶段的任务是不断拓展应用环境与渠道。"两平台"是指建设社区综合管理指挥信息平台和社区公共服务信息平台，前者能够实现"公安、城管、网格办、12345热线、地下空间"五大板块的统筹管理，后者有效连接人与社会服务并实现资源最大化利用。此外，根据民惠、民便、民为的需求，陆家嘴智慧社区建设还开发了社区公共服务综合预约系统、社区居家养老服务体系、社区健康管理服务体系、智慧物业综合管理体系、公民素质实践社会认证体系、学习型社区管理服务体系等多项应用系统。

第三章

陆家嘴金融贸易区规划

第一节 陆家嘴规划的编制历程

第二节 陆家嘴金融贸易区区域性规划

第三节 陆家嘴中心区规划编制历程与演变

第四节 陆家嘴中心区拓展区规划编制历程与演变

第一节 陆家嘴规划的编制历程

一、1987～1993年：陆家嘴中心区系列规划编制

1987～1988年：上海市城市规划研究院与法国大巴黎规划院合作编制《陆家嘴中心地区规划》；

1988～1991年：编制《陆家嘴中心调整规划》，并获得上海市政府批复；

1992年：陆家嘴中心区规划国际咨询；

1992～1993年：编制《陆家嘴金融中心区深化方案》；

1993年12月：上海市政府正式批复《上海陆家嘴中心区规划设计》。

二、1990～1993年：竹园地区、张杨路地区、花木地区系列规划编制

1990～1991年：编制《张杨路中心详细规划》和《张杨路中心调整规划》，并获得批准；

1991～1993年：编制《陆家嘴竹园地区开发规划》和《陆家嘴金融贸易区2-10至2-15地块实施性详细规划》；

1992年：市、区相关部门、领导及专家对花木地区提出一系列规划构想。

三、1994～1995年：陆家嘴金融贸易区区域性系列规划编制

1994年：编制《陆家嘴—花木分区规划》；

1994～1995年：编制《陆家嘴开发区（19km^2）控制性详细规划》，并获得浦东新区管理委员会批复。

四、1994～2010年：陆家嘴中心区规划完善及其他重点地区详细规划编制

1994～1995年：分别编制《浦东新区行政文化中心区控制性规划》和《浦东新区行政文化中心区修改规划》，并获得新区综合规划土地局批复；

1994～1999年：分别编制《陆家嘴轴线大道（浦东南路—东方路）两侧实施性详细规划暨城市设计》和《世纪大道中段（浦东南路—东方路）两侧修建性详细规划》，其中后者获得批准；

1994～2000年：编制联洋小区系列详细规划，对功能定位和布局进行调整优化；

1994～2007年：编制塘东小区系列详细规划，并不断进行调整完善；

1995年：编制《竹园商贸区调整规划》；

1999～2006年：编制上海新国际博览中心地区系列详细规划，其中《上海新国际博览中心地区调整规划修订》于2006年获得浦东新区人民政府批复；

2002～2007年：编制上海船厂地区系列规划，其中《上海船厂地区详细规划（优化）》于2007年获得上海市政府批复；

2003-2007年：分别编制《浦东软件园陆家嘴分园控制性详细规划》和《浦东软件园陆家嘴分园控制性详细规划调整》，并获得浦东新区人民政府批复；

2004～2005年：编制《新上海商业城二次开发改造控制性规划》，并获得浦东新区人民政府批复；

2005～2007年：启动研究陆家嘴CBD东部拓展系列规划；

2008～2010年：编制《黄浦江沿岸E14单元控制性详细规划》、《联洋社区C000302单元控制性详细规划》、《潍坊社区C000401单元控制性详细规划》等规划，实现控制性详细规划全覆盖。

第二节　陆家嘴金融贸易区区域性规划

一、陆家嘴—花木分区规划（1994年）

位于浦东内环线区域的28km^{2}陆家嘴金融贸易区在当时的新区总体规划中对应于陆家嘴—花木分区，该分区规划体现了当年对陆家嘴金融贸易区的发展定位和指导。

1. 规划背景

陆家嘴—花木分区位于浦东新区的中西部，与浦西外滩隔江相望，随着世纪大道、地铁二号线、滨江大道、中央公园的开发建设，该地区将成为集中展示浦东新区现代化新城区最重要的场所。

根据浦东新区总体规划（1992版），结合当时在编的新一轮上海市总体规划布局，浦东新区的城市建设将结合三条轴线展开：一条是沿黄浦江的滨江发展轴，这条轴线串联了外高桥—高桥分区，庆宁寺—金桥分区，陆家嘴—花木分区和周家渡—六里分区四个综合分区，是上海市重点建设内容的组成部分，向北可发展到长江口南岸及崇明岛，往南可与闵行、奉贤及杭州湾北岸连成体系。第二条发展轴线是沿地铁2号线及延长线的东西发展轴。这条轴线连接了陆家嘴—花木分区，北蔡—张江分区和川沙—施湾分区三大综合分区以及浦东国际空港。这条轴线是上海市主城东西发展轴的一部分，也是浦东、浦西“东西联动”的黄金轴线。第三条发展轴线是沿长江口及东海的滨海发展轴。浦东新区将集中建设滨江发展轴和东西发展轴，而陆家嘴—花木地区正好位于两条轴线的交汇处，区位十分重要。随着地铁2号线和世纪大道的辟建，该地区将掀起新一轮的开发建设高潮。

2. 规划主要内容

（1）发展目标

陆家嘴—花木分区是浦东新区的核心地区，将与浦西的黄浦、静安等地区共同发展成为外向型、多功能、现代化的国际一流的都市中心，即大力发展以第三产业为主的外向型经济，集金融、商贸、物流、信息、办公、各类服务等多中心功能，以世界一流的标准要求，建设成形态布局合理、城市基础设施完善、综合交通网络高效便利、通信系统敏捷、生态环境良好和具有中国特色社会主义精神文明环境的现代化都市中心。

据上海市经济研究中心预测，到2020年，新区GNP达1800亿元，三产比重达1200亿元，其中陆家嘴—花木分区将占新区三产比重的65%，达700多亿元。到2020年，陆家嘴—花木分区将与浦西一起形成上海市的中心城区，集中体现上海市的繁荣繁华，体现“外向型、多功能、现代化”国际一流城市的崭新形象。

（2）功能分区

陆家嘴—花木分区根据不同地理位置和功能特征，可以分成三个组成部分，即沿江地区、“一道三区”和两翼地区。

沿江地区指位于两座大桥之间、浦东大道以北、浦东南路以西的沿江带形区域，总面积约6.24km^2，即东外滩规划的范围。作为国际大都市的上海，必须转变滨江地区被杂乱的工厂码头和破旧的棚户区占据的现状，合理地增加休闲旅游、文化娱乐、生活居住等功能，为陆家嘴中心区在功能上、景观上进行补充、完善。沿江一带规划大面积绿化并通过绿廊公园向内陆渗透，形成以绿为主的开放空间网络，逐步实现滨江生活岸线，同时依托陆家嘴中心区的高层建筑群合理控制南北侧的建筑形态，形成“一波多峰”的沿江城市景观，来衬托小陆家嘴现代商务区的形象。

“一道三区”是指世纪大道及其串联的陆家嘴中心区、竹园商贸区和花木行政文化区。陆家嘴中心区以高层次的金融、贸易、信息、服务为主要功能，并适量发展商业、旅游、文化娱乐和高档公寓，与浦东外滩一起构成上海市的CBD地区。竹园商贸区以商贸、零售、办公为主要功能，并配以不同档次住宅和适当的文教娱乐设施。花木行政文化区以行政办公、科技文化、公园博览、居住商贸为主要功能，包括行政中心、中央公园、杨东小区、塘东小区、联洋综合开发区、花木集镇、站前区、春夏秋东别墅区、花木高级别墅区、国际博览会等十个规划小区。世纪大道除了具备交通功能外，更主要的功能是提供认知和感受现代化新区的场所，是浦东新区的城市景观大道。“一道三区”是体现浦东新区现代化新城区最集中的地方。

两翼地区是在陆家嘴花木分区范围内，位于“一道三区”东西两侧的地区。两翼地区以居住为主要功能，包括各个时期建造的居住区和旧区改造地块。

（3）布局结构

按行政和地理位置，陆家嘴—花木分区以张家浜、源深路、杨高路为界分成陆家嘴、洋泾、花木和塘桥四个地区。

① 陆家嘴地区：位于分区的北部，以源深路—杨高路—张家浜为界，占地9.06km^2，是整个分区的中心。以轴线大道为主要开发轴，集中规划1.7km^{2}的陆家嘴中心区、小陆家嘴外围区、竹园商贸区和相应的生活居住区。陆家嘴中心区位于黄浦江凸岸陆家嘴的尖端，规划范围东至浦东南路，南界东昌路，西、北为黄浦江水城，占地约1.7km^2，是金融贸易中心，也是上海中央商务区（SCBD）的组成部分。规划以高集聚的布局形式，形成各类总部、分支机构的办公处和金融保险大厦，全国商贸、展览、会议、电视、导航等中心，以及音乐厅、交通集散枢纽、通讯枢纽中心等符合21世纪上海中央商务区功能的第三产业。总建筑容量约400万m^{2}左右。小陆家嘴外围区是对中心区的补充，占地2.45km^2，南自杨家渡路张杨路，北至东昌路，东自东方路，西至黄浦江。小陆家嘴外围区是从中央商务区向竹园商贸区过渡的中心商业区，其功能主要是办公、商业、产品、消费品展览、文娱和游览设施。竹园商贸区位于轴线大道与花木市政中心的接合部，占地3.53km^2，其中商贸区占地1.36km^2，其余为梅园新村和潍坊新村，在商贸区内可以集中安排各省、自治区以及中央各部、委、办驻沪各类机构的办公、商贸、批零交易等机构，形成以国内商贸为主的商贸中心。

② 洋泾地区：东始建平路，西至源深路，南起杨高路，北抵黄浦江，占地6.9km^{2}左右。洋泾地区规划基本保留现状布局，作为分区的科研、文化、教育中心及工业区。以已有海运学院为主的大、中专职技校区加以调整改建并适当扩展，形成一个高等教育、职工培训和科研、文化基地。源深路东原规划的楔形绿带，调整为桃林医疗体育和居住综合区；与花木市政中心相衔接的地段，规划为桃林公

园，以改善生态环境。在东方路至建平路之间的黄浦江虽系深水岸线，但仍应调整为旅游滨江大道。洋泾工业区是分区中最大的工业集中点，重点发展高科技工业，以耗能少、用水少、运量小、技术先进的外向型工业为主。地区内的泾东、泾南、泾西新村大半为已形成的居住区。而桃林、桃源两小区规划为中高档居住用地。在张杨路、北洋泾路交叉口附近规划为洋泾地区中心。

③ 花木地区：东始罗山路，西、北至杨高路，南达龙东路，占地约11.08km²。花木地区位于浦东轴线大道与杨高路的交汇点，是地区内市政、交通重点枢纽中心之一。规划以中央公园为中心，行政中心、联洋小区、花木别墅区、博览中心区、花木镇居住区及杨东小区、塘东小区围绕中央公园布局。该规划方案系通过境内外设计竞赛后形成的优化方案，将轴线大道延伸至中央公园（世纪公园），使新区市政中心的典礼广场西有轴线大道，东有新区政府办公楼广场。在典礼广场、新区政府办公楼两侧有两个半圆形的道路布局，使新区市政中心内部有双环路，以便交通循环和优化环境。新区市政中心包括政府办公楼、检察院、法院、公安局、司法局、安全局等机关，武警基地及电脑、信息、档案中心所组成的行政区。行政区附近并设科技中心、文化中心、演艺中心等设施。在新区市政中心外围还规划布置一部分由商业、饮食、咨询、中介机构、外地驻浦东的办公楼、旅馆所组成的经济活动中心、会议中心，同时配置一部分高级公寓。行政中心之东为联洋商贸、综合居住区，是对行政中心的补充，可以延伸发展办公、商业、文化及居住等功能，使新区市政中心的现代化管理、国际交流、信息、咨询等功能更好发挥。新区市政中心面向中央公园，使花木地区具有一个中心绿地。围绕中央公园，南有浦东铁路客站前的商贸区，东有花木别墅区和博览中心，西有林荫大道和塘东商业、文化、居住综合区，以及杨东商贸、居住综合区和花木镇居住区。中央公园不仅为浦东新区提供“绿肺”，而且将规划建设大型体育运动场地和各种娱乐性竞赛场、儿童乐园、度假娱乐城等，成为新区娱乐总汇。花木地区的博览中心，将由博物馆、科学馆、美术馆、国防教育馆等一系列博览建筑群组成，可举办国际性的世界博览会，以提高浦东新区文化内涵的重要城市空间，博览中心紧靠浦东铁路客站，并规划有快速有轨交通，为博览中心集疏运客流和展品提供大容量捷运交通。

④ 塘桥地区：东始杨高路，西至黄浦江，南自龙阳路，北抵张家浜，占地3.32km²。塘桥地区依托南浦大桥、内环路，既与浦东新区中心相邻，又与浦西隔江相望，所以规划将沿江的煤炭装卸区外迁，改建为滨江游乐、商业文化与高级公寓综合区，同时规划康复中心，建成针对儿童医疗和保健，成人康复治疗、疗养、保健、食疗及残疾人康复医学进行研究的综合基地。桥堍北块及龙阳两小区属物资、商业、贸易和居住综合区，将是全市物流中心之一。

（4）规模容量

至2020年，陆家嘴—花木分区将与浦西的黄浦、静安等地区共同发展成为外向型、现代化国际一流都市中心，可提供居住建筑面积1760万m²（其中陆家嘴地区占1075万m²），居住人口54万人（其中陆家嘴地区为34万人），公共建筑2340万m²（其中陆家嘴地区为1535万m²），可提供78万个工作岗位（其中陆家嘴地区占58万个）。

（5）住区开发导向

旧区改造、新区开发、老居住区整合都必须立足于陆家嘴—花木的特殊区位，引进“社区建设”的新观念，参照先进技术参数进行开发建设引导，从更高的层次、更长远的目光进行跨世纪居住区建设。沿江地区的船厂搬迁、棚户改造是东外滩规划的组成部分，定位于高尚住宅区，将成为浦西看浦东的重要景观面。沿江旧区改造应协调好局部地块开发与总体规划之间的衔接，注重城市景观和公益性项目建设的资金来源，特别是滨江绿化带实施的机制保障。“一道三区”附近的崂山新村、乳山新

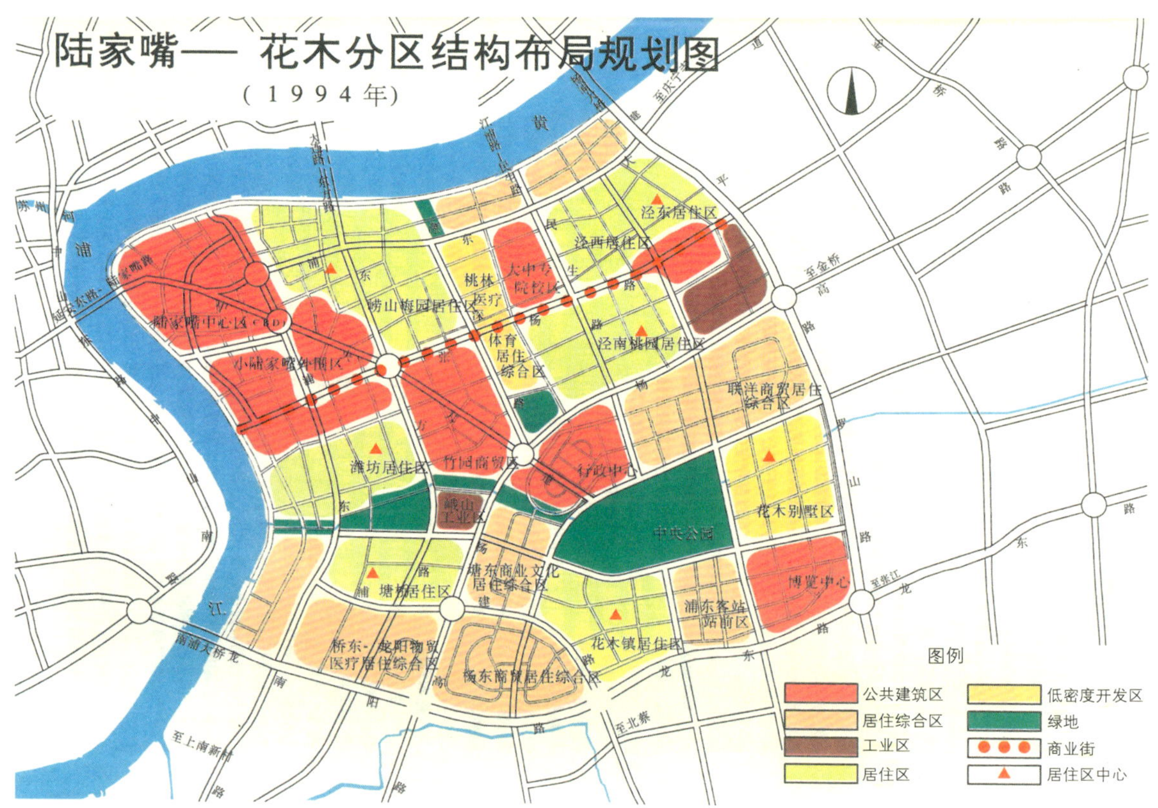

结构布局规划图

村、潍坊新村等居住区建设年代久远，违章搭建严重，房型落后，居住环境差，与新建的高楼大厦形成强烈反差。这些居住区应紧紧抓住“一道三区”开发建设形成的土地升值优势，有计划地进行招商引资，逐块改造，建设与“一道三区”相匹配的现代居住区。花木行政文化中心区内的住宅开发同样应立足于区位优势、中央公园的环境优势、地铁二号线的交通优势创造高品质的生态型的住宅群落。而其余地段的已有居住区则根据住宅分区整合规划的精神进行整合完善。

（6）道路交通系统

① 道路系统

陆家嘴—花木分区通过越江交通与浦西联成整体，并通过杨高路等使之与浦东新区的轴向发展走廊相呼应，同时通过轴线大道，体现上海东西发展轴与浦东新区中心地区的繁荣、安适、快捷的交通体系。

陆家嘴—花木分区内快速路有3条：龙阳路（80m）、龙东大道（70m）、罗山路（80m）；城市主干道有6条：陆家嘴路（60m）、浦东大道（50m）、浦东南路（50m）、杨高路（60m）、浦建路（50m）、源深路（50m）；城市次干道共有14条：世纪大道（100m）、北护塘路（40m）、烂泥渡路（40m）、东昌路（50m、40m、30m）、张杨路（42m、60m）、花木路（42m）、张家浜路（40m）、锦绣路（50m）、云间路（50m）、东方路（60m）、民生路（45m）、北洋泾路（45m）、芳甸路（45m）、白杨路（32m）。并且在罗山路、源深路、浦东南路、世纪大道、东昌路、张杨路、龙阳路等处都有大桥或隧道等越江工程与浦西相沟通。整个地区的干道网络清晰完整。

② 越江交通

陆家嘴—花木分区的越江交通由两座大桥、5条地下有轨交通、4条隧道、7条轮渡所组成，主要在罗山路、源深路、浦东南路、世纪大道、东昌路、张杨路、龙阳路等处设置，与浦西相沟通。

③ 轨道交通

陆家嘴—花木分区的轨道交通共有6条，包括地铁2号线、6号线、7号线，以及轻轨A线、E线、F线。在分区内设站30个，线路长36km，有利居民出行。

（7）水系绿化系统

陆家嘴—花木分区的绿化系统由四部分组成：其一是由滨江绿带和内环线绿带形成绿环；其二是世纪大道沿线串联多个市区级公园，包括明珠公园、中心绿地、浦电路南侧公园、世纪公园，并且转折向东融入金桥—张江西地区的城市楔形绿带之中；其三是各居住区整合后形成的居住区公园、小区集中绿地；其四是由张家浜、洋泾港等河道绿化及北洋泾路、民生路、源深路、世纪大道、锦绣路、芳甸路等干道两侧绿带组成的网状绿带。这四部分绿化共同形成本区的水系绿化网络，也是创造现代化绿色都市的基础。

二、陆家嘴开发区控制性详细规划（1995年）

1. 规划背景

陆家嘴开发区19km^{2}是指陆家嘴—花木分区中，杨高路以北及以西的区域，包括陆家嘴、洋泾、塘桥三个地区，总面积约19km^2。在当时浦东开发、开放初期，该区域作为重点地区，城市建设发展迅速；至1994年，仅陆家嘴公司在该区域的在建项目就不下800处，总建筑面积已达400万m^2。土地批租和企业挖掘改造的迅猛势头给交通、市政规划建设提出了新的要求。

在城市总体规划框架指导下，该区域陆续完成了30多块局部地块的详细规划，但中间缺少分区规划的衔接，且规划深度不一。为了统筹考虑整个区域的协调发展，特别是协调公共服务设施和基础设施的整体布局，并落实建设指标，1994年，由上海市城市规划设计研究院编制了《陆家嘴开发区（19km^2）控制性详细规划》，对当时区内已做的规划进行汇总、综合，并对尚未进行开发的地段从城市整体发展角

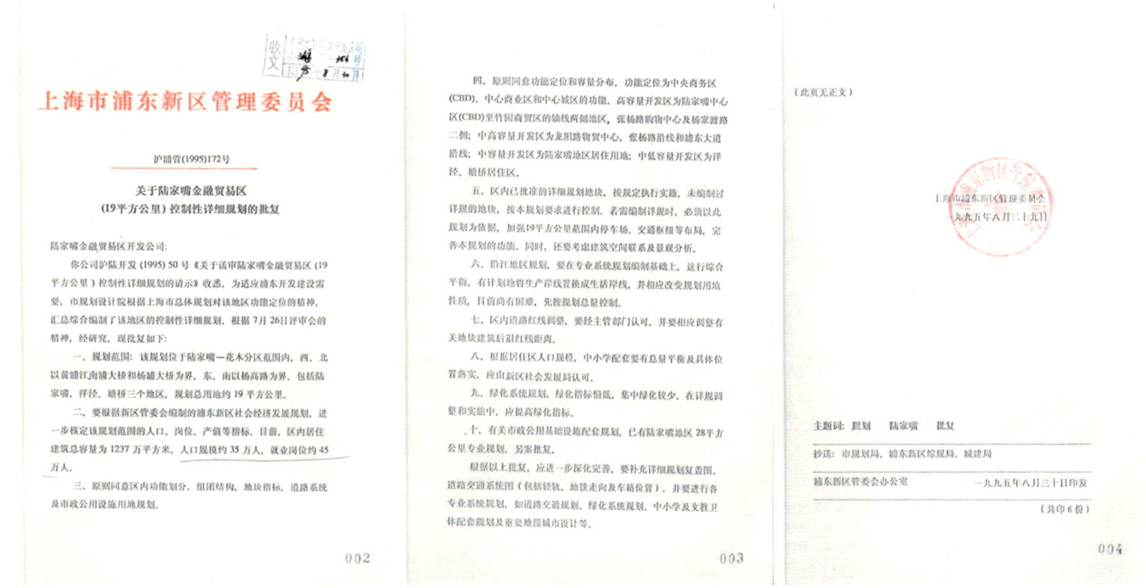

上海市浦东新区管理委员会

沪浦管(1995)172号

关于陆家嘴金融贸易区
(19平方公里）控制性详细规划的批复

陆家嘴金融贸易区开发公司：

你公司沪陆开发（1995）50号《关于送审陆家嘴金融贸易区（19平方公里）控制性详细规划的请示》收悉。为适应浦东开发建设需要，市规划设计院根据上海市总体规划对该地区功能定位的精神，汇总综合编制了该地区的控制性详细规划。根据7月26日评审会的精神，经研究，现批复如下：

一、规划范围：该规划位于陆家嘴—花木分区范围内，西、北以黄浦江南浦大桥和杨浦大桥为界，东、南以杨高路为界，包括陆家嘴、洋泾、塘桥三个地区，规划总用地约19平方公里。

二、要根据新区管委会编制的浦东新区社会经济发展规划，进一步核定该规划范围的人口、岗位、产值等指标。目前，区内居住建筑总容量为1237万平方米，人口规模约35万人，就业岗位约45万人。

三、原则同意区内功能划分，组团结构，地块指标，道路系统及市政公用设施用地规划。

002

四、原则同意功能定位和容量分布。功能定位为中央商务区(CBD)、中心商业区和中心城区的功能。高容量开发区为陆家嘴中心区(CBD)至竹园商贸区的轴线两侧地区，张杨路购物中心及杨家渡路二侧；中高容量开发区为龙阳路物贸中心，张杨路沿线和浦东大道沿线；中容量开发区为陆家嘴地区居住用地；中低容量开发区为洋泾、塘桥居住区。

五、区内已批准的详细规划地块，按规定执行实施，未编制过详规的地块，按本规划要求进行控制。若需编制详规时，必须以此规划为依据，加强19平方公里范围内停车场、交通枢纽等布局，完善本规划的功能。同时，还要考虑建筑空间联系及景观分析。

六、沿江地区规划，要在专业系统规划编制基础上，进行综合平衡，有计划地将生产岸线置换成生活岸线，并相应改变规划用地性质，目前尚有困难，先按规划总量控制。

七、区内道路红线调整，要经主管部门认可，并要相应调整有关地块建筑后退红线距离。

八、根据居住区人口规模，中小学配套要有总量平衡及具体位置落实，应由新区社会发展局认可。

九、绿化系统规划，绿化指标偏低，集中绿化较少，在详规调整和实施中，应提高绿化指标。

十、有关市政公用基础设施配套规划，已有陆家嘴地区28平方公里专业规划，另案批复。

根据以上批复，应进一步深化完善，要补充详细规划复盖图、道路交通系统图（包括轻轨、地铁走向及车站位置），并要进行各专业系统规划，如道路交通规划、绿化系统规划、中小学及文教卫体配套规划及重要地段城市设计等。

003

（此页无正文）

上海市浦东新区管理委员会
一九九五年八月二十九日

主题词：规划　陆家嘴　批复

抄送：市规划局、浦东新区综规局、城建局

浦东新区管委会办公室　一九九五年八月三十日印发

（共印6份）

004

规划批复

度进行统一规划，以适应发展需要。该规划于1995年8月获得浦东新区管理委员会的批准。

2. 规划主要内容

1）规划目标

（1）总目标

依托本区极佳的地域位置和开发态势，到2020年将和花木地区一起形成浦东新区的中心城区，并以此和浦西部分的中心城区一起成为外向型、多功能、现代化的国际一流都市中心。

（2）目标分解

① 经济发展指标：据上海市研究中心预测，至2020年，本区19平方公里范围GNP将达500亿元；人均GNP总值将达发达国家人均水平，约12000美元/人；形成以金融、商贸、房地产、信息咨询和服务、交通通讯、旅游为支柱的产业结构体系。

② 社会发展指标：本区居住人口近35万人，就业岗位45万个；人均收入水平达到目前中等发达国家收入水平，可以以7年左右的家庭收入买下具市场价的住房产权（人均居住面积15m^2左右）；科、教、文、卫、体等体系完善；方便的交通和有效的基础设施供应；人均公共绿地6m^2左右和合格的环境质量。

2）分区结构和功能定位

（1）分区结构

根据陆家嘴—花木分区的四大地区的分区结构，本区涉及其中的陆家嘴、洋泾、塘桥三个地区。

（2）功能定位

① 陆家嘴地区：是分区中心功能所在，属中高容量开发范围，由四个功能小区支持。

- 陆家嘴中心区（CBD）：形成高层次的金融、贸易、信息、中介服务等主体功能，适当发展商业、旅馆、文化娱乐及高档公寓。
- 陆家嘴中心区周边地区（中心商业区）：形成商业零售、一般贸易、办公功能为主，并配以不同档次住宅和适量文、教、卫和娱乐设施的小区。包括竹园商贸区和张杨路商业购物中心。
- 以梅园为基础的居住区：适时改造某些落后的住宅，滨江地带发展商住楼和公寓，与北外滩呼应。
- 潍坊居住区。

② 洋泾地区：是支持分区中心功能的地区，属中容量开发范围。

- 北部沿江小区：近中期应发挥所占用单位如新华港务公司、民生港务公司等企业的积极性，按城市总体发展要求进行改造，远期这些企业全部搬迁，成为商办和中档住宅混合用途，建筑形态与规划的北外滩呼应。
- 大中专院校区：以海运学院和附近一批中专学校为基础，形成多学科研究和多专业培训基地，为分区中心功能服务。
- 桃林体育居住综合区：以低容量的体育、医疗、公建和居住建筑开发为主的小区。
- 泾东、泾西居住区。
- 泾南桃源居住区。
- 洋泾工业小区：发展高附加值加工类、高新技术产品总成行业，提供区内部分居民的就业。

③ 塘桥地区

- 峨山工业小区：功能定位同“洋泾工业小区”。
- 塘桥居住区。

- 桥北（南浦大桥北）——龙阳物贸、居住综合区：重点形成具全国规模的交易、批发、配送中心市场（物流中心），与浦西大柏树等物贸功能相互补充。同时配以中级商住和一般住宅。
- 西部沿江小区：上海港煤炭装卸公司近期改造近南浦大桥部分，成为游憩绿地，中远期全部改造，并搬迁沿江企业，以发展沿江绿地及中、高标准住宅，结合已建设的一般标准住宅，形成生活区。在建筑形态上与南外滩呼应。

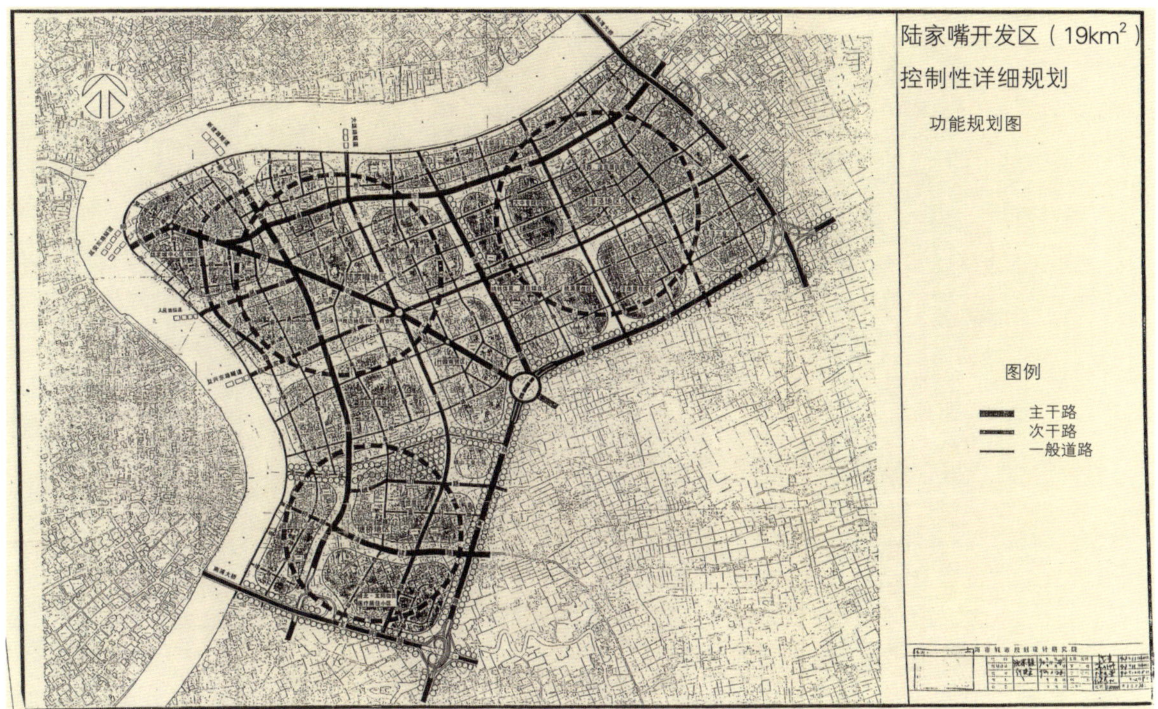

功能划分图

3）用地规划

（1）规模容量

陆家嘴中心区（CBD）至竹园商贸区的轴线两侧地区（包括张杨路购物中心）、杨家渡路两侧属高容量开发。龙阳物贸中心、张杨路沿线和浦东大道沿线属中、高容量开发。陆家嘴地区的居住用地采用中容量开发。洋泾、塘桥等地居住区采用中、低容量开发。

各地区功能小区容量如下表：

陆家嘴开发区19km^{2}各地区建设容量一览表（1995年） 表3-1

地区	功能小区	居住人口（万人）	居住建筑面积（万m^2）	公共建筑面积（万m^2）
陆家嘴	陆家嘴中心区（一）	—	—	140.76
	陆家嘴中心区（二）	0.36	25.0	235.48
	陆家嘴中心区周边地区（一）	1.57	59.81	61.2
	陆家嘴中心区周边地区（二）	1.39	52.81	134.29
	陆家嘴中心区周边地区（三）	1.42	54.01	66.55
	竹园商贸区（一）	0.55	16.51	54.55

续表

地区	功能小区	居住人口（万人）	居住建筑面积（万m²）	公共建筑面积（万m²）
陆家嘴	竹园商贸区（二）	0.96	67.36	201.54
	梅园居住区	3.02	90.56	45.14
	潍坊居住区（二）	2.99	89.77	40.79
小计		12.26	455.83	1000.22
洋泾	北部沿江小区（一）	1.21	54.24	17.73
	北部沿江小区（二）	1.71	77.02	27.11
	北部沿江小区（三）	1.75	51.65	16.34
	泾东居住区	2.42	72.50	35.21
	泾西居住区	2.35	70.54	52.58
	大专院校和桃林综合区（一）	0.69	30.96	63.19
	桃源居住区和桃林综合区（二）	0.79	35.51	70.88
	泾南居住区	2.06	61.75	22.29
	洋泾工业小区	0.07	2.11	41.36
小计		12.45	476.28	346.69
塘桥	潍坊居住区（二）	2.07	78.63	22.11
	西部沿江小区（一）	0.67	25.48	26.24
	西部沿江小区（二）	1.40	53.36	15.03
	塘桥居住区（一）	2.87	86.19	3.51
	峨山工业小区和塘桥居住区（二）	1.36	40.94	8.64
	桥北-龙阳物贸居住综合区	0.38	17.31	213.18
小计		8.75	301.91	288.71
合计		33.46	1234.02	1635.62

（2）公共设施布局

陆家嘴开发区（19km²）内的公共设施可分为贸易办公、商业零售和文教卫体三大类。

贸易办公类活动根据项目层次、资金规模等条件分别安排在陆家嘴中心区、张杨路购物中心、竹园商贸区、龙阳物贸中心和浦东大道沿线。这些地段都有主干道和轨道交通条件，适宜作较高强度开发，安排大容量的公共活动中心。

商业类活动用地分市区级和居住区级。其中，市区级主要在张杨路沿线和轴线两侧，以大商场和专业特色店为主，一般利用住宅、办公楼宇底部连续展开；居住区级安排在居住区中心，以连锁超市和便民小店为主。

文教卫体公建尽量利用原有基础，在接近居住人口密度中心布置。其中，文化娱乐类包括图书馆、文化馆、广播电视基地等；教育设施类包括海运学院等一批大中专院校以及中小学等基础教育设施；医疗卫生类包括综合医院、地段医院、专业医院、康复中心等；体育类包括源深体育中心等。

（3）居住区规划

本区内，一般标准居住地域主要分布于洋泾地区的泾西、泾东居住区、泾南-桃源居住区、塘桥地区的潍坊居住区、塘桥居住区和陆家嘴地区的梅园居住区，以及其他已建居住区，居住建筑面积标准按30m^2/人计；中等标准和一般标准混合居住地域主要分布于陆家嘴周边地区、潍坊居住区（二）、西部沉江小区，居住建筑面积标准按38m^2/人计；中等标准居住地域主要分布于北部沉江小区、桃林综合区、桥北–龙阳物贸居住综合区，居住建筑面积标准按45m^2/人计；高标准居住地域主要分布于轴线大道沿线的陆家嘴中心区、竹园商贸区（二），居住建筑面积标准按70m^2/人计。

全区规划居住建筑面积1234万m^2，规划居住人口33.46万人，人均居住建筑面积为37m^2。

（4）工业用地规划及改造

全区远期城市型工业将充分利用浦东优势，依托上海市域腹地、面向海外，以贸易、高附加值产品加工、科技成果、资本及其他资源为纽带，将本区、新区和海外连为一体，形成最佳组合。工业用地集中于洋泾和峨山两个工业小区。

规划从城市发展的总目标出发，将沿江企业用地置换出来，开辟城市生活岸线。而在近期考虑到发展生产之需，除生产必需增建、扩建的设施外，均应严格控制。

（5）公共绿地布局

本区规划人均公共绿地为4.5m^2/人，其中，陆家嘴为6.2m^2/人，洋泾为5.1m^2/人，塘桥为5.8m^2/人，总绿地率为22.6%。

公共绿地展开形态如下：

陆家嘴地区——由陆家嘴中心区中心绿地、沿轴线两侧绿地和潍坊、梅园—崂山居住区公园组成。

洋泾地区——由桃林综合区集中绿地、泾东、泾西居住区和泾南–桃源居住区公园和沿洋泾港绿带组成。

塘桥地区——由沿张家浜绿带、塘桥居住区集中绿地和桥北–龙阳综合区中公园组成。

此外，各居住小区尚有小区级集中绿地。

4）交通规划

鉴于本区较高的开发强度，而开发目标又是“国际一流的都市中心”，必须保证便捷的交通条件，地下、地面、地上的立体交通和充分考虑多种出行模式势在必行。

（1）对外交通网络

① 地面道路：共有规划道路21条，总长123.5km，人均11.4m^2（居住人口）。对外联系干道主要有浦东大道、张杨路、杨高路、东方路和浦东南路，其中浦东大道、浦东南路、杨高路为交通性干道，规划近期设六快二慢车道，远期为机动车专用道；张杨路、东方路为生活性干道，规划设计四快二慢车道。

② 越江工程：除南浦大桥、杨浦大桥，规划5处越江隧道。其中，泰同栈路规划为6车道，东昌路规划为4～6车道，陆家嘴路、东方路、张杨路规划均为4车道。

③ 轮渡：区内现有9条客渡线，作为越江交通的补充。

④ 轨道交通：规划有地铁2号线、6号线、7号线共3条；轻轨A线、E线、F线共3条。

（2）道路规划

本区19km^{2}内，南北向的浦东南路、东方路、源深路、民生路、罗山路、烂泥渡路，东西向的浦东大道、中央大道（现世纪大道）、张杨路、浦建路、龙东路、东昌路、北护塘路、峨山路构成本区基本干道路网。

根据本区开发性质以及陆家嘴中心区明珠大道（现滨江大道）的规划，明珠大道规划延伸至南浦大桥和杨浦大桥，形成一条沿黄浦江东岸的宽约50m、长约10km的游览和步行性质的滨江绿带和道路。

该地区的规划道路面积率为21.74%，规划路网密度为6.58km/km^2，干路网密度为2.62km/km^2，规划道路总长约为125km。

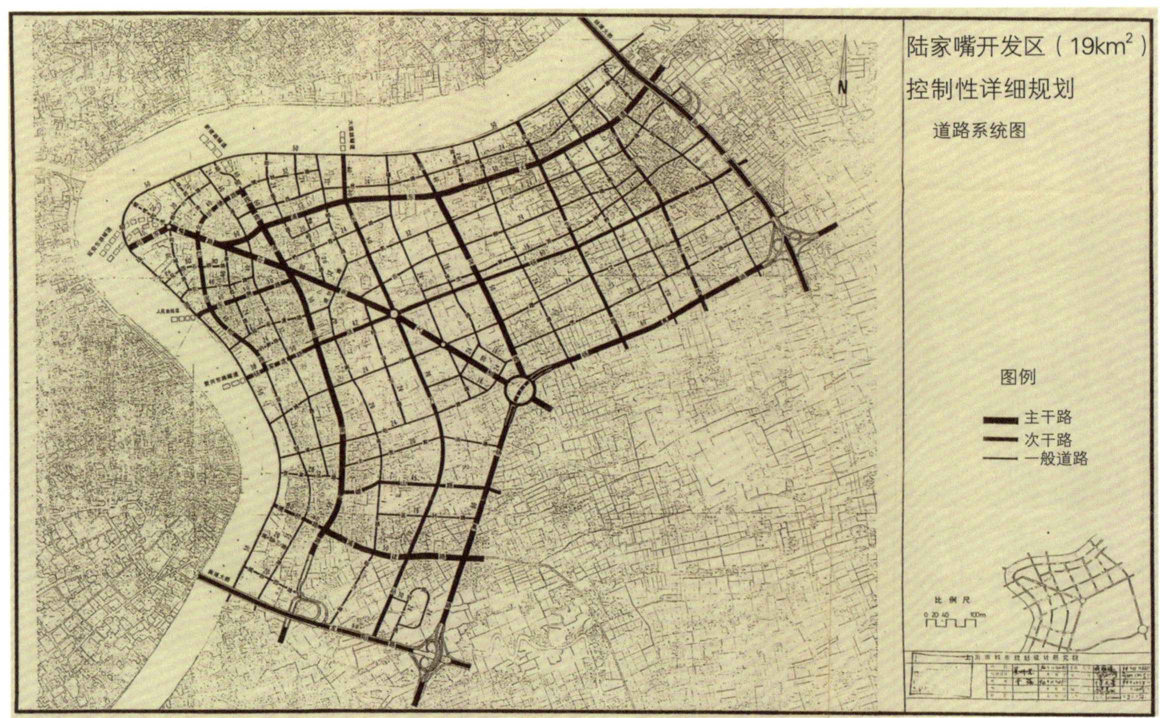

道路系统图

陆家嘴开发区19km^{2}规划道路明细表（1995年） 表3-2

道路等级	宽度（m）	长度（km）	路名
主干道	80～110	28.5	浦东大道、浦东南路、源深路、罗山路、中央大道、浦建路、龙东路
次干道	40～70	21.3	东方路、张杨路、民生路、烂泥渡路、北护塘路、东昌路、峨山路、洋泾路
一般道路	16～35	75.2	铜山路、栖霞路、向城路、乳山路、崂山路、福山路、潍坊路

（3）轨道交通

① 地铁

- 2号线：为城市东西直径线，将沿陆家嘴轴线大道经中央公园、浦东铁路客站至张江高科技园区，将大大加强轴线大道两侧公共活动的向心性。需注意站点附近地块的地上、地下空间的整体设计与开发。
- 6号线：亦为直径线，从市区南部过江，穿塘桥地区向金桥方向去，将给塘桥地区现有的塘桥、南泉、兰村小区居民和峨山工业小区带来极大方便。站点选在近浦建路与浦东南路、东方路交叉口。
- 7号线：为半径线，将服务于泾西、泾东居住区和桃林、桃源居住区，站点选在近浦东大道、张杨路和杨高路。

② 轻轨

- A线：直穿东方路、张杨路两条生活性商业干道（轴线大道附近转弯），在沿线近浦建路、峨山路、浦电路、轴线大道、源深路、民生路、北洋泾路等处设车站。该线基本在本区中央纵向穿过，服务面最广。
- E线：从花木市政中心出发，穿陆家嘴地区，从泰同栈路越江北去。沿途在浦东南路逢浦电路、张杨路、轴线大道和浦东大道等处设站点。
- F线：沿浦东大道—北护塘路—烂泥渡路从东昌路渡口过江西去，主要输送陆家嘴中心区和金桥、外高桥及浦西CBD之间的人流，沿线在浦东大道近民生路、源深路、东方路三处和陆家嘴中心区内部三处设站点。

借鉴国外成功的经验，轨道交通将与商业和居住区很好地结合，以完善其在本区的可达性。

（4）自行车交通

自行车交通由于其方便的特点，今后在一定的辅助程度上仍会得以保留。本区内自行车车道组成包括：

① 住区内部车道：地区内各居住区车道连通。

② 地区主要联系道路：地区中心间约15min的自行车距离，有必要考虑这种联系。其组成是：滨江大道（源深路至罗山路、杨家渡路至南浦路）、浦东大道、张杨路、浦建路、浦东南路、东方路。在规划张家浜和源深路绿带内有作为游憩性的自行车便道。

5）市政公用设施——共同沟规划

随着城市经济建设的发展和人民生活水平的提高，尤其是陆家嘴地区将建成国际一流的金融、贸易、商务办公中心，今后各类设施对市政容量的需求将大大提高，敷设市政管线的种类和管径将不断增加，地下空间也将更趋紧张。为了使陆家嘴金融贸易区的市政基础设施能够逐步达到国际一流水平，避免重复开挖路面，以确保交通畅通和环境整洁，规划在拓建张杨路（浦东南路—上川路）的同时建设管线共同沟工程，这也为浦东新区的重要地区和路段（如陆家嘴中心区和世纪大道等）实施共同沟积累了经验，陆家嘴中心区和世纪大道等道路共同沟方案有待进一步研究。

为便于对张杨路共同沟的维护和管理，规划在张杨路、崮山路口建设共同沟管理控制中心。

三、规划完善和补充：从“开发区”到“金融城”

陆家嘴金融贸易区主导产业为金融、保险、证券及商贸，经过二十几年来的开发建设，已进入稳步发展阶段，以金融为核心的现代服务业产业体系有序发展，金融机构特别是外资金融机构高度集聚，总部经济集聚度高，是中国内地金融投资机构密集、资本集散功能强劲、要素市场完备的经济增长极，其主要集聚在陆家嘴中心区1.7km^2范围内。截至2014年底，陆家嘴有持牌类金融机构728家，约占浦东新区的90%。区域有航运机构1071家，全国5/7的航运保险专营机构落户在陆家嘴。跨国公司地区总部达87家，约占上海市的1/5。近年来，新兴金融机构集聚明显，融资租赁公司53家，约占浦东新区的26%；股权投资公司（含创业投资）578家，约占浦东新区的一半以上。拥有证券、期货、钻石、石油、金融期货、人才、农产品、化工等11家国家级和市级要素市场，金融从业人员约20万。

在陆家嘴金融贸易区开发取得成效的同时，随着全市加快推进国际金融中心建设及金融集聚陆家嘴战略的深化实施，特别是大量中外金融机构集聚后，对陆家嘴功能拓展和完善提出了更高的要求。在2006年的首届陆家嘴金融文化周中首次提出打造“陆家嘴金融城”的概念。其后，在2007年《上海浦东金融核心功能区发展十一五规划》中，“陆家嘴金融城”概念得以明确。“陆家嘴金融城”是承载金融核心功能的区域，从“城”的内涵出发，体现金融生态环境建设，包括大量金融企业、金融机构的集聚以及为金融发展提供相关配套的产业、设施、社会服务，形成功能复合的、具有活力的城市重要组成部分。

第三节 陆家嘴中心区规划编制历程与演变

经过1970年代、1980年代初的酝酿，陆家嘴中心区的规划功能由当初的滨江大公园发展为市中心延伸的城市中心地区。该地区规划历程可以归纳为两大时期、“4+1”个阶段，共形成“2—4—5—3—1—1”个方案。

“两大时期”：第一大时期为1980～1990年代初的陆家嘴中心地区规划成型时期；第二大时期为2000年代中后期的规划整合、完善时期。

“4+1”个阶段：第一大时期分为四个阶段；第二大时期为一个阶段。

“2—4—5—3—1—1”个方案：1986、1987年2个方案；1990、1991年4个方案（市建委原则同意其中调整规划方案）；1992年5个国际咨询方案；1993年3个深化比较方案及1个综合优化方案（市政府批复方案）；2008年1个整合与完善的控制性详细规划方案（市政府批复方案）。

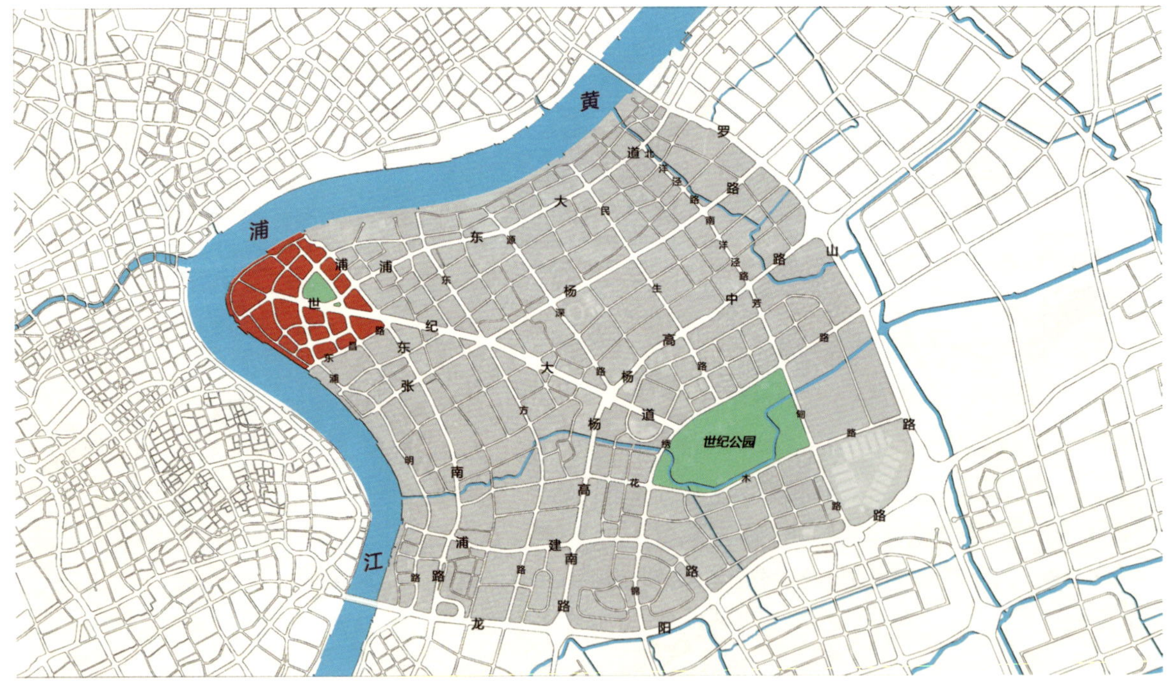

陆家嘴中心区区位示意图

一、明确定位，形态初现：陆家嘴中心区规划及调整规划

1980年代初之前，陆家嘴中心地区在上海市城市总体规划中被设定为滨江公共绿地的功能。

1980年代，中国拉开了开发、开放的序幕，在这一大潮促涌下，上海市政府及中外有识之士把目

调整规划建筑形态布局图

模型照片

光投向了浦东这片沉寂多年的宝地。在1986年版的《上海市城市总体规划方案》中，提出了“改造和建设中心城，积极开发浦东地区”的空间发展策略。经过多方的国际交流，上海市城市规划研究院（现更名为上海市城市规划设计研究院）与法国大巴黎规划院合作，于1988年2月编制上报了《陆家嘴中心地区规划》，初步提出了陆家嘴中心区与南京路、外滩结合，作为上海现代化商务中心（CBD）的性质，建设规模在180～240万m^2。

1990年代初期，中国政府正式决定开发、开放上海浦东。当时的上海市城市规划管理局根据上海市政府的指示，对1988年陆家嘴中心地区规划提出了调整设想，设定该区域开发规模在300万m^2。该规划获得了上海市政府批复，原则同意《陆家嘴中心调整规划》（1991年），明确了陆家嘴地区中心在上海市总体规划中处于核心地位，对浦东开发建设起着重要作用。这一调整规划方案实际成为后续开展的该地区国际规划方案咨询及正在进行的开发前期工作的基础。

二、广开思路，理想蓝图：陆家嘴中心区规划国际咨询

1. 前期决策与准备工作

中央商务区是市场经济积聚的结果，上海要建设现代化的陆家嘴金融中心区，必须对现实情况与规划目标有足够的清醒认识，并要给予已经到来的大规模建设明确的技术应答。在开发初期，规划亟待解决的诸多问题包括：旧城改造动迁规模；开发规模定位与影响范围；市政交通设施的基础条件；浦东与浦西的联动关系；国际化都市的整体空间形象；工程与财力的匹配限度；避免国际中心城区发展的弊端等等。

然而，局限于当时中国的城市建设经验，无法综合分析和全面解决这些问题。出路只有一条，那就是“走出去，请进来”。

1991年4月，时任上海市市长的朱镕基先生在访法期间与法国政府公共工程、住房、交通与海洋部部长贝松先生正式签署的会谈纪要中明确提出中法合作组织陆家嘴金融中心区规划国际设计竞赛。至此拉开了该地区规划国际咨询的序幕。

1992年5月26日，上海市陆家嘴中心地区规划及城市设计国际咨询委员会正式发布《邀请书》，诚邀五家咨询单位，即国外以英国的罗杰斯、法国的贝罗、日本的伊东丰雄、意大利的福克萨斯为代表的事务所，以及中方由上海市城市规划设计研究院、华东建筑设计院、上海民用建筑设计院及同济大学专家组成的联合咨询组。

《邀请书》明确的设计要求如下：

（1）规划目标

——21世纪上海CBD主体，远东地区国际交流中心；

——新上海的意象标志；

——卓越的场所环境。

（2）规划条件

——作为上海CBD网络主体组成部分，主要由金融、贸易、信息（展览）及相关的旅馆、商场、公寓等组成，总建筑面积400万m^2左右，城市开发主轴东西由陆家嘴中心形态和意象轴延伸至张杨路中心、花木中心区，形成紧凑的有机整体，相关规划范围约4km^2。

——本地区现有延安路隧道，拟设复线及大连路隧道，规划地铁2号线将通过本地区，结合东西向

中华人民共和国上海市市长与
法兰西共和国公共工程、住房、交通与海洋部部长
会 谈 纪 要

应公共工程住房、交通与海洋部部长贝松先生以法国政府名义之邀请，中华人民共和国上海市市长朱镕基先生于一九九一年四月十三日至十八日对法国进行了正式访问。

朱镕基先生及其率领的代表团在巴黎访问期间会见了总理米歇尔·罗卡尔先生、国务部长兼外交部长罗朗、迪马先生、外交部部长级代表爱德维日·阿维斯女士、工业部部长福普先生、外贸部部长罗施先生以及法国银行界的许多总裁和高级负责人。上海市市长及其代表团还参观了若干工业设施，拉德芳斯新区以及位于马恩拉瓦雷市的欧洲迪斯尼乐园，法中委员会还组织了一次报告会。

在公共工程、住房、交通与海洋部部长路易·贝松先生举行的午餐会上，上海市市长和公共工程部部长就法国和上海市在建筑、交通、环境、公共工程以及城市基础设施管理等领域业已开展的重大合作进行了总结，这些合作得到了法国外交部科学技术合作司的赞助。

双方对合作的顺利进展以及双方有关机构之间的良好合作关系表示满意，双方特别就下列项目进行了探讨：

1、为了实施浦东陆家嘴金融中心开发计划，上海方面希望法方协助组织该金融中心开发区的国际规划设计竞赛。公共工程、住房、交通及海洋部部长对这一要求给予了积极的回答。合作的具体方式由贝尔蒙先生率团访沪时再定。

2、上海市市长感谢法国在改善上海市城市交通项目贷款的前期研究这一工作中，对世界银行提供了重大援助，上海市有关负责人和世界银行对法国专家的工作深表赞赏，并希望这一合作今后能继续进行下去。法国外交部（科学技术合作司）和公共工程部确认法国愿意继续这一合作，其具体方式留待后议。

3、双方对多年来双方就旧城中心改造这一课题所开展的合作质量表示满意。一九八九年，法中建筑参加了钱家塘街坊改造的规划设计竞赛，无论在中国还是在法国都获得了重大成功。双方希望合作的下一阶段，即今年秋季就该街坊一栋旧房所要组织的改造试点工作，能够促成房产开发方面的项目合作以及法中两国建材、机械和制品工业业界之间的合作。

4、上海方面对法国公共工程、住房、交通与海洋部就上海市南北轨道交通所开展的可行性研究表示了兴趣，并表明最近将把上海市政府对这一项目合作前景的有关意图通告法方。

这一合作的具体内容待法国公共工程、住房、交通与海洋部代表团下次访沪时，根据所建议的方针再定。

贝松先生向朱镕基先生递交了法国公共工程、住房、交通与海洋部于一九九一年二月十一日及十二日所举办的"上海研讨日"报告文集，该文集对法国和上海市在公共工程部主管领域内的众多合作项目进行了总结。

在总结时，贝松先生重申多年以来和上海市的合作是公共工程、住房、交通和海洋部对外合作的重点之一，希望这一合作能够在高水平上继续发展下去。

朱镕基先生感谢贝松先生的邀请，并对法国在建筑、住房、交通、公共工程以及城市基础设施方面对上海援助的规模和质量表示感谢，他希望这一合作能够十分积极地继续下去。

朱镕基先生和贝松先生注意到法国企业界对上海市的许多项目表示了很大的兴趣，他们祝愿法国企业在上海复兴事业中做出重大的贡献。

公共工程、住房、交通与海洋部部长
路易·贝松先生

上海市市长
朱镕基先生

一九九一年四月十六日于巴黎

会谈纪要照片

轴线向花木中心延伸，浦东大道（50m）、滨江林荫道（50m）与东昌路（40m）组成本地区主要道路网络。

——沿江宜设置连续的文化、展览、游憩性公园绿带供城市生活使用。

——陆家嘴沿江第一期起步项目及已确定的后续开发计划为规划设计的固定要素。

——新建建筑、构筑物一般不宜拆除。

（3）城市设计要求

——根据规划结构及概念组织序列空间，形成高质量环境、场所气氛。

——水与绿地、建筑与环境、浦西历史开发与浦东未来开发有机结合，发展中保持和加强时空连续感，加强已有风貌、特征、形成高质量的城市环境。

——提出地区总的和主要部分的意向目标、原理和政策，以利形成城市（形态）设计的管理规章和概念贮备，指导实施。

2. 国际咨询方案

■ 英国罗杰斯方案

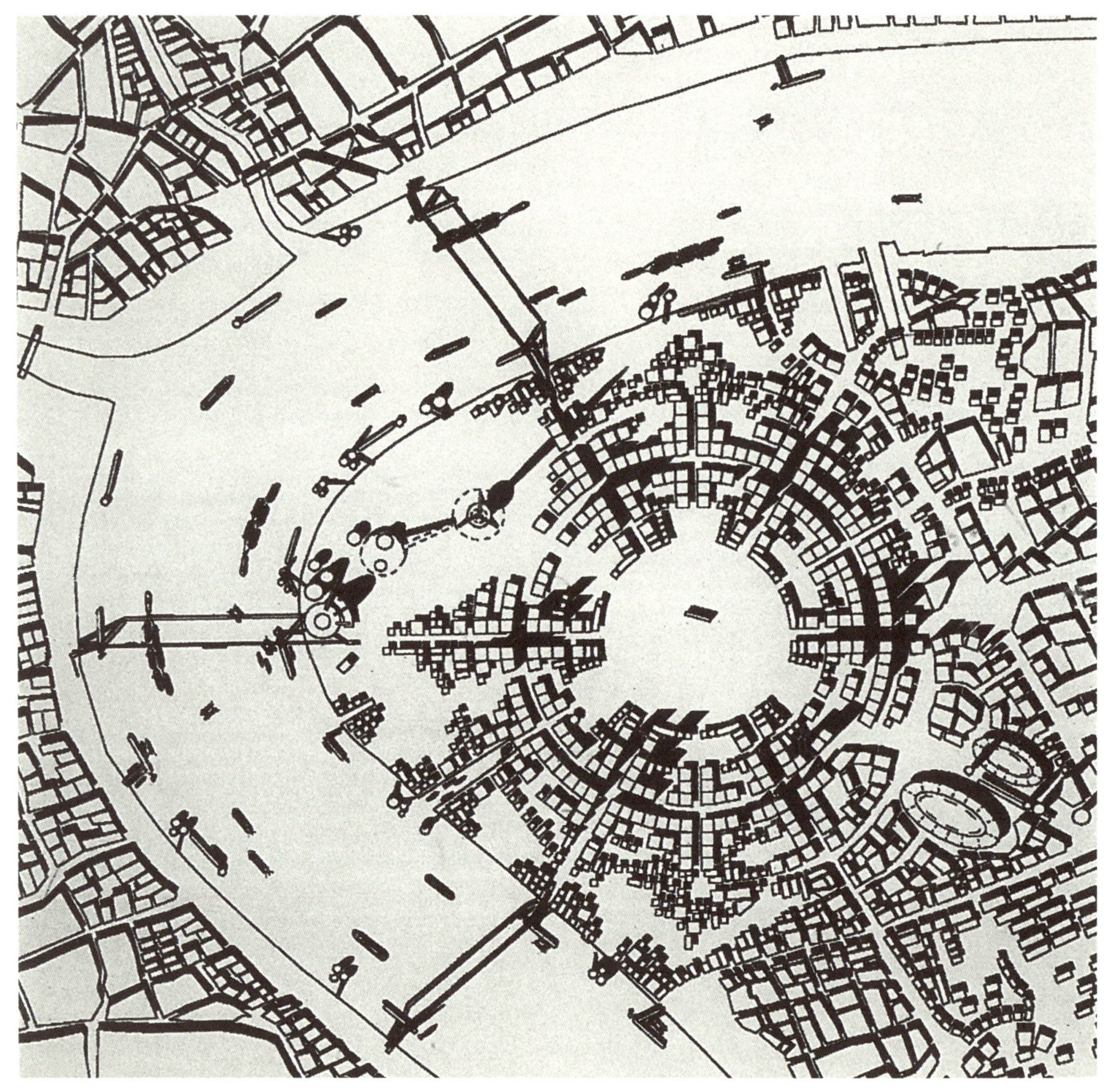

英国罗杰斯方案总平面图

关键词：环境保护，节能，圆形放射

1）设计理念——用新的眼光看当代的城市规划

该方案强调了三个重要特点：

（1）强调总体的城市设计，而不仅是一个建筑设计

设计把焦点集中在建立起一个强有力的整体基础网络结构上，如开敞空间、交通系统、运输网络等。方案由不同层次的诸多方面组成，具有巨大灵活性。

（2）强调方案是一个动态的规划

方案兼顾了陆家嘴地区的总体规划设计，同时借助于电脑软件系统，不仅能对任何因素的变化引起的条件做出估价，还能审视对基础设施计划和城市形态的影响作用。

（3）强调环境的保护

方案的宗旨之一就是节省能源和控制污染。设计出一个综合性的交通网络，并在此基础上最大限度地缩短各处的步行距离，使人们能够很容易地从一处到达另一处，减轻人们对车辆交通工具的依赖。

2）设计准则

——陆家嘴地区应成为整个上海市的组成部分，不应成为割开的或孤立的城区。

——应注重用街道把该区的建筑物串联起来，防止独立的建筑群孤立存在；把该区建成一个使人们能借助人行道网络往来，而不是一个单为汽车设计的城市。

——规划一个顺畅、便利、高效的内部交通网络系统，并使其极易同外界往来沟通。

——规划应充分利用地理优势，沿黄浦江蜿蜒婀娜的自然曲线来加以设计。

——应尊重已规划好的建筑物及道路，如电视台及沿江公园。

3）布局特色

根据英国城市规划的经验，在公共交通的基础上组织城市结构，分析黄浦江河湾空间形态和自然采光与景观、视景最佳效果，选择了圆形的形态格局，并保持了东西向的轴线。

——地区林荫干道呈放射形，西达浦西中央商务区，东通浦东及新开发区。

——规划一个市区级规模的圆形公园，使其成为整个新商务中心的焦点。

——在公园周围建设一圈建筑群，环绕轻轨火车圆环线。

——在较为密集开发的地段有六组次中心建筑群环绕上述圆环组成。

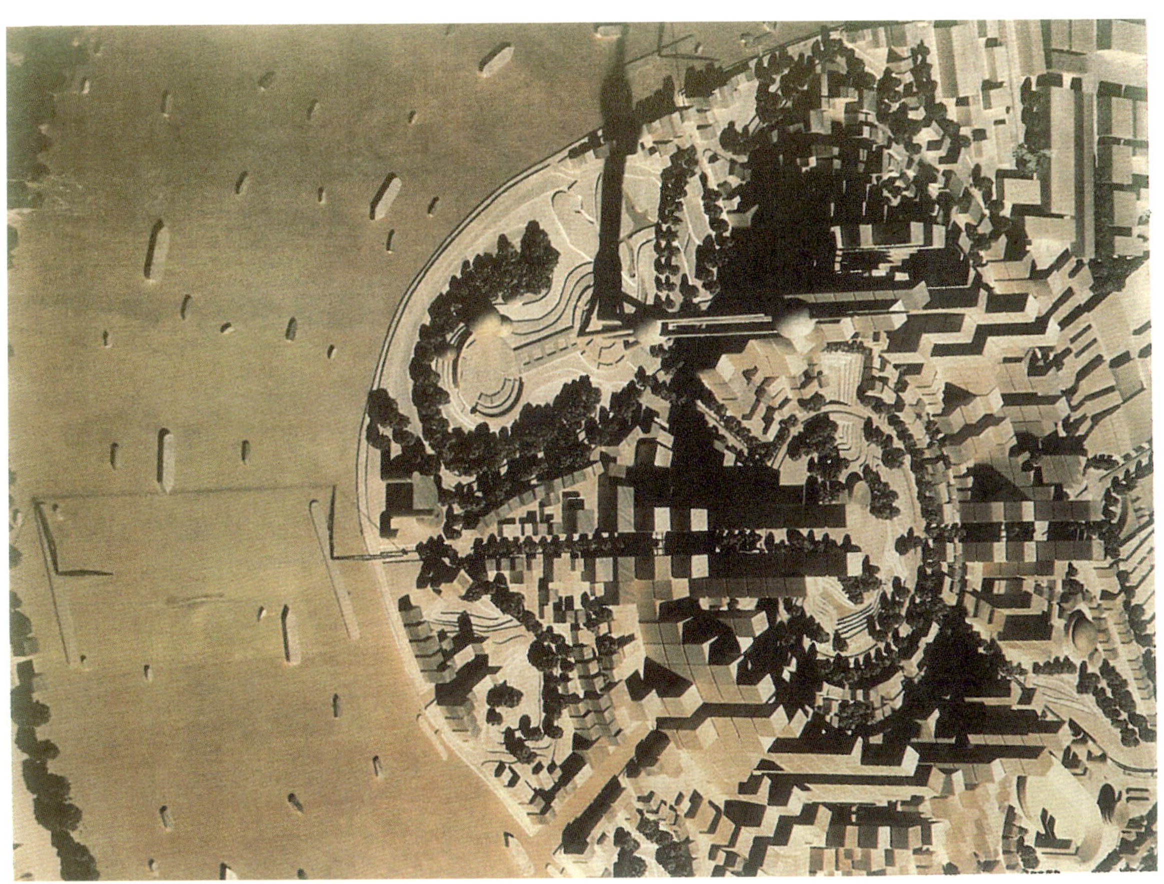

总体平面模型

外滩一侧的景观虚拟

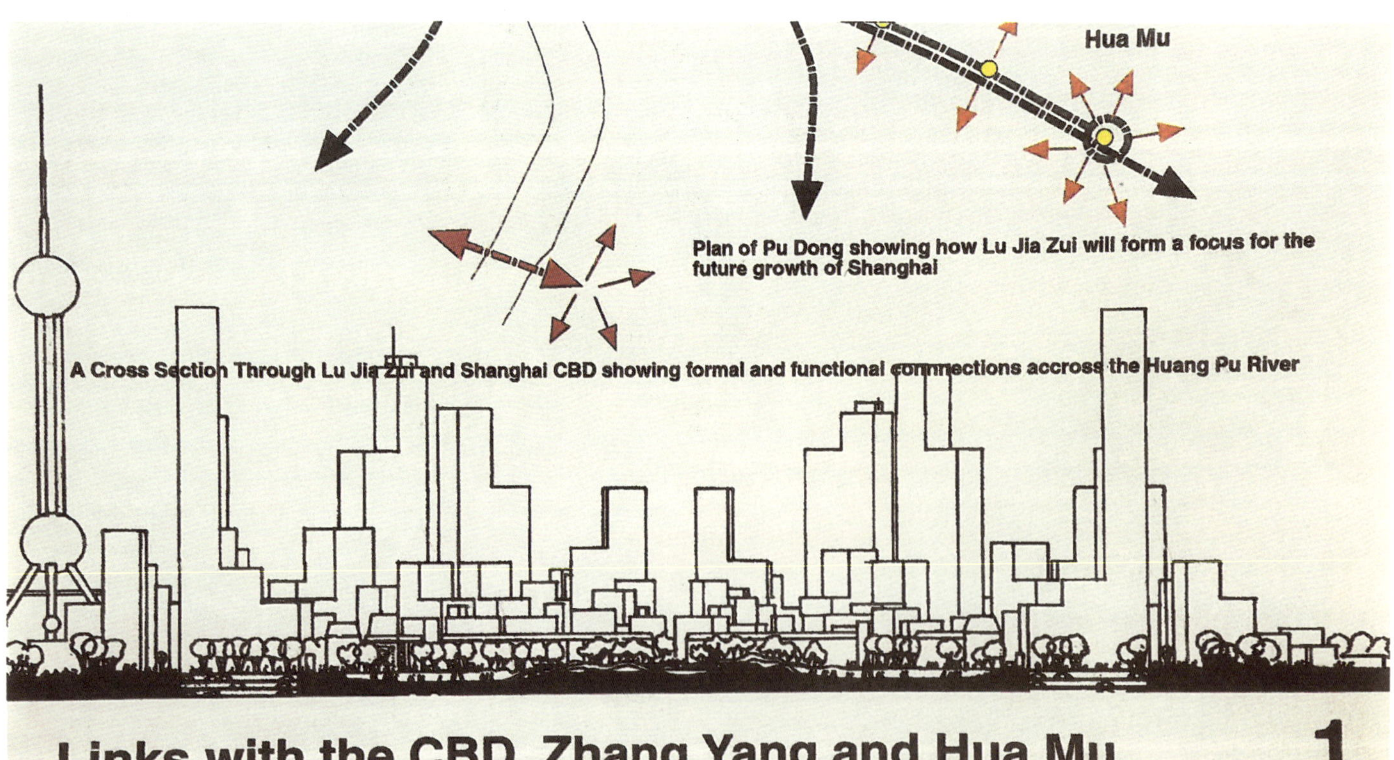

天际轮廓线分析

——设置一条汽车环路，与隧道口连接，也连接设于支路旁的六处停车库。

——沿江开发量较小的设地域辅助中心。

（1）放射形的规划布局

放射形的规划方案提供了一个联系网，较好地处理了陆家嘴中心地区与浦西中央商务区、张杨路、花木中心区，以及与毗邻地区的联系。放射形的林荫干道向西与外滩沿岸的老区原有的主干道成一直线，向东至花木的道路构成了接通各新开发中心的主轴线。同时，放射形的规划设计使毗邻地区均得到街道的衔接，使浦东的未来开发能同陆家嘴地区形成一体。

（2）有活力的街道

活跃的街道风貌有助于陆家嘴地区成为商业中心和浦东的文化中心，一个实用的商务中心，并且有助于陆家嘴中心区与浦西中央商务区的融合。方案通过电脑软件程序分别模拟了现有上海市商业中心区的行人流动情况和陆家嘴方案将来的行人流动情况，分析显示新的陆家嘴结构与现有的上海市中心结合密切，因而将对促进上海的社会与商业生活有重大的影响。

（3）包罗万象的综合社区

方案旨在设计出一个各种设施俱全的不夜城，一个都市社区，与周边社区相交融，从而成为上海和浦东的社会核心。方案通过三个重要部分来实现一个充满活力的社区：如同浦西中央商务区一样以街道为主体的布局；建立一个密度适当的开发区；将地区分成六个分区，并提供一应俱全的综合设计。

方案体现了土地使用和设施的综合性，包括：轻轨沿线为商业核心区（办公楼、旅馆等）；文化及社会娱乐设施集中在公共开敞空间的周围；住宅区集中在次中心；商店设置在通向过江口的主要干线沿线等。

（4）开敞空间亮点——中心公园

方案设计了一个规模同陆家嘴地区相适合的中心公园，作为该地区特有的标志。中心公园与滨江公园通过一条地下干道连接起来，使该地区的中心与边缘区都拥有绿色地带，所有各区都能够便利地通达开敞空间。中心绿地不仅作为公共游憩使用，并能增加空气的流通，减轻污染，改进环境质量。

4）交通体系

以环境保护和节能为出发点的交通规划是罗杰斯方案的最大亮点。方案吸取了欧美城市出现的交通拥挤问题和汽车污染的解决经验，以倡导公共交通出行为出发点，提供了一个可靠、高效的公共交通系统，并建立了有序的车辆流通管理体系和合理的建筑布局。

方案综合采用了地铁、高速轻轨火车（捷运线）、电车、出租汽车、公共汽车、自行车、步行、小汽车等交通方式，其中，高速轻轨火车（捷运线）是公共交通网络规划中最重要的组成部分。它环绕中心开发区形成了一个环形的行驶路线，将主要空间连接起来。整个开发区被划成以六个车站为中心的六个区域，每个车站之间的距离为600m^2，其中四个车站与地铁站相连接。开发地块的大小就由六个车站之间的300～350m^2的步行距离而定，使建筑能够布局在离车站350m的距离之内，便于人们步行到达车站。每个区以高速轻轨车站为中心，布置一个2500泊位的停车库。同时，沿中心区外缘设置无轨电车线路，与快速轻轨火车相辅。

方案还考虑将自行车作为一种主要的交通工具，并建议设计单独的自行车道，与其他的交通运输系统分开。

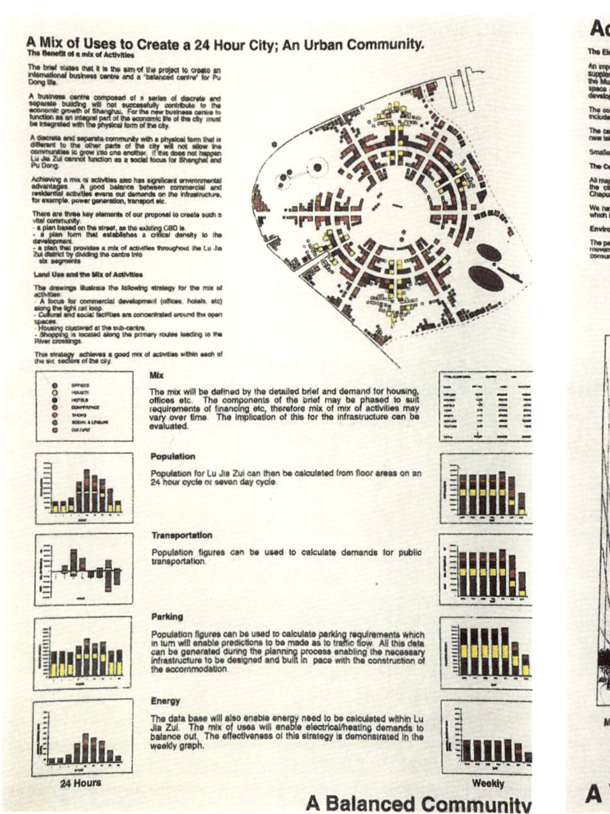

Active Streets will Integrate Lu Jia Zui with the CBD

The Element of the Open Space Plan

An important element in our proposal is a large central park at the focus of the project. This will supplement the linear park that runs parallel with the Huang Pu proposed in the masterplan by the Municipality of Shanghai. These two open spaces represent the key elements in the open space plan. Green space will therefore be located at the heart and at the perimeter of the development area. All areas of Lu Jia Zui will therefore be within easy reach of open space.

The community and cultural facilities already planned by the municipality and additional facilities included in this proposal will be located around the edge of the central park.

The central park and the linear park will be connected by a major link located at the base of the new television tower.

Smaller neighbourhood parks and squares will be located within each segment of the plan.

The Central Park

All major cities of the world have major urban parks - the name of which is often synonymous with the city e.g., London's Regents Park or Hyde Park, New York's Central Park, Mexico's Chapultapec Park.

We have proposed an open space of a scale and design appropriate for the vision of Lu Jia Zui which in addition provides an image or identity for Lu Jia Zui.

Environmental Benefits of Open Space

The parks will also provide the 'lungs' to help the city breath. Large open spaces introduce an air movement that can help dispel pollution. Trees, and in particular certain species of trees, can consume significant amounts of CO2 and replace it with oxygen.

Computer Generate Plan of Lu Jia Z
Showing Anticipated Levels of Street Activit

Main Street

Public Space Links

The Bund and River Crossing Points Relate t the Street Axis

A Viable Commercial Centre

用地平衡及道路尺度分析

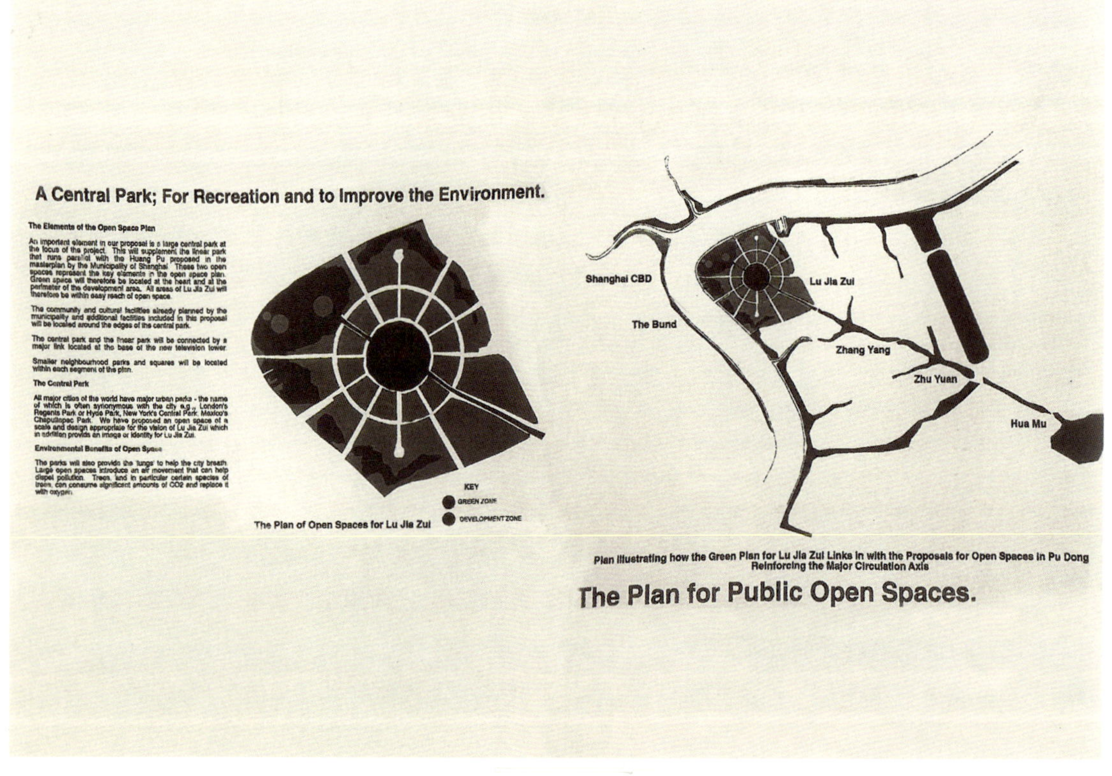

公共空间分析

Metro 1
Metro
(additional)
nnel 1
Ferry
nnel 2
2500 cars
2500 cars
Parking Node
300 m
Pedestrian Link
2500 cars
300 m
2500 cars
Cycle Ways
350 metres
2500 cars
2500 cars
Tram/Cycle Pedestrian
North
Key
Primary Roads
Secondary
Service Roads
Tunnel
Parking
Rail
LRT
Ferry
Tram/Cycle Pedestrian
Pedestrian/Cycle
1.5 Kilometres
Traffic Flow
Road Coverage
Metro
(additional)
Notional line indicating River Bank

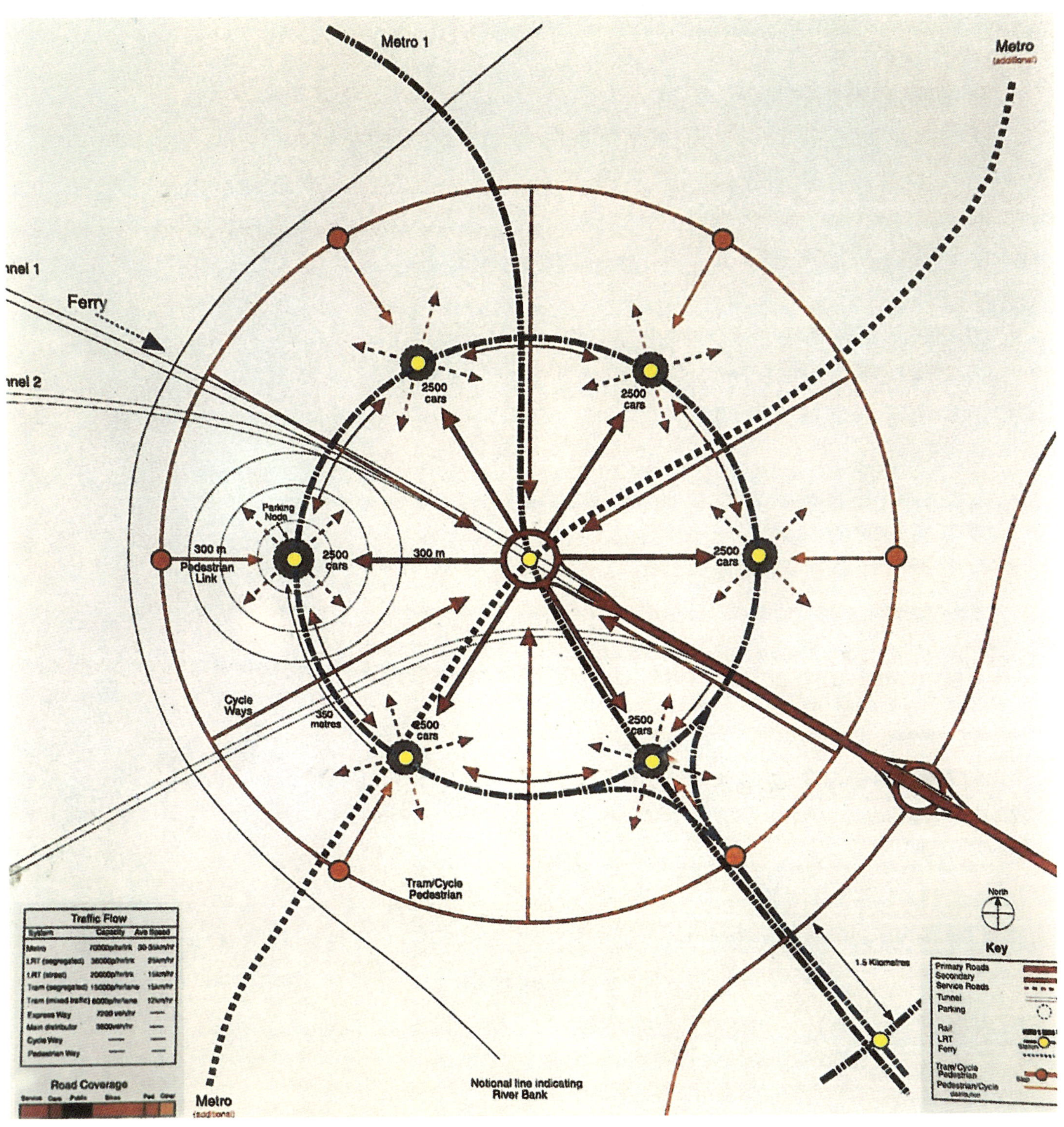

道路交通分析

5）能源策略

（1）能源与交通

轻轨环道的设置使得陆家嘴中心区所有地方都在车站的方便步行距离之内，这一系统的合理规划可减少交通流量，可使公共交通变得十分便利，进而减少人们对私人汽车的追求，车辆的流通能得到细致的控制，从而有效降低碳消耗，并减少汽车污染。

（2）节能建筑

兴建高节能的建筑，如通过能源使用标准的实施来确保建筑具有良好的隔热性能，选用高节能的电器，安装节能控制仪等。若能实施，则整个中心区的能源需求总量将能降低35%。

（3）综合热能

采用综合热能法可把发电机在发电过程中产生的热能用于取暖。通过使用区域取暖方案可把热能分送到每一栋建筑内。而热水经过吸热冷却器后也可用于降温。（此方案与现在虹桥商务区推崇的能源中心性质相仿。）

6）可行性

该方案在实施前，大基础设施网络必须要建成，仅实施一小部分难度较大。且在较长建设过程中，需要有一套严格的控制法规。

An Urban Infrastructure based on Environmental Principles

Elements of the Strategy

There are a number of strands to the environmental strategy.
An efficient planning layout.
The integrated transportation strategy.
A system of parks designed in conjunction with the design of the built up area.
A co-ordinated energy strategy.

Energy and Transportation.

The overriding concept for the layout of the city is to facilitate easy and efficient circulation between all areas. The urban plan is therefore defined by the major movement system, specifically the light rail loop. All areas of Lu Jia Zui will be within easy walking distance of the stations on this loop. The rationality of this layout reduces the amount of traffic movement and makes travel by public transport very easy. This in turn reduces demand and need for the private car. Vehicular movement can therefore be carefully controlled.

Energy Requirements

The energy requirements of seven different types of building have been calculated. These are - offices, housing, hotels, conference, shopping, cultural and leisure centres. The development area has been split into six zones. The building types have been split amongst the zones to give an even mix of space coverage, energy usage and compatible uses. One energy centre will provide the energy for two zones. The energy required has been split between thermal energy - required for heating, energy required for cooling (electrical) and electrical energy for lighting etc.

The objective has been to provide sensible and achievable targets for energy consumption to enable the sizing of the energy supply. Two methods have been used to achieve reductions in energy requirement compared with traditional usage. Instituting energy-use standards and using combined heat and power (CHP) will both produce reductions in the energy requirements of the different development options as a percentage of the energy required for traditional buildings.

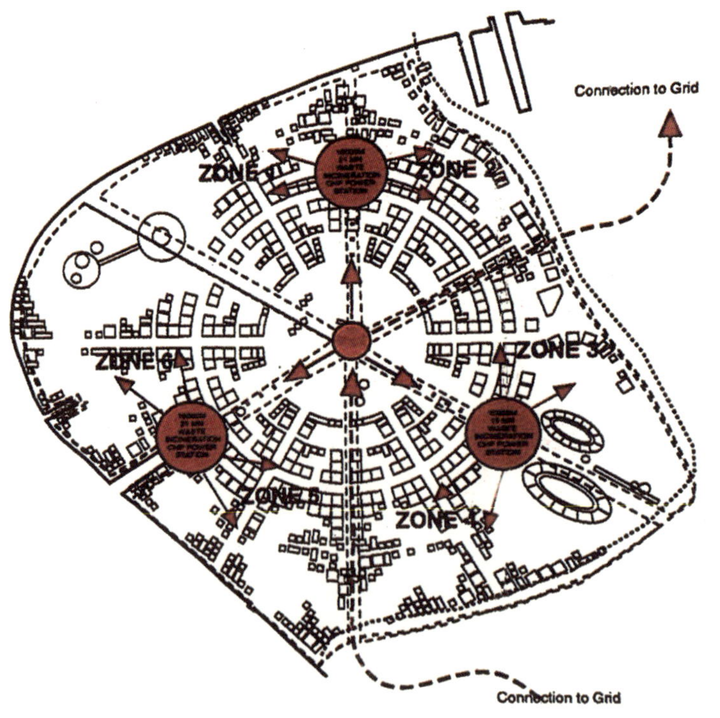

环境原则分析

三维效果图

■ 法国贝罗方案

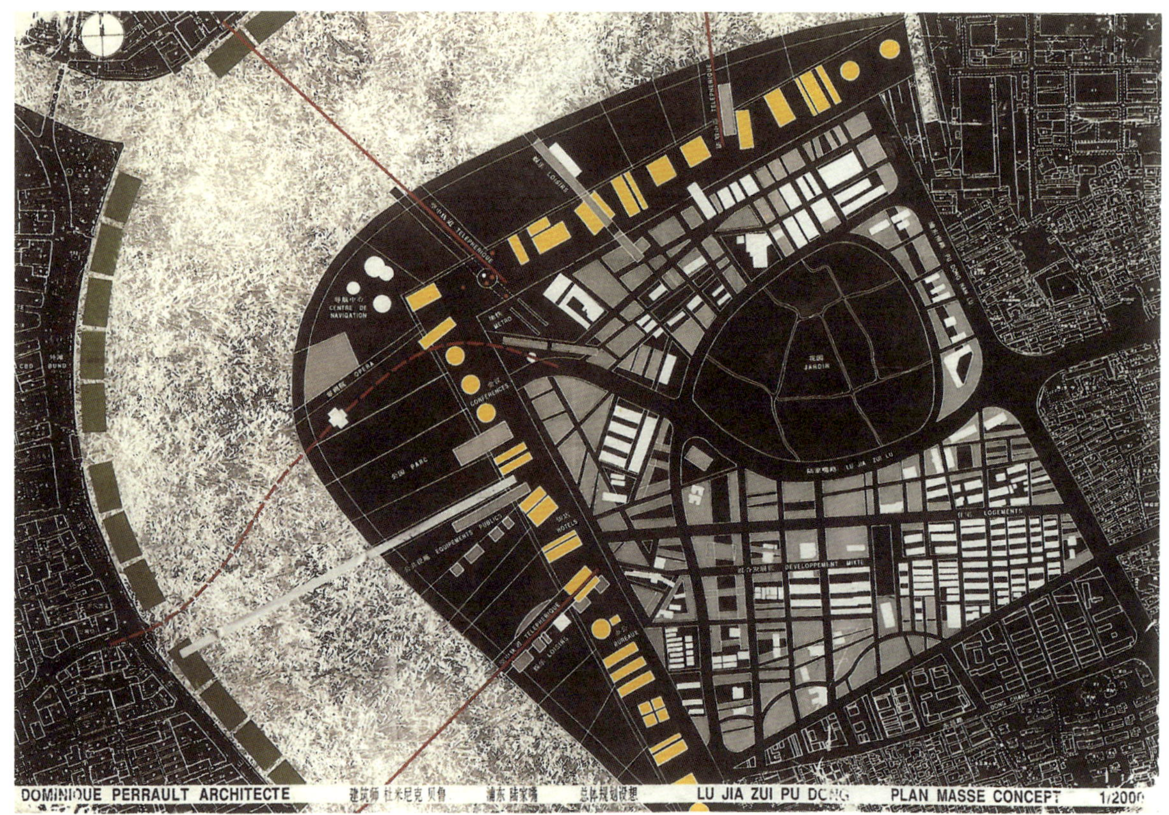

法国贝罗方案总平面图

关键词：直角大界面

（1）方案构思

该设计方案旨在建立一个新的强有力的未来大都市的形象，由朝向外滩的互成直角的两个巨大界面组成，象征未来，与20世纪的外滩建筑界面形成鲜明的对比。对这具有纪念意义的建筑界面以外的地区进行开发和再开发。该方案是一个充满法兰西文化个性的方案。

（2）布局特色

该方案强调了了解历史、想到现在、展望未来的设计方法。首先，通过分析城市结构的历史形成，得出上海是由南北和东西向道路组成的直角交叉网络的空间骨架结论，方案在新区沿用这一主要构架走向，使其能够同老上海自然地结合在一起。其次，通过对巴黎、纽约、香港、威尼斯及东京等城市的比较得出方案所需要的演化、度量和评价尺度。

面对外滩，汇合黄浦江的曲线，方案设计了一条南北、东西向的直角形折线，这一独特、单一的形态同江对面的建筑形成既对立又补充的关系，这一组合在江边形成了一个宏大的花园，和沿折线布置的高层建筑共同组成一个支撑点，一个上海向东发展的基础。

与其他方案不同的是，该方案还对整个上海市的发展结构提出设想，从大区域层面分析陆家嘴中心地区与周边地区的关系，使得中心区的发展能够融入整个城市中去。

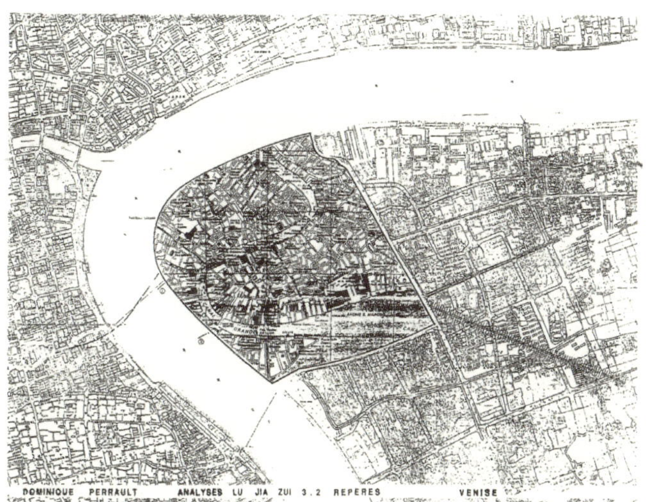

城市比较威尼斯

城市比较东京

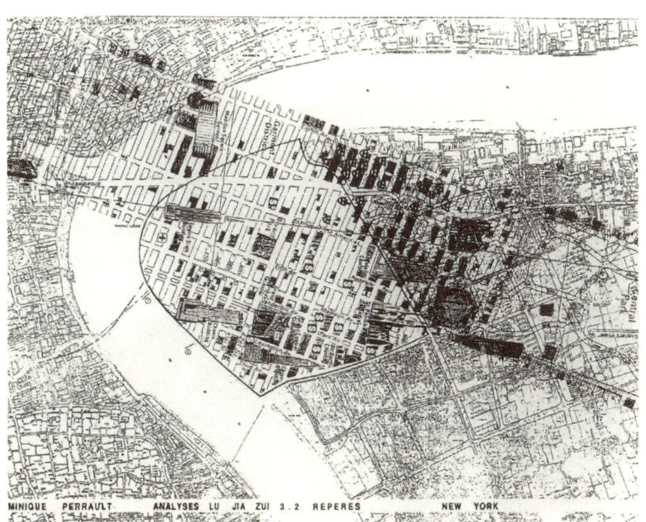

城市比较纽约

DOMINIQUE PERRAULT ANALYSES LU JIA ZUI 3.2 REPERES PARIS "TROCADERO"

城市比较巴黎德方斯和特加德罗广场

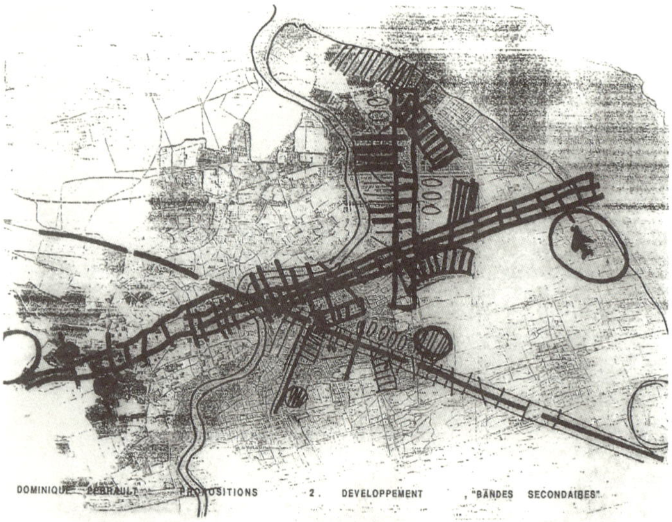

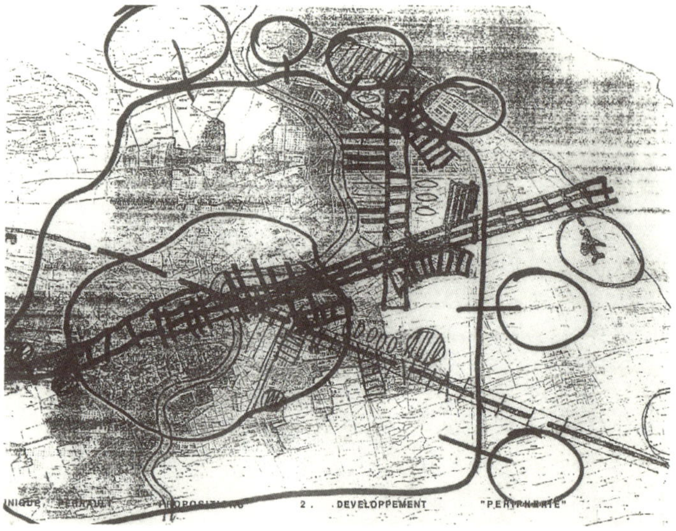

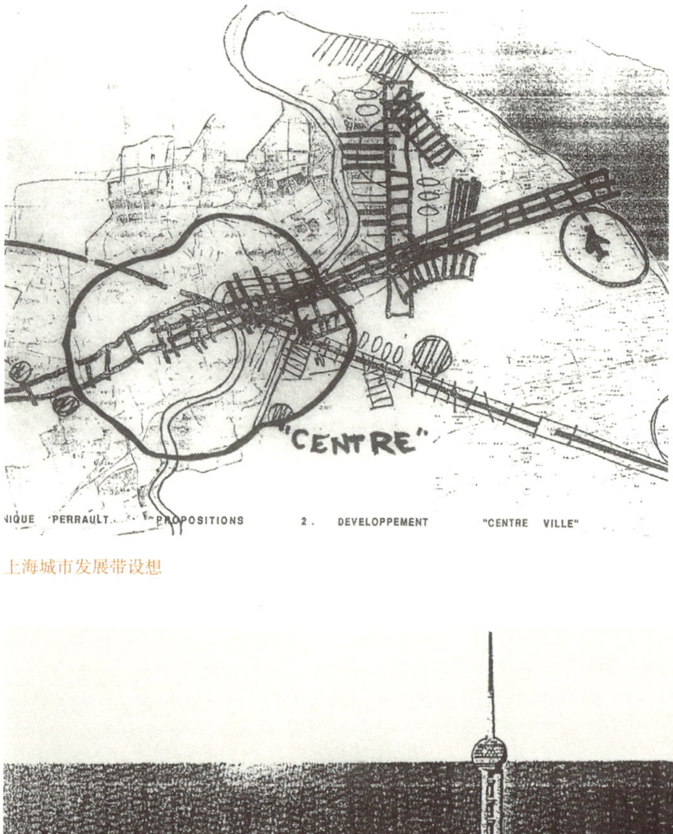

DOMINIQUE PERRAULT PROPOSITIONS 2. DEVELOPPEMENT "BANDES SECONDAIRES"

NIQUE PERRAULT PROPOSITIONS 2. DEVELOPPEMENT "CENTRE VILLE"

"CENTRE"

上海城市发展带设想

2. DEVELOPPEMENT

DOMINIQUE PERRAULT PROPOSITIONS 2. DEVELOPPEMENT "BANDE PRIMAIRE EST/OUEST"

城市中心及周边发展设想

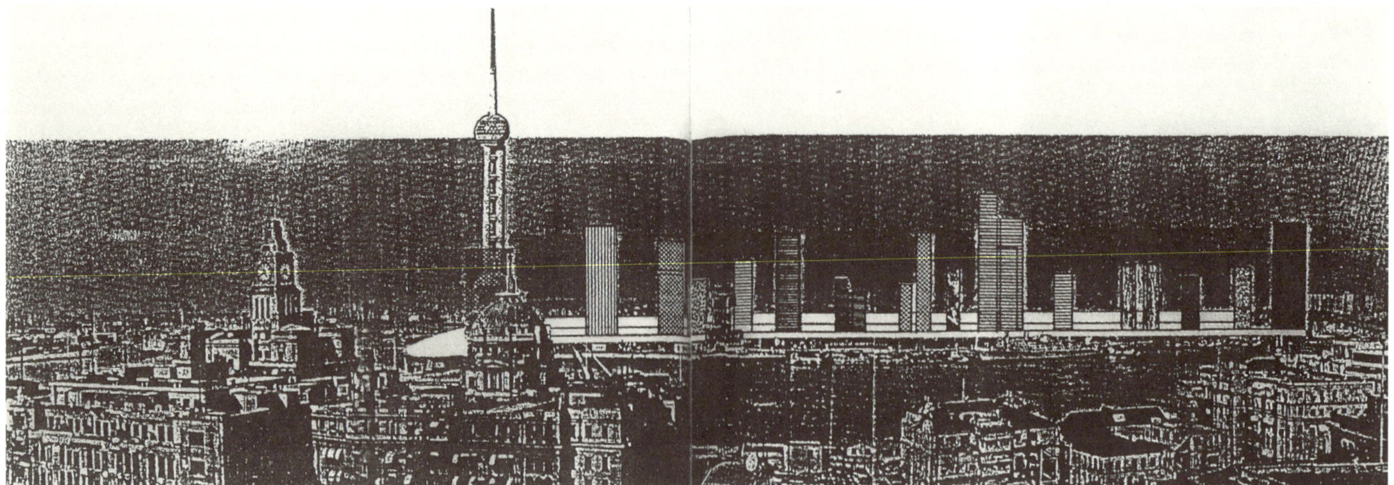

城市形态尺度分析

（3）环境绿化

该方案主要的结构性绿化和开敞空间，是由直角高层建筑大界面与黄浦江面之间的大型绿带以及中部的中心公园组成。

（4）交通体系

方案设计了多样化的越江方式，以加强中心区与浦西之间的联系。包括两条越江隧道交通线，三条空中缆车和一条提供给步行和自行车的道路。

在交通组织上，该方案略显不足，如：现有隧道口已越过直角建筑带，交通需要回流到高密度区域；直角形带附近的通道和路网联系不明确；两条地铁加上公共汽车网承担客流交通，但地铁站间距偏小；2号线只有一个站点服务于高密度区等。

（5）可行性和分期实施

方案的直角面建筑群可分成多段，开发具有弹性和可行性。但同时，也必须要加强这一地区的规划建筑控制，使直角界面在今后长期内得以实现。

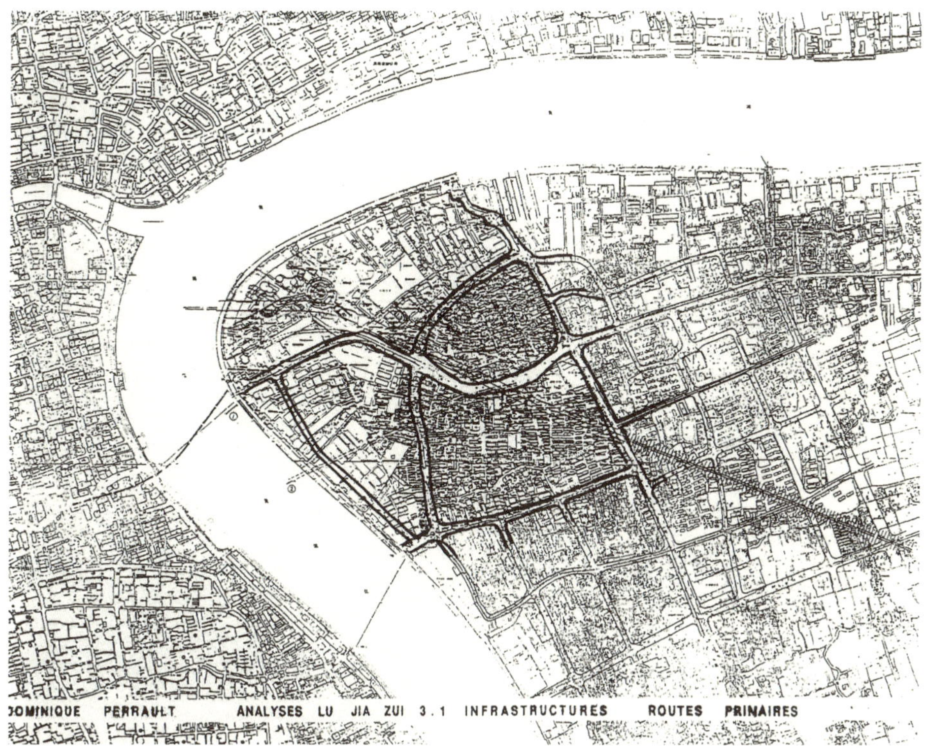

主要道路网格分析

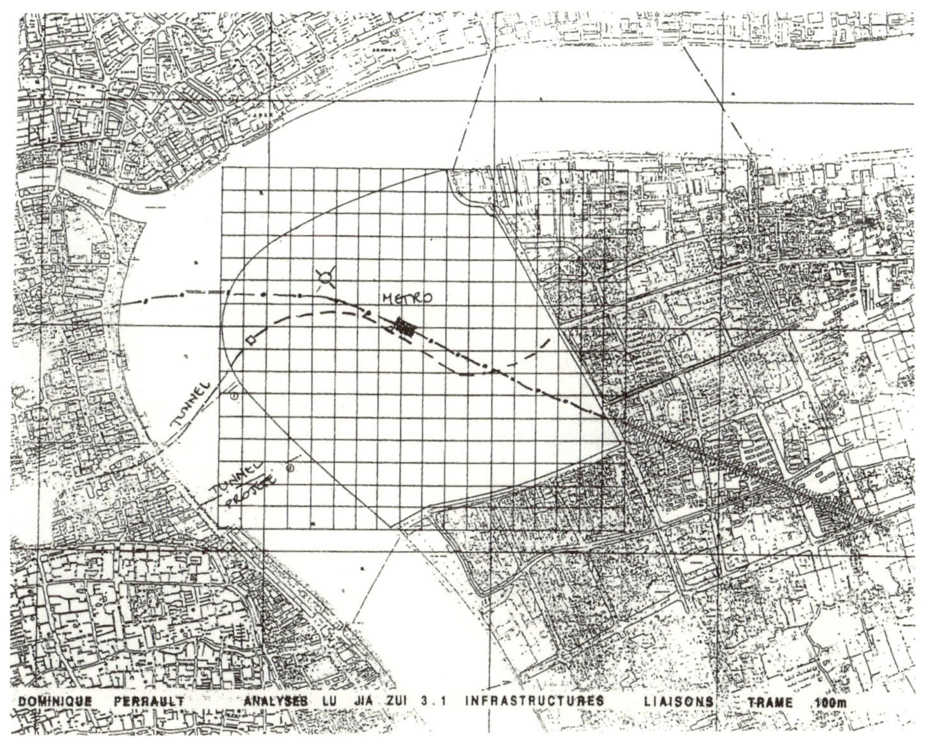

轨道及有轨交通分析

■ 日本伊东丰雄方案

日本伊东丰雄方案总平面图

关键词：信息化，功能带，立体开发

1）方案构思

该方案以上海这一大城市所面对的各种问题为前提，旨在建设一个高度统一的信息化城市，使浦东与浦西之间建立紧密的联系。水平与纵向形成紧密的功能带，使开发轴沿黄浦江南北向带状平行发展。强烈的信息流和严谨的城市网络，多层的地下开发，折射出日本文化与现代技术的融合。

方案的设计理念重点突出以下两点：

（1）高度信息化城市

人的活动、工作、居住和娱乐刺激着未来世纪城市空间的形成。人的活动有一定的自发性和非预测性，城市空间也应具有相应的可变性。大量的信息交流和高速的技术进步将影响人们的生活方式，无疑也将影响城市的空间构成。

（2）自然和科学技术融为一体的风景城市

自然和科学技术并不是对立的概念，相反在城市空间中两者可以密切结合，新的地平是建立在上海现状条件的水路网和城市景观的基础之上。

2）布局特色

（1）总轴体关系

方案意在使黄浦江两岸产生紧密联系，信息可向两个方向流动。新城市的轴线和现存的道路和水路网同方向，自然风向起决定性作用，同时自然状况也得到重视。

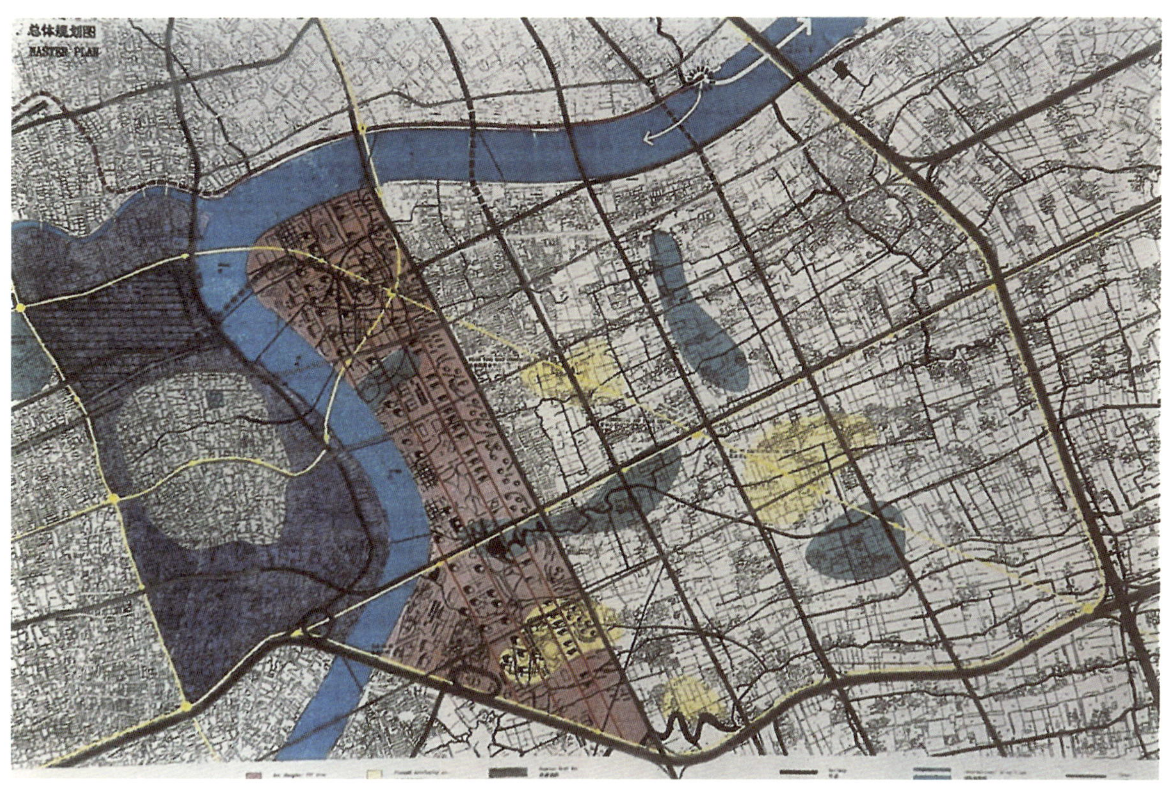

总体关系图

（2）并列系统

在城市原有的轴线基础上建立并列系统的新体系，并列系统的数字（如商品的“条形码”）象征符合科学时代的要求，以这种情报收集形态来表现21世纪信息城市。南北向带状布局的并列系统自西向东分为A、B、C、D、E五条，其功能形态布局分别为：

A地区：面对黄浦江，将进行临水的设计整理，设置居住性宾馆和娱乐、文化设施，与对岸的建筑群遥相呼应。

B地区：直接连接两个地铁站，设置可以被高度利用的高层办公楼区，同时为办公人员设置公园。

C地区：作为缓冲地带，设置绿地公园可合理利用，并安排体育运动和健康疗养设施。

D地区：两条地铁在此交叉，是高度利用地区，设置大型会议中心、展览设施和商业性旅馆。

E地区：临近周边住宅区，布置中高层住宅和服务性商业以满足日常生活需要。

（3）透明叠合层

所谓透明性，即可相互联系，但又各自具有不同的意义。下部交通层：包括地铁、道路和中长距离公共汽车专用道；上部风景层：包括电车线路、河流、人行道和绿地空间。将两个不同透明性层次组合在一起，可以在城市空间中产生各种各样的自发的活动空间。

3）环境绿化

方案在沿江布置有大片绿地，并在办公区与会议展览区之间设置了宽阔的绿带。

4）交通体系

分成不同层次。其中在五条带状地区之间设置四条南北向道路，道路网在地下7.5m深处，如同水

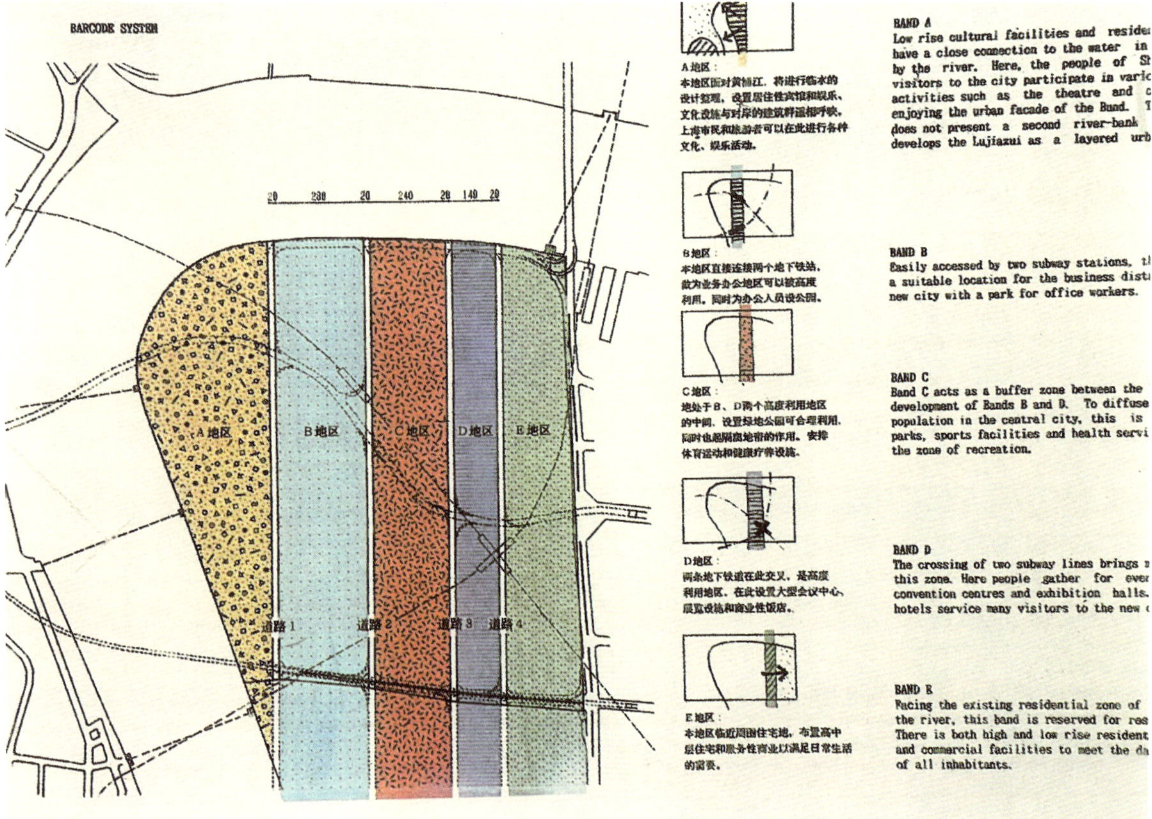

并列系统空间分析

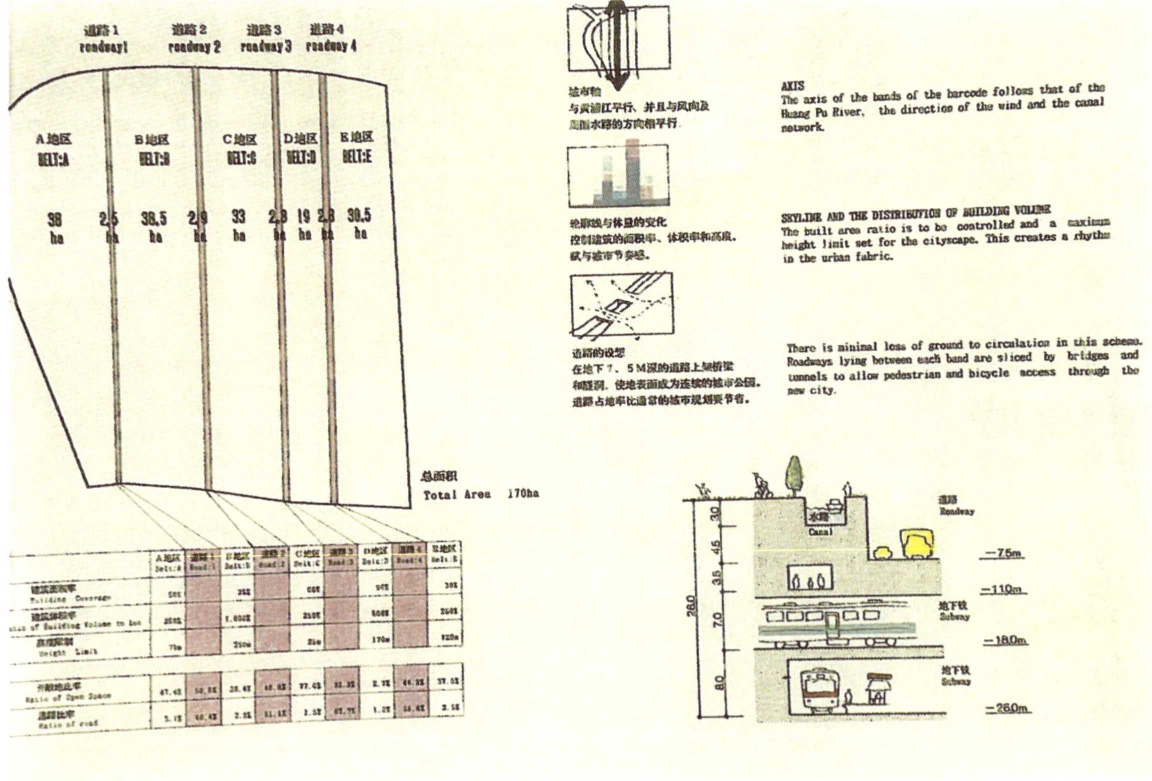

道路分析

力学的系统，使地表面成为连续的城市公园，道路占地率比通常的城市规划要节省。方案主要考虑私人小汽车交通，呈线状分布。规划设置两条地铁线，结合地铁车站进行高强度开发。

交通组织的欠缺之处：现有的隧道与未来的街道网之间的交叉口还未确定；公交线路与普通交通混杂。

5）可行性和分期实施

该方案设计的并列系统各分区的宽度可以调节，在现阶段组织各种功能的同时，各个分区的功能又可以有一定的灵活性，可适应分阶段开发以满足城市活动的多种需要。但该方案规划的地下道路网造价昂贵，且分阶段可行性较差。

■ 意大利福克萨斯方案

意大利福克萨斯方案总平面图

关键词：文脉联系，网络，椭圆

1）方案构思

该方案寻求中国城市发展历程，从上海南市老城的形态中找出地域文脉联系，借此在城市的核心区内建设一个呈椭圆形的、高密度的，并由其周围低层建筑群衬托的“城中城”。这是来自马可波罗故乡文化与中国文化的交融结晶。

方案最主要的设计理念突出两点：

（1）创造互相叠加的网络

创造网络，或新的网络系列，诸如汽车交通、地铁、绿化网络、行人流动、商业活动，或者是富

功能划分图

有生活的地区。

（2）浦东作为大上海整体的一部分，与现有城市的沟通绝对必要

从中国人民的大量历史和传统中，吸取旧城建筑物中的精粹，理解大自然与建筑的关系，也考虑到前沿开拓的上海历史。

2）布局特色

根据历史上上海的城市形态，在新区的中央采用椭圆形的形态，面对黄浦江彼岸的老城，周边由一圈林荫大道围绕着形成环形路。椭圆形内区域进行高容量开发，主要由办公楼、住宅、商业和绿化道组成。

在椭圆形“城市”周围，是低密度地区，由一条流畅的滨江公园道路组成“外环”，同时起到防洪墙的作用。在此道路和黄浦江之间设置滨江公园和文化设施。

3）环境绿化

除了设置滨江公园外，一条由绿化和河流组成的开敞空间——绿化道从高密度的金融城区穿过，作为其与黄浦江联系的纽带。绿化道的设计是有机的、自然的，与周围的网络形成对比。

4）交通体系

方案在区内规划了三条交通性隧道，重点考虑大客流的公共交通，主要布置在环路上，并与轨道交通线相连接。自行车交通设置在次要路网上。与外部联系的大容量交通由两条地铁线组成，地铁设置两个车站，间隔大约1200m。

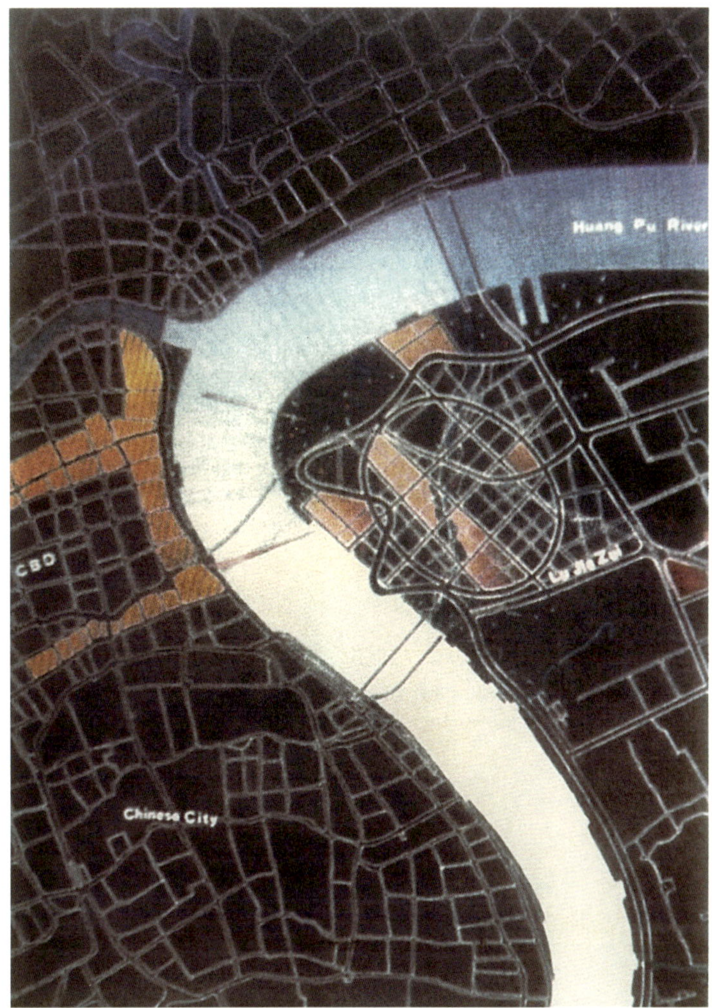

区域关系图

概念草图1

概念草图2

城市空间概念草图

手绘草图

此外，方案还提出如下建议：

① 在东南向沿地铁线创造一条视觉轴线，界定为城市的开发轴线；

② 建造一座专为自行车和行人过江的桥梁，并在上面增加一种轻便的公共交通系统，为传动式的地铁、小型客车或穿梭班车，可成为一种革新的形象。

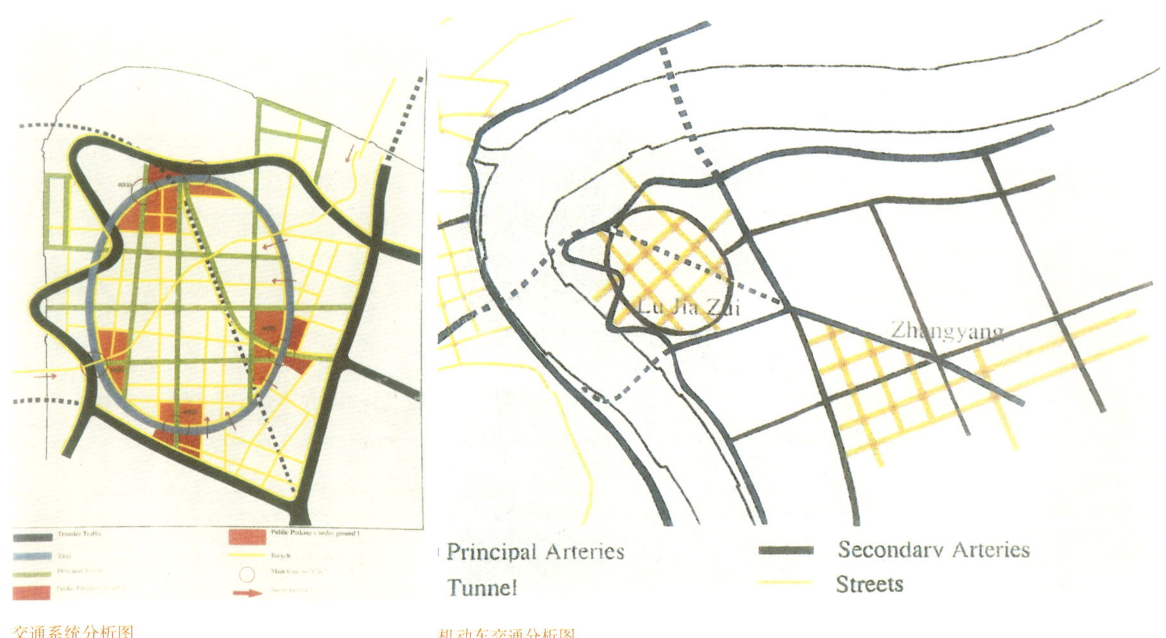

交通系统分析图　　机动车交通分析图

5）可行性和分期实施

该方案的城市框架有足够的弹性，工程可以按街区分期开发，但在高密度区外，对建筑物的高度必须实行强有力的法规控制，才能实现椭圆形“城市”的形象。

模型（俯视）

■　中国上海联合咨询组方案

上海方案总平面图

关键词：东西发展轴线，二层步行平台

1）目标深化

① 形成21世纪上海中央商务区重要组成部分。上海的中央商务区，由浦西和浦东两部分组成。浦西中央商务区在外滩、苏州河、西藏路和延安路之间，浦东中央商务区在陆家嘴至花木行政中心发展轴两侧。这两部分互相补充、完善，各具独立功能。

② 加强东西轴线，合理布局结构。合理的城市布局结构是城市现代化开发的重要特征。根据上海城市总体规划，重点充实、完善从虹桥国际机场开始，经过虹桥地区、静安寺、展览中心、南京路、外滩，并通过陆家嘴的一条东西向轴线发展走廊，是调整上海城市布局的重要方面。在这条发展轴中，陆家嘴中心地区起“承前启后”的重要作用，它既要继承浦西中央商务区特征，又要继续将这条发展轴向浦东延伸。因此在陆家嘴中心地区规划及城市设计中，应充分体现这个特征。

③ 调整城市用地，发展第三产业。优化城市土地使用功能，按照建成经济中心和国际城市的要求，合理调整和重新开发陆家嘴地区土地，以发展金融、贸易、办公、信息、旅游、购物、服务为主体，增加城市绿地，改善城市基础设施，进行土地重划，统筹安排各项建设用地，综合利用城市空间，实施地面、地下和空间立体开发。

④ 建立便捷的交通系统。快速、便捷、高效的综合交通系统是陆家嘴规划的重要部分，陆家嘴中心区与浦西之间，与浦东其他地区之间，都应有便捷的交通联系，人流、车流能迅速到达，迅速疏解。

⑤ 增加绿化，创造良好的城市环境景观。良好的城市环境景观是城市现代化的重要条件，对陆

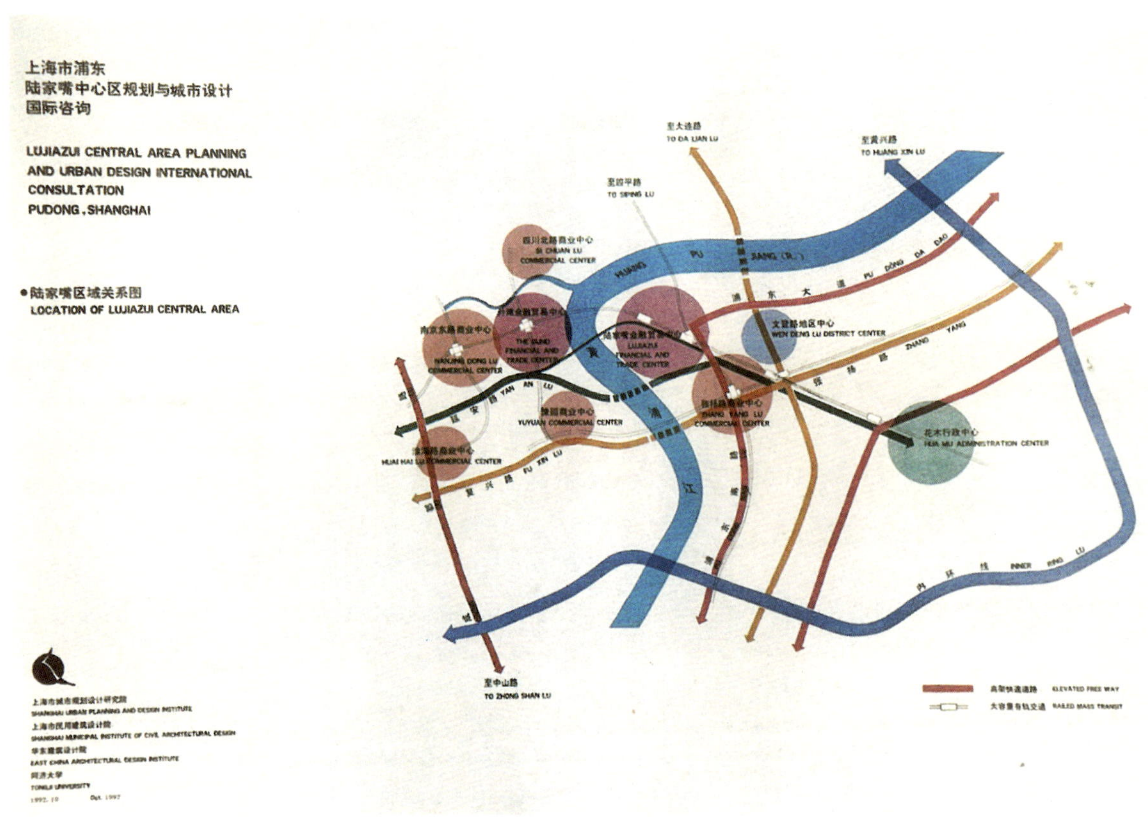

区域关系分析图

家嘴地区来说，环境景观包括绿地、道路交通场地、建筑和水环境等自然环境和人工环境。滨江要以绿为主，创造绿色江堤景观，要使人的活动充分接近黄浦江水面，规划建设好明珠公园，安排好各类绿地。

2）布局特色

陆家嘴地区在未来上海城市布局中是非常关键的地段，要有较高生活质量和艺术氛围，建筑群要有较高整体性，对黄浦江水面要充分加以利用，使人在较大范围内，有较多机会可以欣赏黄浦江的景色，江边新建建筑群将成为上海城市景观的重要组成部分。

方案通过对全市城市布局结构的分析，力求形成开辟通往花木地区的开发轴线，东西轴线是构图的关键因素。结合东西发展轴两侧组成城市建筑群体空间，形成现代化城市景观轴线并在陆家嘴中心地区形成高潮。为完善人的活动空间环境，在核心部分设置步行平台层，结合中心区建筑布置，并与沿江步行绿带连接，予以扩展形成步行系统。

整个中心地区划分为核心区、核心周围区和滨江区。金融、贸易、超高层办公楼、豪华旅馆沿东西发展轴线布置于核心区；一般办公楼、旅馆布置于核心周围区；展览、剧院等文化旅游设施结合滨江绿地布置。

3）环境绿化

方案规划建设沿江绿化带及公共服务设施和中心区造景步行道，作为建筑群体与黄浦江联系的纽带。

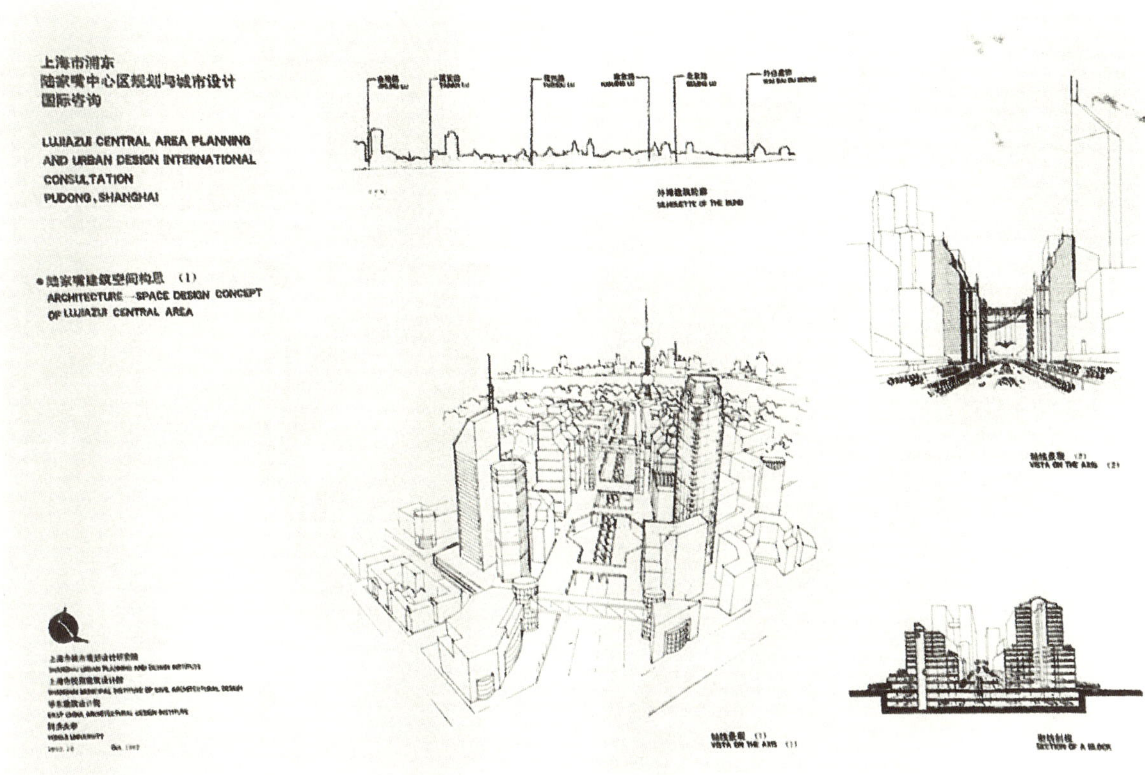

建筑空间构想1

上海市浦东
陆家嘴中心区规划与城市设计
国际咨询

LUJIAZUI CENTRAL AREA PLANNING
AND URBAN DESIGN INTERNATIONAL
CONSULTATION
PUDONG, SHANGHAI

● 陆家嘴建筑空间构想 (2)
ARCHIECTURE SPACE DESIGN CONCEPT
OF LUJIAZUI CENTRAL AREA

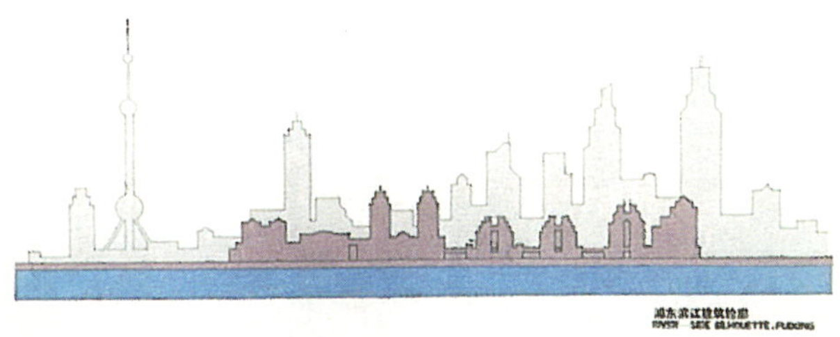

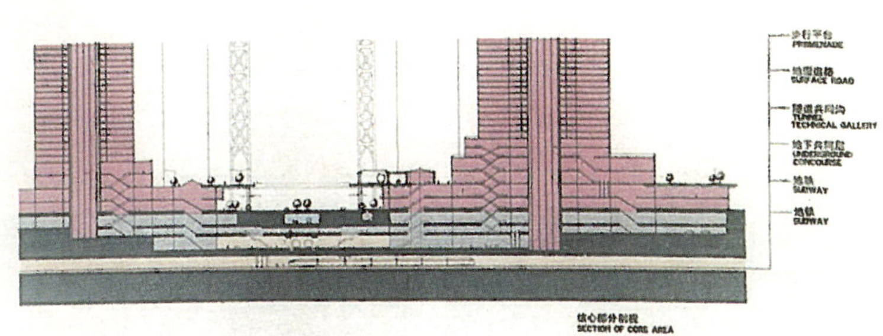

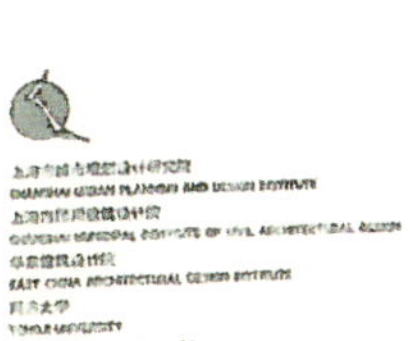

建筑空间构想2

4）交通体系

方案越江交通由三条隧道、两条地铁和一条江底步行道构成。现有隧道出口处和干道上实行右行交通组织。区内道路网络由东西发展轴线、横向道路和边缘的道路组成。两条地铁在高密度地区穿过，并在核心部分增加地铁车站。方案还设置了东西轴线和滨江地区连续的步行系统。

东西发展轴线，既是景观轴、开发轴，也是交通轴，是陆家嘴中心地区与浦东新区其他部分联系的重要通道。结合东西发展轴线布置地铁、共同沟等城市基础设施。

5）可行性和分期实施

该方案的城市网络与现有道路框架类似，工程可分成多阶段实施。但要建成东西轴线，就意味着在陆家嘴和花木之间的现有地区需作出深刻的改造。

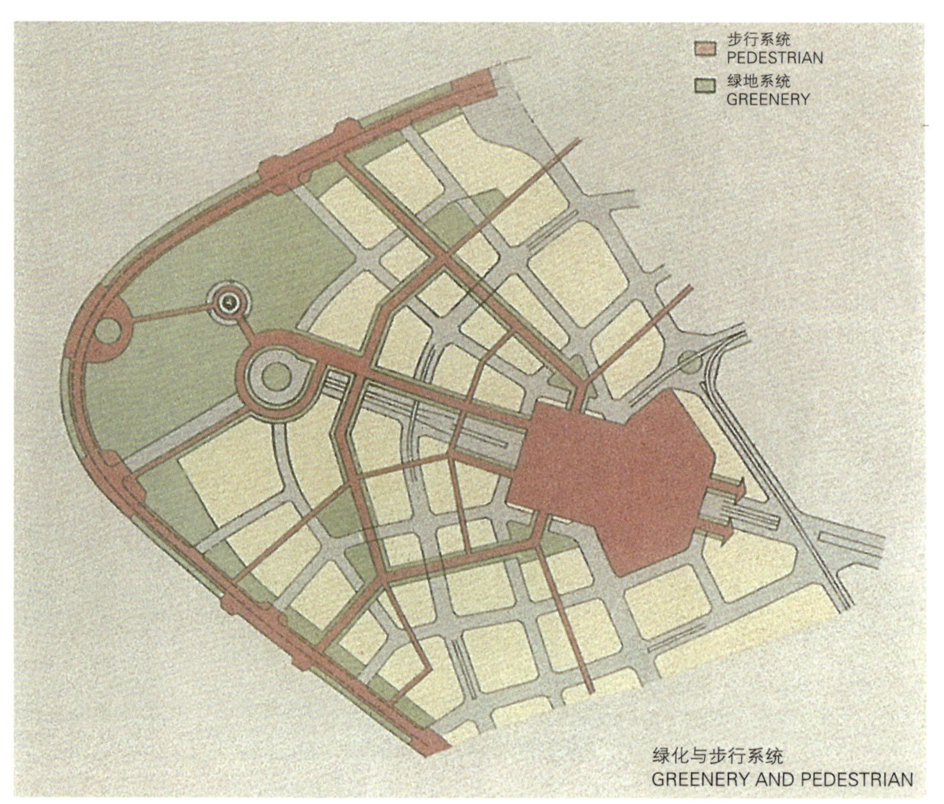

绿化与步行系统

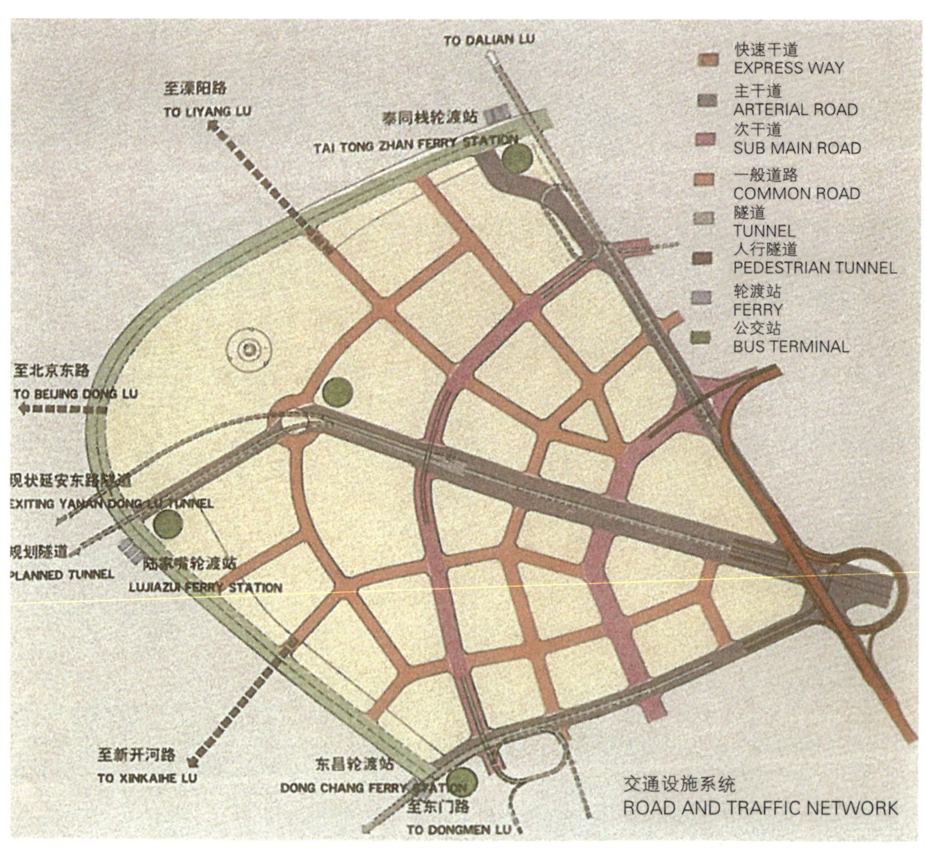

交通设施系统

停车场
PUBLIC PARKING
疏散方向
EVACUATION DIRECTION
地下共同层
UNDERGROUND CONCOURSE
地铁
SUBWAY
地下空间系统
UNDERGROUND SPACE

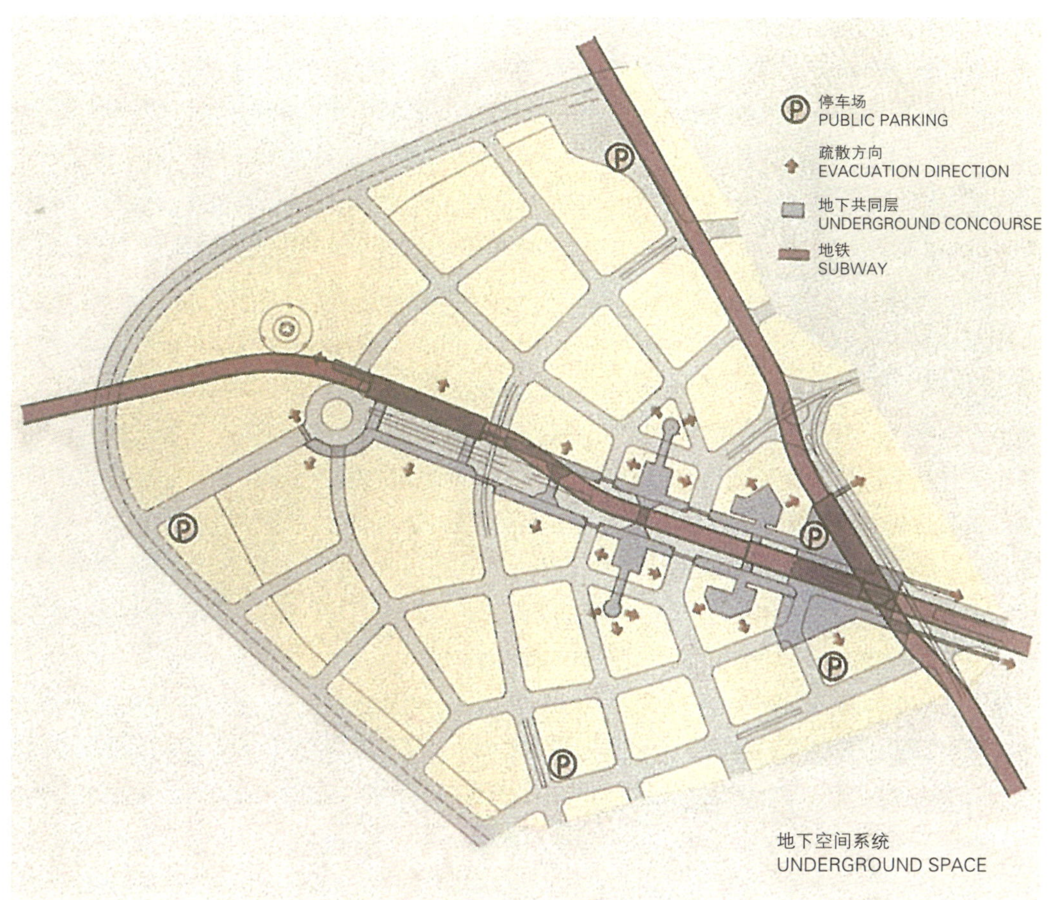

地下空间系统

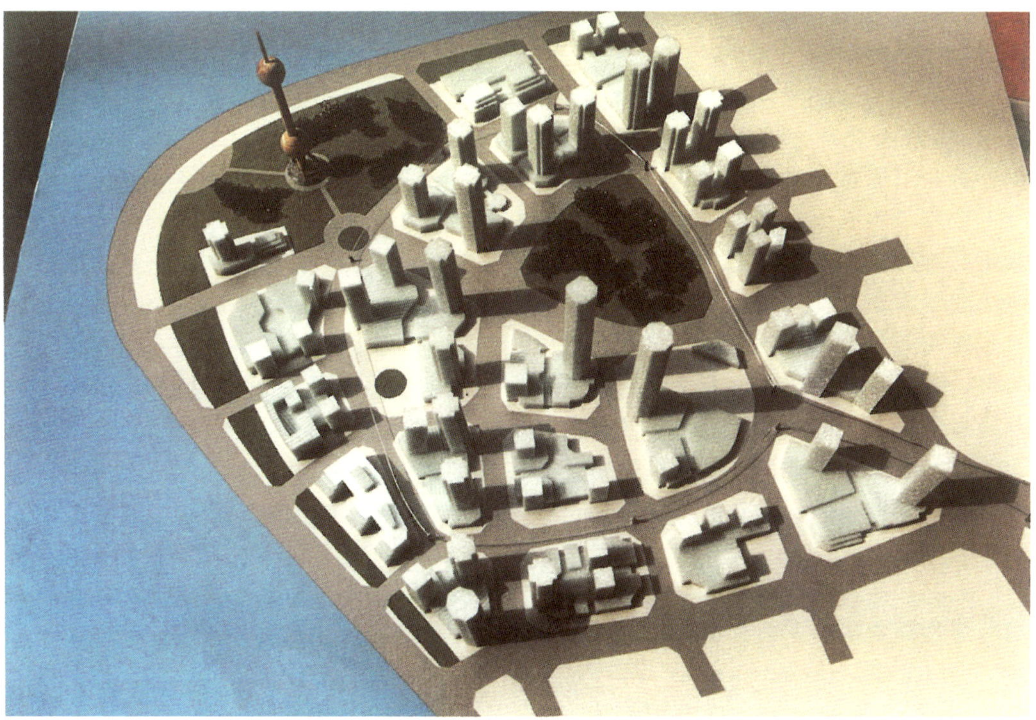

方案模型

3. 咨询方案要素评估

以上五个国际咨询方案精彩纷呈、各具特色。经过对各方案交通组织、开敞空间、城市形态、与周边地区联系这四大要素的提炼、比较和评估，各个方案的优点和不足一目了然。

1）交通组织

各方案都增加了过江交通，因为开发陆家嘴势必要增加两岸来往的客流。有两个方案没考虑北面的新越江工程。对大多数方案，快速交通要避免新开发用地，要利用边缘的隧道、轴线。

（1）道路结构

上海咨询组的方案呈风扇形系统。一般交通来自延安东路隧道，隧道口设在东西向轴线中部，根据这里的交通量，由于出口和主要交叉口之间距离太近，交通疏散会有问题；方案东端的大立交枢纽、轴线的汇集点要有更精确的研究。意大利福克萨斯的方案是一个带环路的系统。而目前隧道出口前是在一个内向系统上，在环路附近设若干停车场。日本伊东方案是线形系统，该网络位于底层，嵌入地下。通过这张网络，小汽车从主要道路进入一侧停车场，方案旨在解决一般交通。法国贝罗的方案也涉及隧道出口问题及与沿途办公楼林立的轴线之间的联系问题。英国罗杰斯的方案采用了另一种办法，它是同心放射状系统。他的思想是基于小汽车出行的经济性，但所有出入隧道车辆都汇集到一条与中央环路相连的林荫路，这种组织会带来一些问题。

（2）公共交通

所有方案均设计了两条连接公共交通的地铁线，在罗杰斯和福克萨斯的方案中通过其他公交方式作了加强（如轻轨、有轨交通等）。伊东的方案还包括四个车站，但是由于建筑物的分散就牵涉到一个疏散客运交通的高容量的公交系统。罗杰斯的方案效率较高，但是太奢侈昂贵，尤其是陆家嘴至花木这一段；另一个是环线上的轻轨与地铁之间的换乘问题，该方案排除了两条地铁线之间的相互联系。上海咨询组的方案同样也很有效，因为地铁的两个车站设置在高密度地区。福克萨斯的方案与罗杰斯的方案相同，在连接地铁2号线的环线上增设了有轨系统，通过公交网完善这一系统，中心区的覆盖率是好的。贝罗的方案也设计了两条连接公交网络的地铁线，但是与上海地铁1号线相比较，站与站之间的距离太短（＜450m）；另外，地铁2号线提供了良好的可达性，但是仅仅局限于广场的一侧，这样广场另一侧的公交服务就不够用了。

（3）自行车与行人

罗杰斯与福克萨斯的方案综合成一个完整的自行车系统，他们考虑到尽管小汽车量日益增长，但是自行车出行方式仍然居于高水平。伊东的方案另外设计了一条轴线，但是既有限且不系统。罗杰斯的方案是将自行车与行人安排到优先通行的外环道路上，还设计三条越江行人缆车通道。福克萨斯方案的自行车系统基本上位于外环内，有关街道设有自行车专用道；此方案包括一条通往中心区的绿色轴线作为人行道路。贝罗的方案也设计了一条越江缆车道，主要目的是将自行车与行人沿广场安排，并作为进出中心区的轴线。上海咨询组的方案只考虑了一条越江人行隧道，并没有考虑自行车系统。

2）开敞空间

所有方案都考虑了增加开敞空间和改善陆家嘴地区的环境，提出保留江边大块绿地。大多数方案考虑在内部开辟第二块开敞空间，每个工程的开敞空间通过步行网络相互沟通。在任何情况下，江边绿地与黄浦江要有良好的联系。然而，防洪墙的问题一直未予考虑。

上海咨询组的方案沿黄浦江有一条步行带，但没有横断面。福克萨斯的方案解释了步行带也是防洪墙，但没有说清楚防洪墙两侧3～4m高度差异会有什么变化；另外，没有横断面不能说明该墙不会分隔公园与城市。

3）城市形态

各咨询方案总的形态是追求脉络清晰的陆家嘴新区。通过以下不同的方法来实现。

（1）金融区之明确性

最有力的表达无疑是福克萨斯的方案，他把金融区设想成完全椭圆状的建筑群体。罗杰斯提出一个圆形形态，也反映较为强烈。

（2）滨江形象之明确性

滨江环境的处理是方案的一个重要标志，特别是从对岸看过来更是如此。这一点也是贝罗的方案中特别强调的。但是，滨江高层可能因外滩防洪墙而在CBD形象中受到遮挡。这一点在伊东的方案中也一样是需要考虑的。

（3）建筑控制

一个强烈的城市形象或多或少需要一个有力的建筑控制。方案的实施必须有一个较长期的建筑控制手段。福克萨斯的方案中控制要求不多，但倘若高层建筑建造超出了椭圆形态的设想，就可能与金融区的形象相冲突。这同样也反映在贝罗的方案，其方案不能容忍高层建在广场之外。伊东的方案需要在许多不同地块上进行城市土地使用的控制。上海咨询组的方案较少受这些因素限制，然而它需要做出决策：东西向轴线是否要延伸穿越现状陆家嘴地区？

不管怎样的一个大项目，要有非常强有力的城市控制。分步实施的可行性是影响城市形态的限制因素。有些方案或多或少较易于分期实施。伊东的方案需要在建筑建造之前将地区基础设施完全完成。罗杰斯的方案实施自始至终必须贯穿同一模式，在以后阶段对初始模式的任何变更都很难。

（4）高层处理

上海咨询组、伊东和贝罗的方案都提出独立的高层办公楼。福克萨斯和罗杰斯的方案建议一个连续的、低缓的城市轮廓线。罗杰斯和伊东的方案，建筑最大高度为120～250m；伊东、福克萨斯的方案建议横向最大密度为100m。上海咨询组的方案提出设置两幢250m高的大楼。贝罗的方案未提出高度限制。

4）与周边地区的联系

与周边地区的联系包括与邻近地区的联系、与浦西的联系、与张杨路和花木地区的联系三个层次。

（1）与邻近地区的联系

若要保留现有的城市脉络，与附近地区的联系就容易解决。多数方案中都与现状路网有连接，特别在浦东大道和东昌路东块。然而有一个方案的问题较大：伊东的方案切割了现状路网，切割了现状的街道。

（2）与浦西的联系

所有方案都意图改变越江交通网络。除了两条隧道，还增加了一条新地铁线，这条线为南北走向或西南至北的走向，穿越黄浦江。除了现状轮渡，有些方案还建议人行和自行车过江工程：人行隧道（上海咨询组方案）；缆车（贝罗和罗杰斯的方案）。另外，伊东的方案提出通过沿江朝南发展，而不是向花木的方向扩展，为加强与浦西的联络。

（3）与张杨路和花木地区的联系

有两个方案完全相反：上海咨询组规划了一条十分醒目的轴线，作为方案的主要空间，这条轴线是上海东西向主轴线的延伸，通至张杨路和花木。当然，这个方案的前提是认可这条未来需要拆除沿途住宅的轴线；相反，如果这条轴线不能肯定的话，这一方案选择将是毫无意义。伊东方案不赞成东西向轴，建议沿江向南扩展、延伸。

另外三个方案概述为：罗杰斯提出一条绿轴和地铁线与张杨路和花木联系。福克萨斯和贝罗的方案更为灵活，无论有没有轴线都能加以实施，东西向轴对方案无特别影响，可有可无。

三、博采众长，深化定型：陆家嘴中心区深化规划

在陆家嘴中心地区规划及城市设计国际咨询取得了预期成果的基础上，尤其是在1992年开始的浦东开发蓬

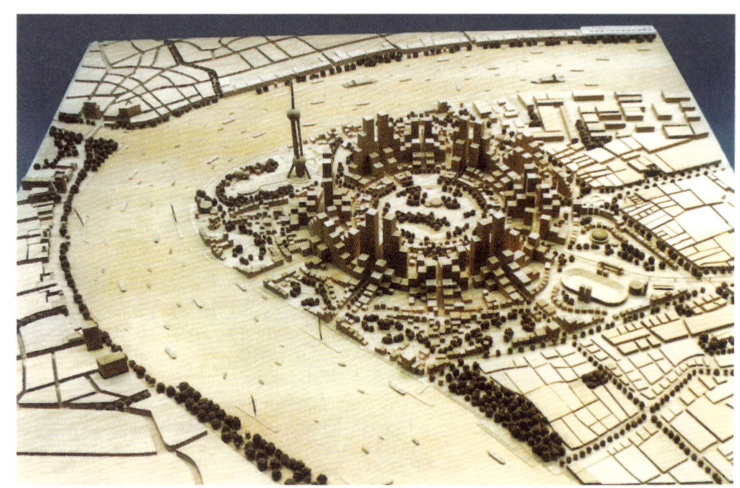

英国方案模型

法国方案模型

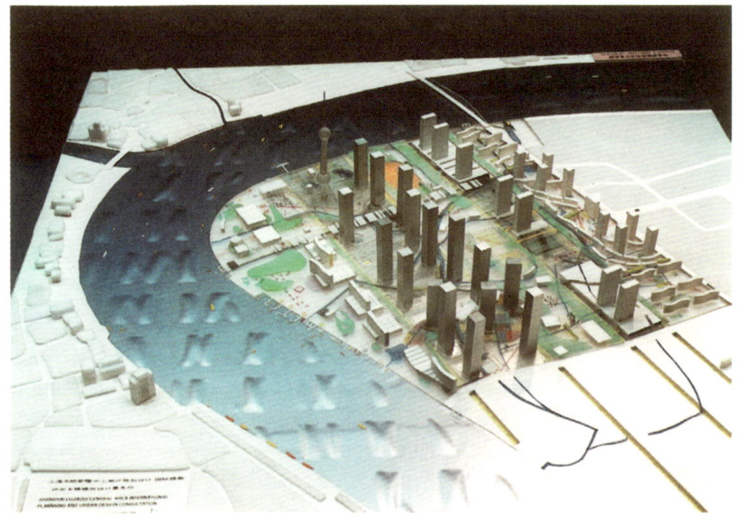

日本方案模型

意大利方案模型

上海方案模型

勃发展时期，上海市政府决定成立陆家嘴中心区深化规划领导小组并组织由规划、设计、院校与开发公司组成的深化规划工作组。该小组旨在结合上海陆家嘴地区的实际和浦东开发的战略目标，将国际咨询的成果融入中心区可实施运作的规划方案中。

深化规划从形态、功能、交通、市政管网、城市设计、区位评价、实施计划等多层次、多角度地勾画出中心区系统发展的蓝图，其规划深度相当于控制性详细规划加上城市设计。但同时由于开发节奏和外部条件所迫，也可以看到深化规划以及其实施未能尽善尽美，有关的专业规划也有待进一步编制和完善。

1. 深化规划技术要点

根据上海市政府关于深化陆家嘴中心地区规划工作的指示，以及上海市有关部门领导和专家研讨会的意见和国际咨询高级顾问委员会的建议书，明确深化陆家嘴中心地区规划以上海咨询组的方案为主，罗杰斯的方案为主要结合吸取的方案，同时吸收法国贝罗的方案及其他方案的优点。经上海市规划管理部门研究，对深化陆家嘴中心地区的规划提出如下技术要点：

1）形态布局

（1）根据陆家嘴中心区河湾自然地理特征和走势，创立一个21世纪上海CBD的独特形象。以高瞻远瞩的气魄、大构思、大手笔，加强陆家嘴中心区建筑群体的整体性。建筑群体形象和轮廓线要有上海的特色和时代感，形成“轴线+中央旷地”的整体空间形象。

（2）保持和加强轴线的建筑布局，作为上海中心城区东西开发轴的重要核心和转折，向西是老城的改造和重建，向东是新区的开发和建设，在陆家嘴中心区形成建筑群体的高潮和城市象征。

（3）在东西建筑轴的基础上，顺应黄浦江河湾的走势，结合滨江绿地和中心绿地，以主要的标志性建筑群组成圆弧形的建筑群体布局和城市轮廓，同时为主要建筑群创造最佳的观景视廊，注重节能、采光、自然通风、城市防灾、地下空间利用和交通组织。

（4）从多视点研究城市轮廓线、公共空间的组合和建筑高度，确定标志性建筑和各主要建筑群体的区位，创造优美的城市空间。

2）道路交通

建立陆家嘴中心地区区内和联系区外的现代化综合交通体系，是这一地区规划和建设成功的关键。

（1）建立科学的、切实的客流交通和车流交通的初步分析和预测。

（2）根据功能布局、建筑开发和现有路网，合理确定中心地区路网和交通方式，确定道路网密度和标准，提出与城市路网衔接的调整意见。

（3）大容量的轨道交通是这一地区客运交通的骨干。在地铁2号线的基础上，应增加1～2条地铁线，联系浦江的东西、南北。这些线路应在全市地铁轨道交通网络上加以确认。规划保留线路的通道，应分期实施，还应考虑设置轻轨交通。在陆家嘴中心地区及其边缘应设置4～6个地铁轻轨站。

（4）公共交通应作为地面客流的主要运载系统，根据道路网、有轨交通网和建筑布局合理设置公交线路和站点。

（5）研究本地区自行车交通的发展确定战略与对策。

（6）结合绿地、建筑、广场设置步行平台系统，创造一个舒适、不受车流干扰的步行空间。

（7）在陆家嘴中心地区主要道路（核心区）的外侧，设置各种公共（包括出租车）停车场地，各类建筑按标准考虑停车设施。

（8）越江交通：①设置延安路隧道复线；②在陆家嘴中心地区（1.7km^2）边缘规划两条6车道的越

江隧道，并在浦西、浦东的路网上加以确认，规划保留越江通道，分期实施；③提高轮渡的通过能力，并与公交相衔接，拟增设高标准的游览渡轮，并在岸线上得到安排；④加强浦西、浦东岸边的客流联系，设置1～2条人行过江隧道，确定过江选线、容量和浦东浦西陆域的出入口用地。

（9）加强陆家嘴中心地区与机场（虹桥、浦东）和浦东铁路车站的交通联系。

3）环境绿地

提高地区环境、绿化、生态素质，为人们的工作和生活创造高质量的空间环境，使之符合国际大都市的水准。

（1）陆家嘴中心区的绿地率要超过上海市新区绿地率的规定标准。在上海方案的基础上，增加足够数量的沿江和中心绿地。

（2）整个陆家嘴中心地区的绿化空间主要由沿江绿带、轴线人工造景绿化带和中心绿地构成，这个绿地系统的功能犹如人体的心肺，给整个中心地区建立新陈代谢的机制。通过轴线绿化带，把中心绿地与滨江绿带、花木地区和整个新区绿化系统联系起来。

① 在已有的明珠公园、电视塔和滨江大道项目的基础上，从黄浦江空间的大尺度、高密度、大体量的建筑环境要求出发，设置大面积、整体性强的绿化空间，与水面结合形成整体协调的、富有魅力的滨江绿化带。

② 根据陆家嘴中心地区的形态布局，以东西轴沿线绿带、中央绿地、滨江绿地组成绿化系统，要以足够大的、成片设置的中心绿地来加强这种形态格局。

4）基础设施

规划建设高标准、高质量、高效率的市政基础设施的服务支持系统。容量要留有充分的余地，可分阶段地实施，为建筑开发打好基础。

（1）根据现代城市的标准，规划市政公用设施的系统（如供电、供热、供气、给排水、污水、电信等），并进行综合，在总体布局上安排好主要市政设施的用地和管廊。

（2）通信工程按国际化要求设通信港，重要大楼建筑都要成为智能化大楼。

（3）提高环境质量，节约能源，运用电热泵供暖和中央空调系统，并安排好相关设施的用地。

（4）规划建设与整个陆家嘴地区相联系的技术管廊系统。

5）综合功能、控制性指标和分期建设

（1）根据总体布局结合400万m^2（作为上限控制）的总量确定各类建筑的比例，以创造一个富有活力的城市。加强中央商务区的综合功能，增加商业、文化、旅游休憩、公共服务及居住设施，使新区在白天和夜间都具有城市气氛和活力。

（2）确定各街坊和开发地块的控制性指标（用地编号、性质、面积、容积率等）。

（3）根据总体开发战略、土地使用现状和市政基础的条件，确定分期建设的目标。

2. 深化规划方案比较

深化规划工作小组根据技术要点，提供了三个比较方案，供上海市政府决策。

1）“方案一”主要构思

该方案以上海咨询组的方案为基础，主要吸收了英国罗杰斯方案的特点，并使路网走向和建筑方位更结合原有文脉，按实际尺度组织四组重点建筑群，加强整体城市形象，综合协调建筑、交通、绿地、阳光、能源等要求，形成有机和谐的形态。

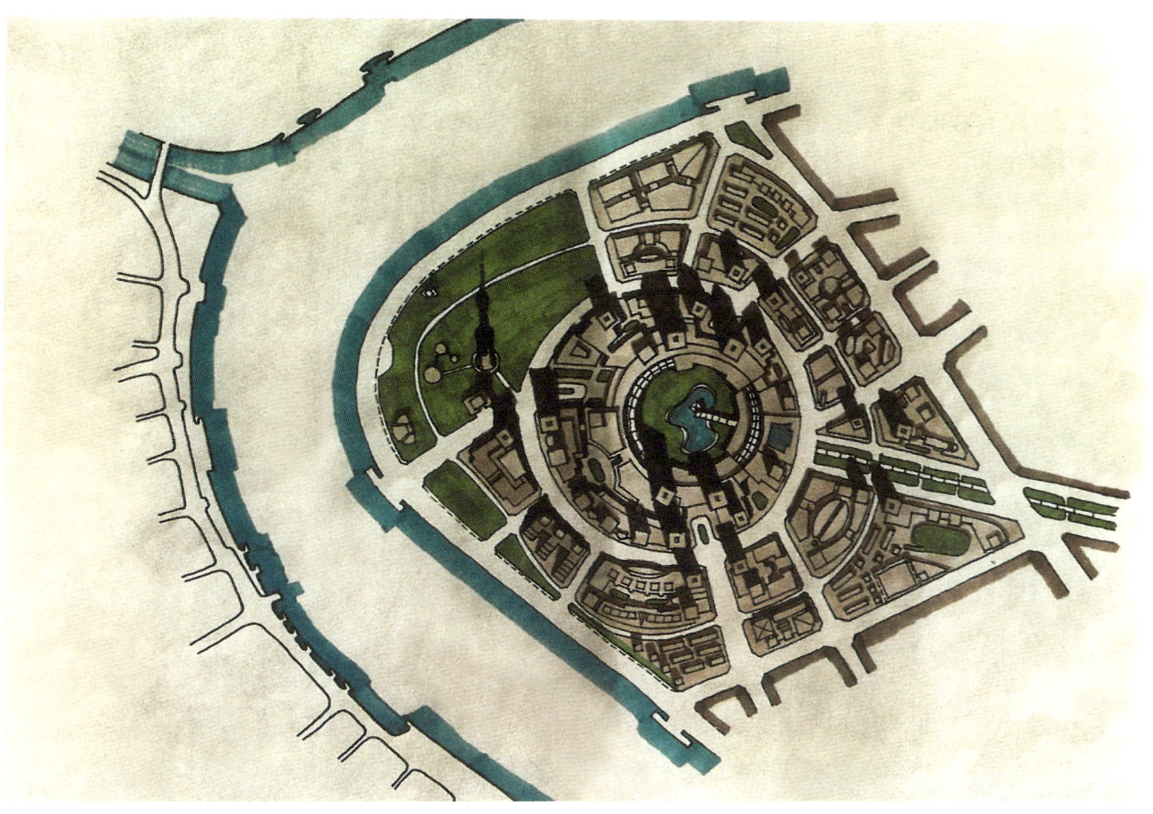
方案一总平面

（1）交通组织

① 以小网络组成中央环道单向交通，以疏导整个中心区的道路网络。

② 基本道路依托原有道路脉络，中央环道顾及已开发利益，且圆形道路大脉络与固有地域脉络相协调。

③ 建立一个高效的公共交通系统，以减少交通量，提高环境质量。

④ 建立相对集中的停车场，减少车的流动，进而减轻道路负荷。

⑤ 严格人、车分流，建立一个丰富、多变、富有人情味的步行系统。

（2）空间布局

① 以简洁的几何"圆"赋予地区强烈的特征，同时其流畅的弧线与地貌相协调，辅以强有力的"开发轴"，更使这一地区的特征有辐射力。

② 赋予轴线强有力的实际功能，力求形成交通轴、绿化轴和开发轴。该轴收头于中心环道。

③ 东西向与南北向的空间运动轴强调了浦西与浦东的依存关系，更加强了地域固有的脉络。浦东沿江至腹地依次增高、落空，使空间有纵深感，且以两轴形成的四组空间高点为核心，又使空间起伏跌宕，充满渗透力。

④ 功能强化分区且又互为依托，强调综合性，通过研究人的流动模式，使得空间容量均衡，易于交通组织。

（3）绿化设计

① 设计一个强有力的中心公园，它是整个中心区的心脏，是步行者的归属；同时以此发射出四个

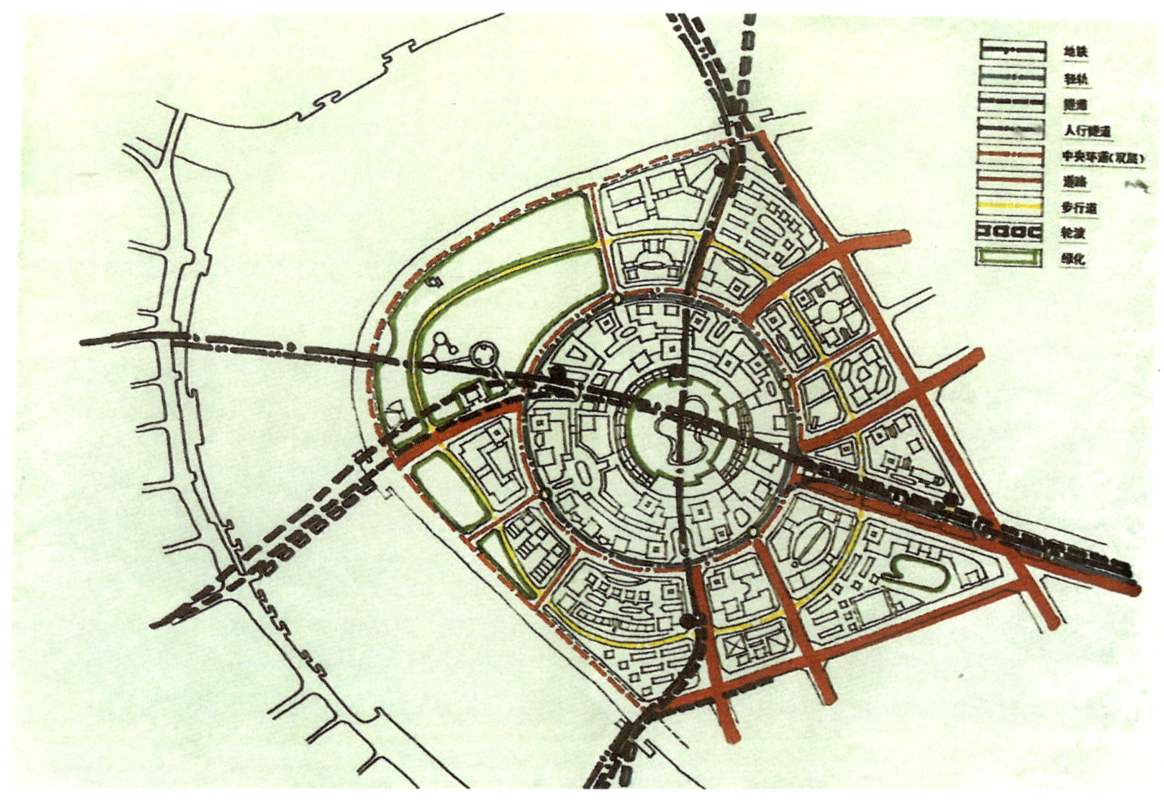

方案一交通组织

小绿地、广场，渐进渗透到滨江绿带，使得中央绿地有个生长的脉络。

② 自由浪漫的步行林荫大道赋予一个严谨的空间以动态的韵味。

（4）开发容量与功能组织

设置250～350m超高层建筑5栋，100～200m高层建筑22栋，以上两项的总建筑面积约200万m^2。设置100m以下的中高层建筑若干栋，总建筑面积约160万m^2。

同时在该地区组织商业超市与商业大道、金融与办公区、博览建筑区、高级公寓区、休闲区、娱乐区、教育区等完善的综合功能区。

2）“方案二”主要构思

该方案保持上海咨询组的方案特点，即强调城市发展轴的综合功能，包括交通轴、景观轴、开发轴、绿化轴，并结合已实施开发项目与原地形脉络，在交通方面作了必要的调整。

（1）交通组织

① 越江工程。隧道：包括延安路隧道复线。中心区边缘（泰同路、东昌路）考虑隧道，但与浦西主要交通干道接通方位需进一步研究。轮渡：扩大陆家嘴—延安东路线，东昌路—东门路线，以及泰同路—公平路线的通过能力。人行过江隧道：浦西接口是主要考虑方面，需深入研究人行隧道的必要性并考虑其效率。

② 道路结构。形成“十字形主干道+环路”的路网结构；增设周边与中心区联系的车道数，轴线地面道路进入中心区。

③ 轨道交通。地铁：2号线在陆家嘴中心区中增设站点；另需增设一条地铁线通过，考虑在泰同栈

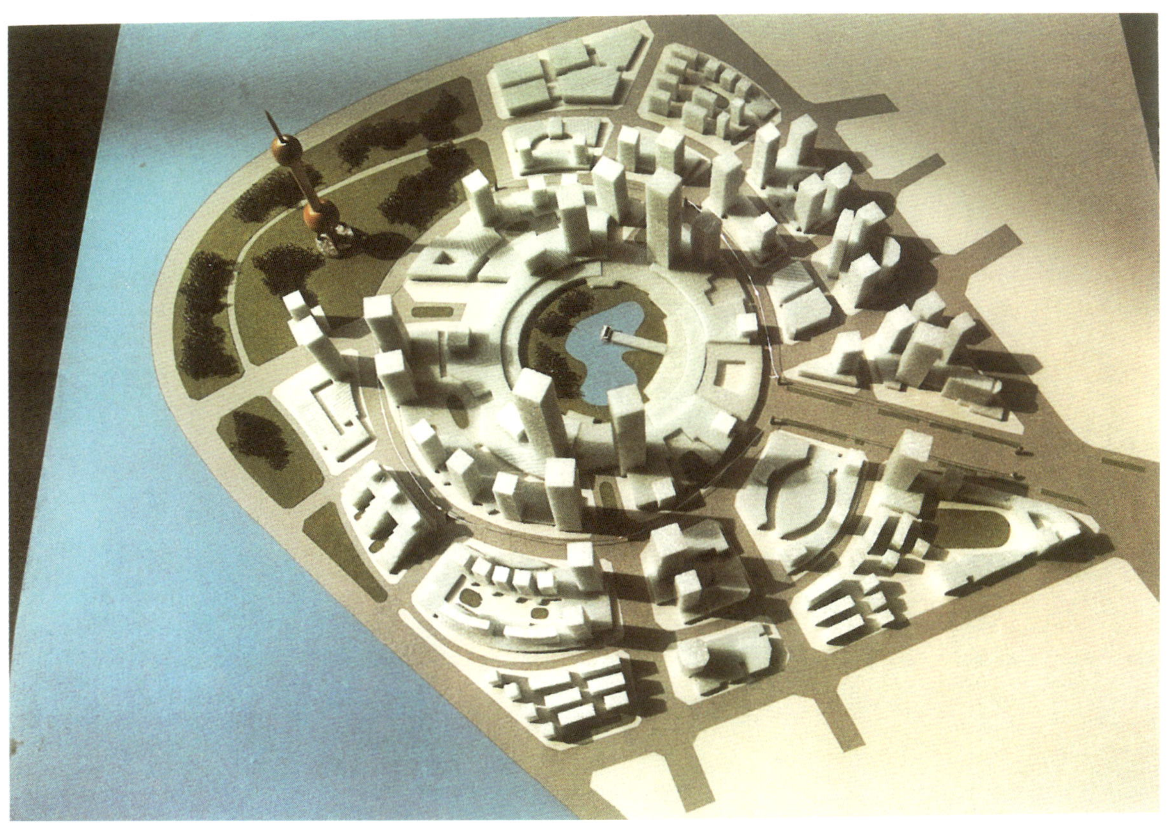

方案一模型

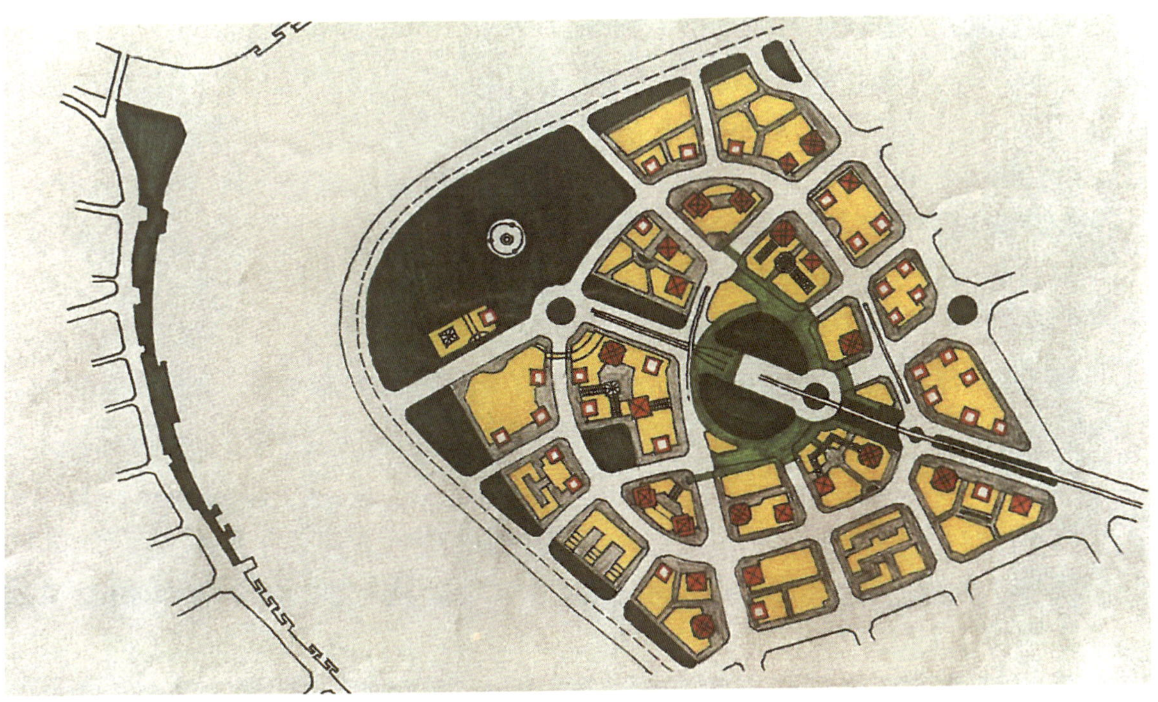

方案二总平面

中心区边缘，南北向通过。轻轨：环状道路上设置一条轻轨线，有无必要与浦东、浦西接通尚需深入研究。

④ 步行系统与自行车系统。与绿化系统结合形成轴线（绿轴），核心绿地向滨江渗透，形成滨江大道滨江绿地连通的步行系统。中心区与各地块通过步行道联络起来。自行车系统与步行系统结合，近期疏导，远期限制。

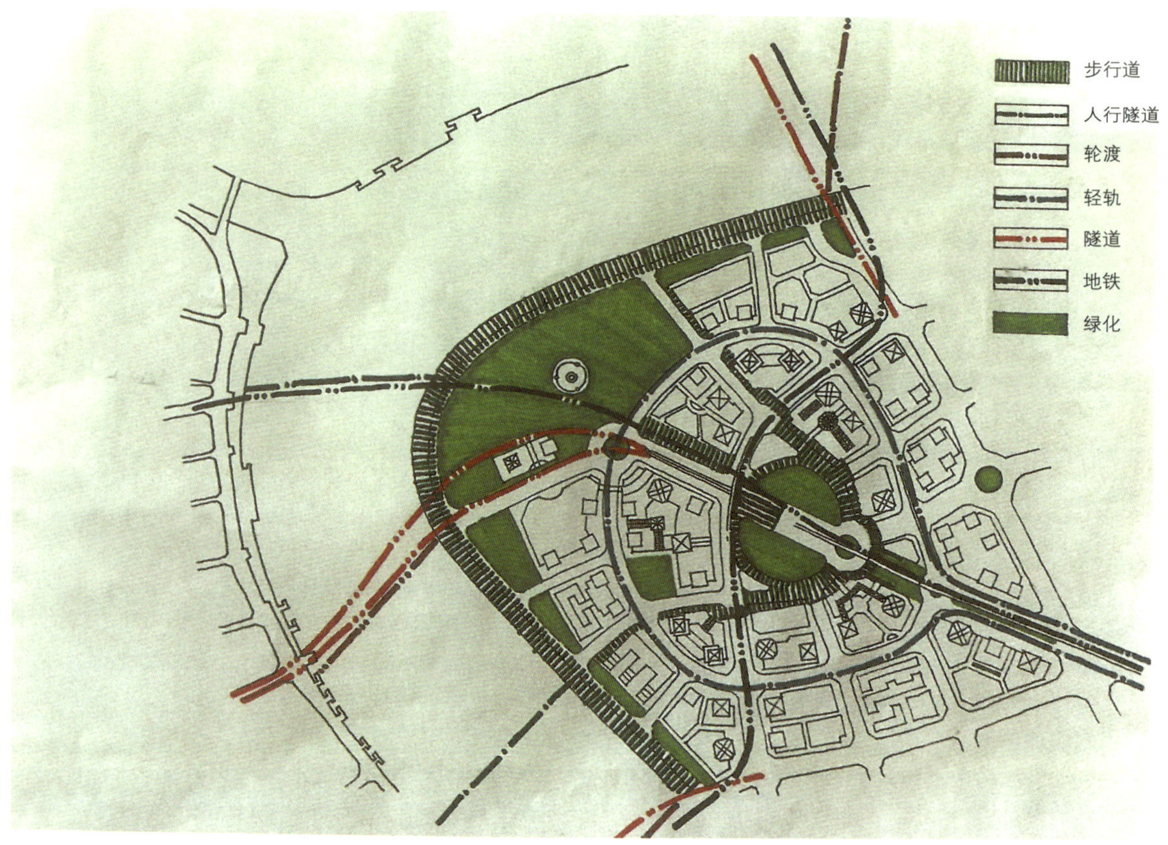

方案二交通组织

（2）空间布局

① 总体形态布局的主要基础与依据包括：核心绿地+环状道路；轴线作为中心区主要入口处；沿江形态形成滨江包络线。

② 景观：浦东、浦西双向，轴线双向，布局相对集中。

③ 建筑层次：超高层为250～300m；高层为150～200m，100～150m；中高层为100m以下。

（3）环境绿化

保持、强化轴线的景观功能，延伸至电视塔，并在建筑布局上与之呼应；在核心区形成中央核心绿地——“绿心”；轴线的游憩功能辅以步行轴，环境功能辅以绿轴，并与滨江大道、滨江绿化系统、核心绿地结合，形成中心区内步行与绿化系统。

（4）开发容量与功能组织

① 容量与层次分配：总量为400万m^2。超高层：5栋，每栋15万～20万m^2，共75万～100万m^2；高层：6～8栋，每栋10万～15万m^2，共60万～120万m^2；中高层：10～20栋，每栋5万～10万m^2，共

80万～100万m^2；其他：15～20栋，每栋3万～5万m^2，共80万～100万m^2。

② 功能分配：金融、贸易、办公：250万m^2；国际会议、展览：30万m^2；居住：40万m^2；文化娱乐：10万～20万m^2；商业：40万～50万m^2；其他：5万～10万m^2。

方案二模型

3）“方案三”主要构思

该方案在原“陆家嘴中心地区规划调整方案”的基础上，吸取了国外专家规划方案及上海咨询组方案的优点，在进一步深入研究开发态势之后，提出标志性超高层双塔和高层带建筑格局与开发轴沿线绿带联系起来，通过与中央旷地、滨江旷地的环境格局结合，形成强有力的城市形象。

（1）交通组织

在现有规划确定的隧道线、隧道复线和地铁线的基础上，分别在东昌路和浦东南路建一条隧道线，使过江交通分别由本区中部、西侧、北侧三个方向的隧道来解决。

建议规划一条轻轨线，环绕核心地区，以提供较大范围的服务。同时，建议设置一条地铁环线，分别与黄浦（原南市）、虹口方向联系。

（2）空间布局

根据陆家嘴地区的地理特征，创立一个21世纪上海CBD的现代化形象，开敞空间布局突出，形成“滨江绿带+中央绿地+轴线”的特征；组合弧形高层建筑带和步行平台，向滨江辐射；地下空间活动联系两个地铁站，并通过轴线将两个空间制高点贯通起来，以协调建筑的群体形象和轮廓线；注意南京路外滩等主要视点的视廊和优美的绿化环境，形成一个全新的城市中心形象。

（3）环境绿化

其结构特征是：“沿江绿带+轴线人工造景绿化带+中心绿地”，形成一个完整有机的绿化系统和高

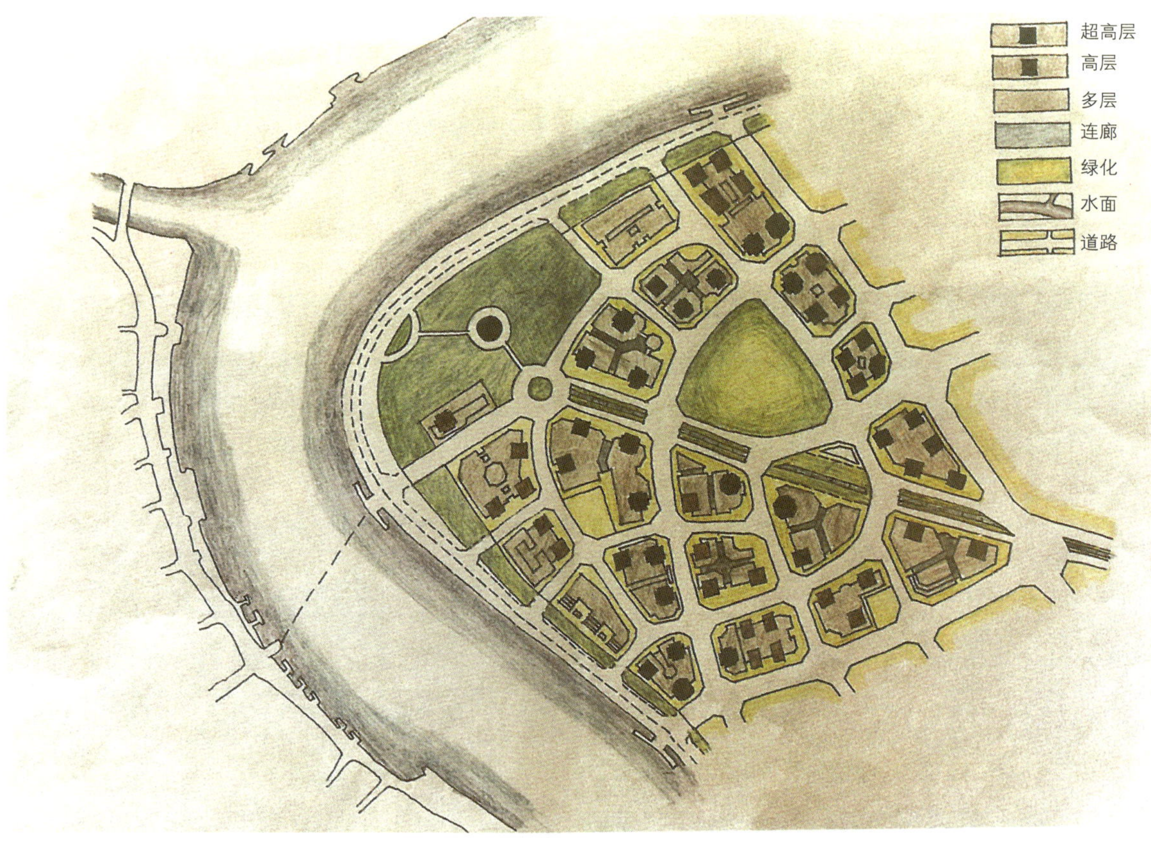

方案三总平面

方案三交通组织

质量的环境，绿地率超过30%。

其中，环绕中心绿地组织一个边缘通过的二层步行柱廊，并以天桥联系中心绿地和滨江绿地，使之与周边建筑群相互渗透、相互联系，提供最大的绿化环境景观效益，展示现代化国际大都市中心的环境面貌。

（4）基础设施

沿轴线走向规划共同沟及配置轻轨线，具有较大的可操作性。

（5）与开发需求的关系

该方案充分考虑了现有的各种规定因素的约束，本着节约资金、取得最大实施可能性的原则，保留已建和已确定的地块不动，以保持开发建设的连续。

方案三模型

3. 陆家嘴金融中心区深化方案

经过深化规划工作组三个比较方案的酝酿，1993年3月，深化规划领导小组决定以“方案三”为基础，吸收“方案二”的长处作为下一步工作的深化方向。

1993年3～5月间，深化规划工作小组就城市交通、城市空间设计等重要技术要素进行了综合的专项设计论证工作，最终确定了方案的总体框架。

1993年8月，深化规划领导小组向上海市政府递交了《上海陆家嘴中心区规划设计》。1993年12月，上海市政府正式批复该规划。

1）城市空间形态

（1）核心区

寻求中国传统“太极”美学概念，吸收外方专家意见设置“三足鼎立”的核心区超高层建筑群

深化规划研讨会

上海市人民政府（批复）

沪府〔1993〕77号

上海市人民政府关于原则同意上海陆家嘴中心区规划设计方案的批复

市规划局、浦东新区管委会：

沪规综（1993）第1141号和沪浦管（93）第236号文悉。市政府原则同意你们《关于请予审批〈上海陆家嘴中心区规划设计方案〉的请示》。现批复如下：

一、陆家嘴中心区是上海中心商务区的重要组成部分，规划范围为西、北滨临黄浦江，东至泰东路、浦东南路，南至东昌路，总规划用地面积约1.7平方公里。

二、陆家嘴中心区规划中对陆家嘴中心区与中心区周边地区及浦西CBD地区之间的交通联系部分尚需进一步

—1—

完善，市规划设计院应根据该规划尽快重新划定各条道路的规划红线图，经审批后提供有关部门作为规划、建设管理的依据。

三、市规划设计院应根据该规划，尽快编制上报市政综合规划，以进一步明确各类市政工程的近、远期规划方案及各类市政设施的用地布局，确保有关工程和设施建设与地区建设同步实施。

请你们会同有关部门进一步完善细化该规划方案并认真组织实施。在实施中，要注意从全局考虑基础设施建设，集中力量尽快建成一批项目，使之形成气候，以创造更有利的投资环境。

一九九三年十二月二十八日

主题词：规划 设计 方案 批复

抄送：市计委、市建委、市土地局，市规划设计院，陆家嘴金融贸易区开发公司。

上海市人民政府办公厅 一九九三年十二月二十九日印发

（共印9份）

—2—

规划批复

（360～400m），形成与之相对应的开敞绿地，共同构成虚实对比、阴阳结合的新型城市标志性景观。

（2）高层带

利用黄浦江转弯地势，结合地质特征，吸取法国贝罗方案的城市形态特色，建立起衬托上海标志性构筑物——东方明珠电视塔——的人造步景“高层带”，形成极富地域特色的现代城市造型。高层带反映河湾形态并与外滩协调，使电视塔独立于河湾空间，成为导向标志。高层带与外滩南、北、中段距离分别为6600m、800m、1200m，建筑高度经反复实地观察定为160～200m之间，形成有闭合感、韵律感的界面。

（3）滨江区域

形成100m左右的建筑跌落群体，与黄浦江及浦西外滩对话，形成宜人的紧邻关系。结合滨江大道防汛设施的建设，形成沿江2.5km长的城市旷地空间。

（4）步行结构与旷地系统

以“滨江绿地+中央绿地+沿发展轴绿带”的旷地系统作为结构基本要素。通过轴线大道将滨江旷地系统与中央旷地系统连接起来，并通过街区广场、绿地的浸透，形成自然的旷地系统。

以核心区、高层带为中心，形成向滨江发散的架空步行结构网络。并结合地铁、轻轨等快速交通枢纽和共同沟、地下车道发展关系，形成较合理的地下共同层。

2）城市设计

（1）城市意象

按凯文·林奇（Kevin Lynch）分析城市意象的原理，构建陆家嘴5类意象：

——标志性建筑：核心区三幢超高层建筑+电视塔；重点建筑：高层带各单个建筑、口门双塔。

——边界：连续沿街建筑界面；敞向旷地的断续界面；构成韵律的建筑界面。

——节点、中心：核心区+中央旷地；东方明珠电视台；轴线西口；轴线东口；北滨江。

——路径（视觉运动渠道）：步行、车行、水上。

——“区”：整个1.7km^2为整体“区”，依环形绿带、轴向绿带及高层带入口绿带分为东、西、南、北、中五个次区。

（2）结合结构分区组织功能、中心、分中心、入口

① 步行与活动：以地铁站、核心区地下商场为基础，组织地下共同层为东西步行轴，沿高层带组织南北向步行轴，两者成为步行活动主轴，并引向滨江及邻近地块。立体连续的步行系统以绿化为依

天际轮廓线

工作模型

托，与商业、文化、游憩设施及核心区、滨江区和组团中心紧密联系，形成富有生气的中心场所感。

② 视点、视廊：南京路外滩、外虹桥、十六铺及东方路、张杨路方向为重要视点，留有视廊。

3）功能分区

（1）目标：富有活力的城市

建立富有24小时活力的中央商务区，在区内形成办公、居住、娱乐、交往等综合的城市共享空间。通过对区内出行、起居、办公的方便程度的评估，确定易于土地开发的用地性质划分定位标准。

（2）综合功能

方案强调以多种途径突出综合功能：

① 使用性质分类及相容性。按土地使用要求，在中心区1.7km^{2}范围内开发418.27万m^{2}建筑面积，其中有利加强日夜城市生活气氛的有：C1（行政办公）、C1C2（金融贸易与商业综合），计308万m^2，占开发建筑面积的75%。

裙房结合安排商业服务约60万m^2；塔楼可安排宾馆3～4座，中高档各半，计30万m^2，并可按市场供需调整。C2（商业）64.37万m^2，C3（文化娱乐）10万m^2，R（住宅）25万m^2。

纯办公易于形成AM9:00～PM5:00的8小时地区，上述商业、展览、服务、文化、居住设施则有利于造成有生活情趣的24小时城区，也利于充分利用基础设施。

② 商业、文娱设施是富有生活气息的元素，按布局结构，大体均衡配置于核心及南、北、西、东各次区，并与绿地结合，使活动向室外延伸，结合地铁、公交、轮渡站、人行地道出口，增加可达性。

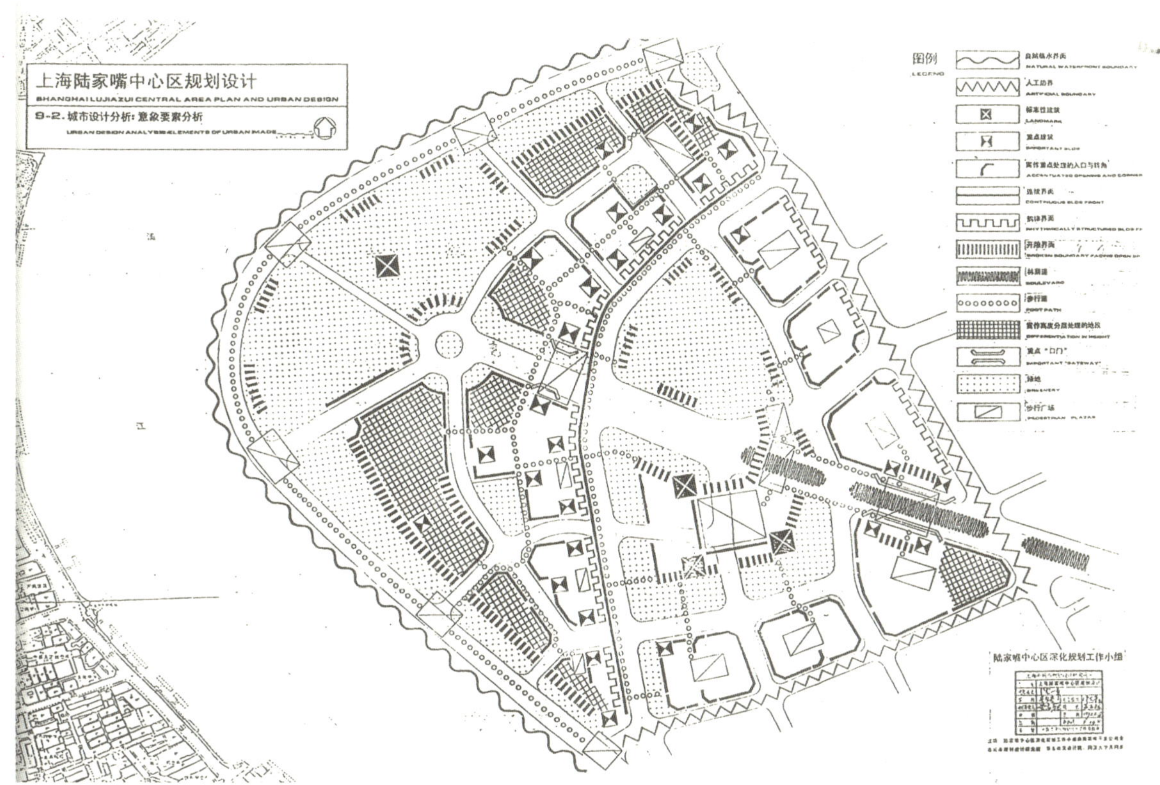

城市设计分析1

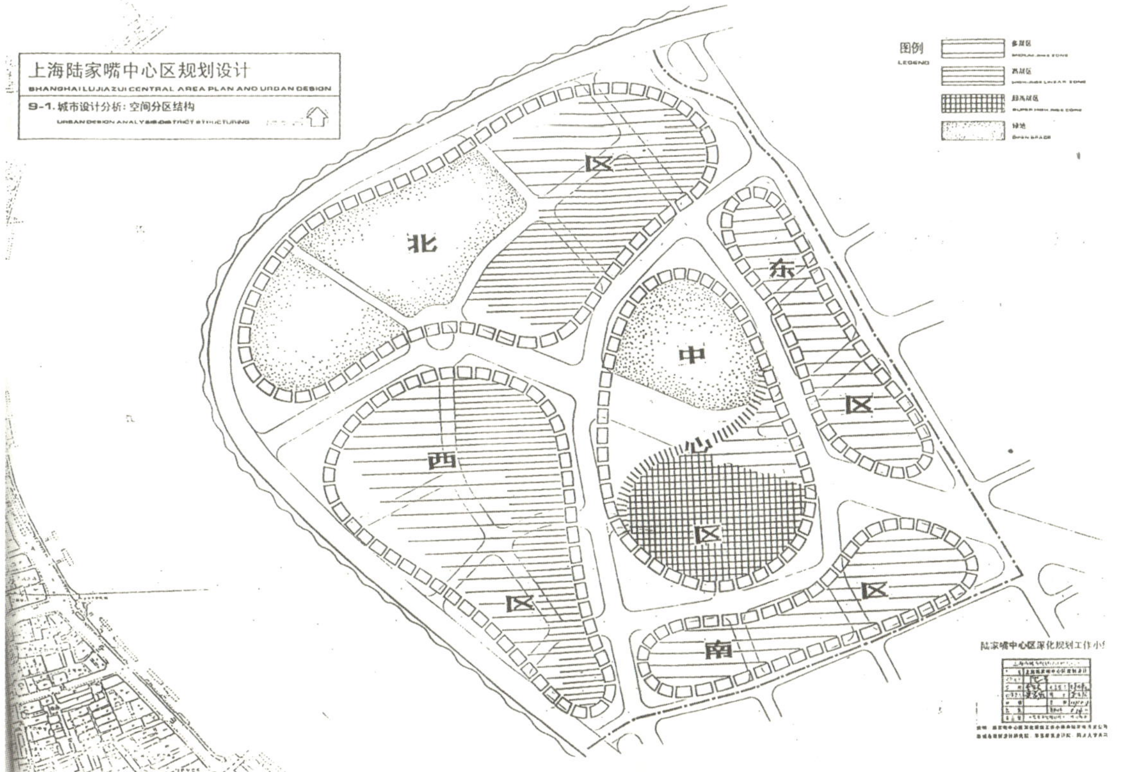

城市设计分析2

③ 住宅总量比重偏低，主要考虑中心区并非封闭系统，可依靠附近地区（崂山乳山地区）平衡，也有利于土地经济效益提升。

④ 文化设施方面，建设歌剧院（音乐厅），展览设施应结合文化艺术展览，以提高中心区的文化气质。

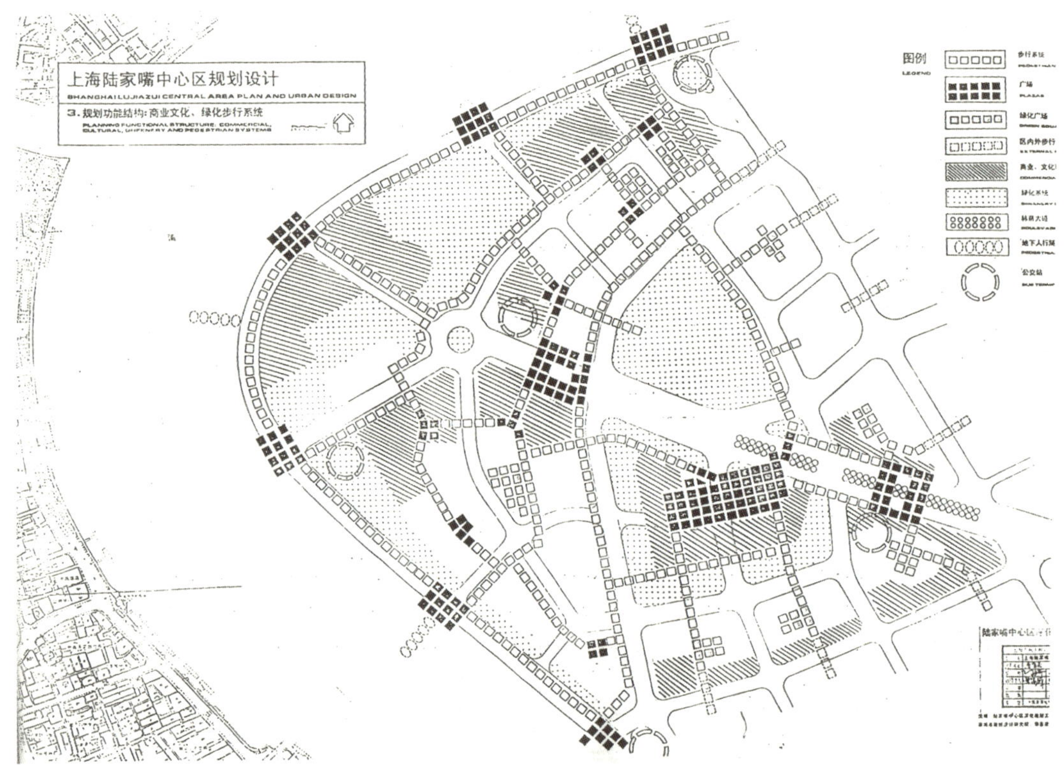

功能结构

4）道路交通

（1）规划战略

① 强化地区间交通，按陆家嘴中心区及整个CBD交通要求调整中心城总图交通网络，以解决陆家嘴中心区交通为契机，推动旧城中心区交通再开发，克服干道系统中“越江、蜂腰、南北”三大交通薄弱环节，达到容能匹配，开发良性循环。

② 建立高效完善、可行的区内综合交通体系。

③ 交通开发与土地开发、建筑开发结合，以利引资、融资、高效与节约。

（2）上海中央商务区跨越黄浦江的连接

① 隧道。紧贴中心区外围东侧与南侧设置两条车行越江隧道，分别为6车道泰同路隧道，浦西连接虹口闸北；4～6车道东昌路隧道，以缓冲中心区过境车辆压力，并促进上海市南、北外滩的发展；建设越江人行隧道系统，方便中央商务区人流越江交往。

② 地铁、轻轨。在原有2号线的基础上，增设一条区内南北向轻轨线，中心区内设两个轻轨站；在浦东南路东侧另设一条轻轨联系虹口、六里、三林等地区；地铁2号线在中心区边缘浦东南路与轴线交叉处增设一站。

（3）陆家嘴中心区（1.7km^2）与浦东腹地的连接

① 加强浦东大道、浦东南路与中心区的联系。

② 强化轴线大道的交通作用。

③ 增加浦城路、滨江大道、烂泥渡路与浦东干道网的连接。

（4）中心区内交通分配

① 规划在中心区内形成田字形区内干道网。

② 为缓解高层带与核心区的建筑总容量所造成的交通压力，规划在北护塘路、烂泥渡路、规划东宁路、浦城路形成长度为2.3km的地下环路与隧道出口，高层带及核心区主要高层建筑地下空间与其相接，并与地面建筑出入口配合，组成上五、下四车道双层反向单行交通体系。隧道出口直通立交，并使中心区内各交叉口不设置红绿灯，从而大大提高交通能力。

③ 强化地铁、轻轨、公交等大容量公共交通系统作用。

④ 车场地入楼设置，化整为零。

5）市政基础设施

（1）市政设施规划

中心区市政基础设施应按400万m^2的总容量，较高标准，留有30%余量统一规划配置。独立设置的市政基础设施用地安排预留4.85hm^2，占总用地约3%，主要供电话局（2处）、220kV变电站（1处）以及其他必须独立设置的项目紧凑使用。一般设施，尽可能结合负荷中心附近的建筑开发统筹安排。

（2）共同沟

地下管线除雨水、污水及煤气管，宜尽量安排在共同沟内。共同沟沿发展轴引入，并沿高层带展开，区内全长2.83km。共同沟统一规划开发，其覆盖范围占85%，向相邻街坊延伸后可达91.2%。

（3）地下空间

开发利用地下空间在本地区势在必行。四个地铁站与核心区地下商场之间连成地下共同层，以组

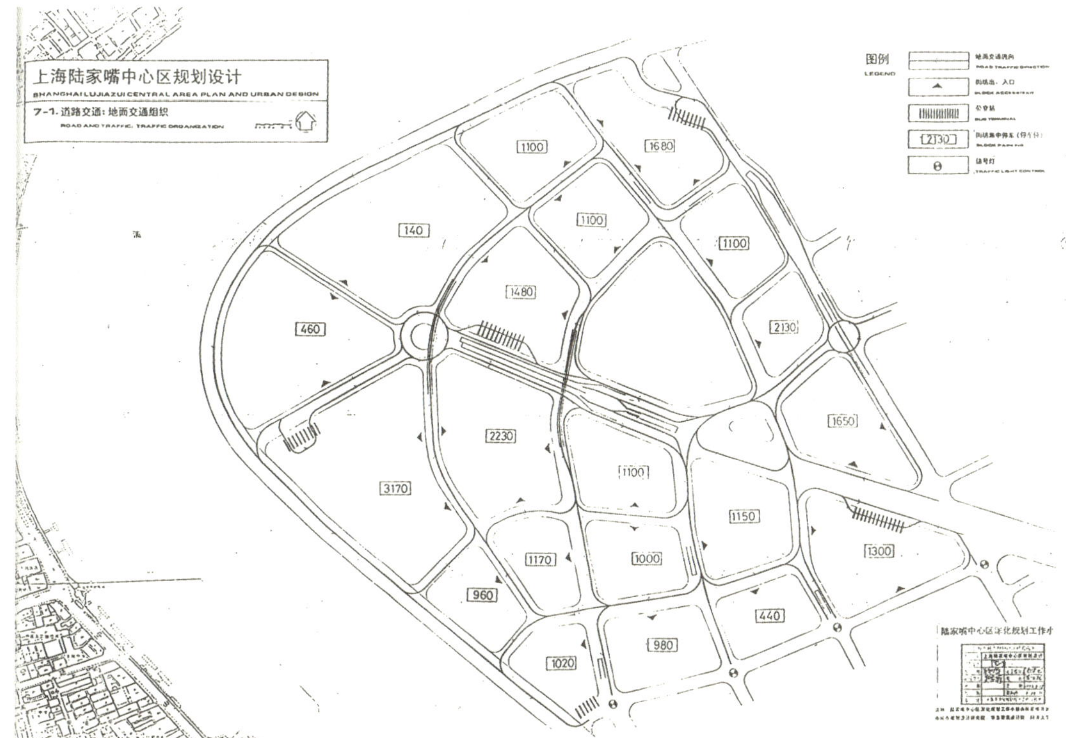

道路交通地面交通组织

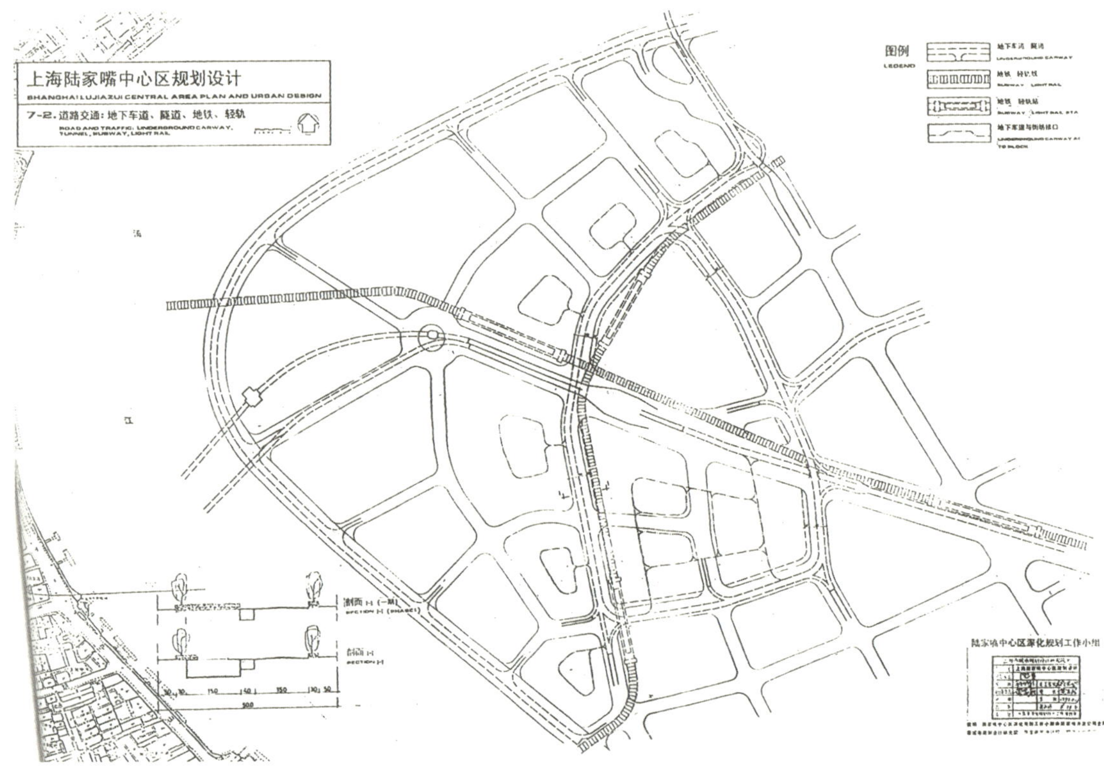

道路交通地下交通组织

织地下商业、交通人流。共同层建筑面积约20万m²，与国外地下城大体相当。

建议设置三条地下人行隧道，分别结合出入口组织四层至五层地下商场，每个规模约1万～1.2万m²，以利回收与后期维护管理。

6）实施控制

（1）控制要素

全区共划分为69个地块，占地80.34hm²，可开发容量为418.27万m²。各地块基地控制表提供使用性质、用地面积、建筑后退、容积率、建筑覆盖率、停车位指标、高度控制、出入口方位等八项控制要素。

（2）基地区位价值评价

中心区经过城市设计、道路交通、基础设施规划、开发区大投入后，整体环境质量大大提高。提高后各地段、地块区位价值出现差异，应根据环境景观、交通可适性、共同沟服务、商业文化设施配置以及土地开发密度是否能增益环境等因子，划分合格、较好及优良三个级别，并按各因子涉及的开发投入比重而决定权重值。按每个地块的评分和综合权重值作为地块区位价值优化率。设定100％～105％为III级，共1个地块占1.6％；106％～125％为II级，共36个地块，占58.1％；126％～140％为I级，共25个地块，占40.3％。

上海陆家嘴中心区规划设计
SHANGHAI LUJIAZUI CENTRAL AREA PLAN AND URBAN DESIGN
8. 地下设施：地铁站、地下共同廊、过江人行道、地下商场、共同沟
图例
地下设施

上海陆家嘴中心区规划设计
SHANGHAI LUJIAZUI CENTRAL AREA PLAN AND URBAN DESIGN
5. 基地控制
SITE LAYOUT
图例
LEGEND
C1 行政办公用地
C2 商业用地
C1C2 商业、贸易、金融用地
C3 文化娱乐用地
R 居住用地
U 市政用地
G 绿化用地
D3 街坊编号
基地编号
基地面积 ha
用地性质
容积率
陆家嘴中心区深化规划工作小组
基地控制

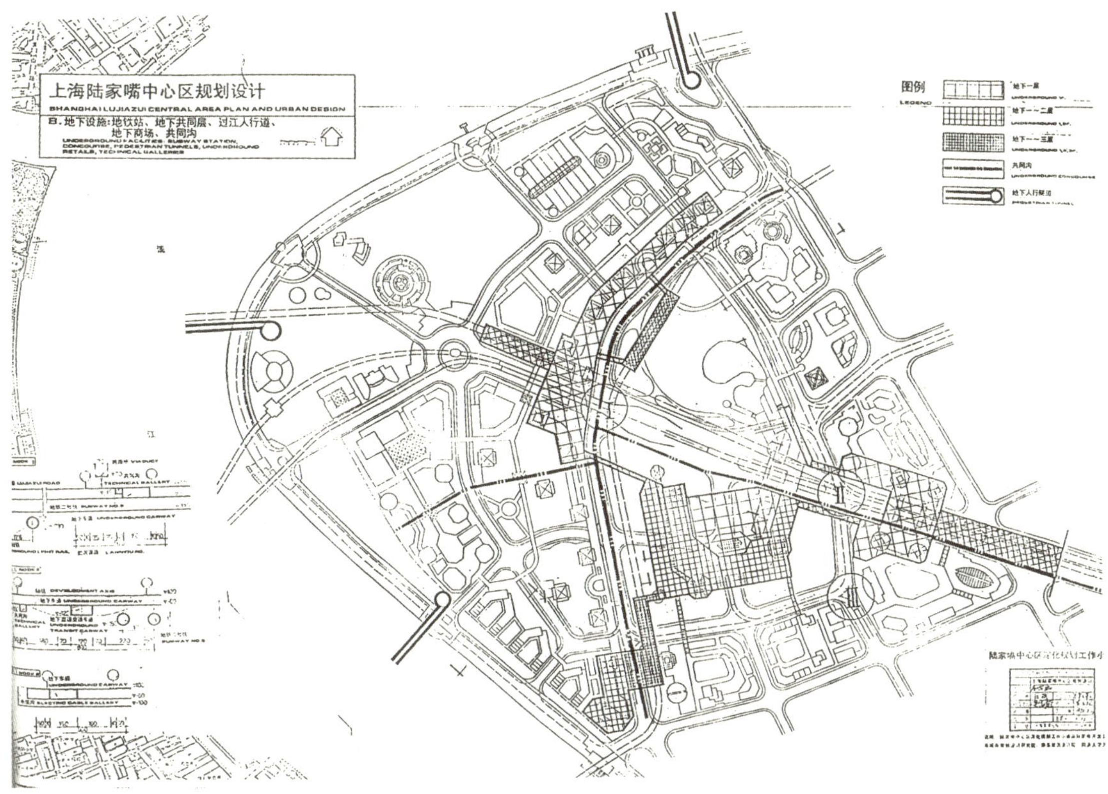

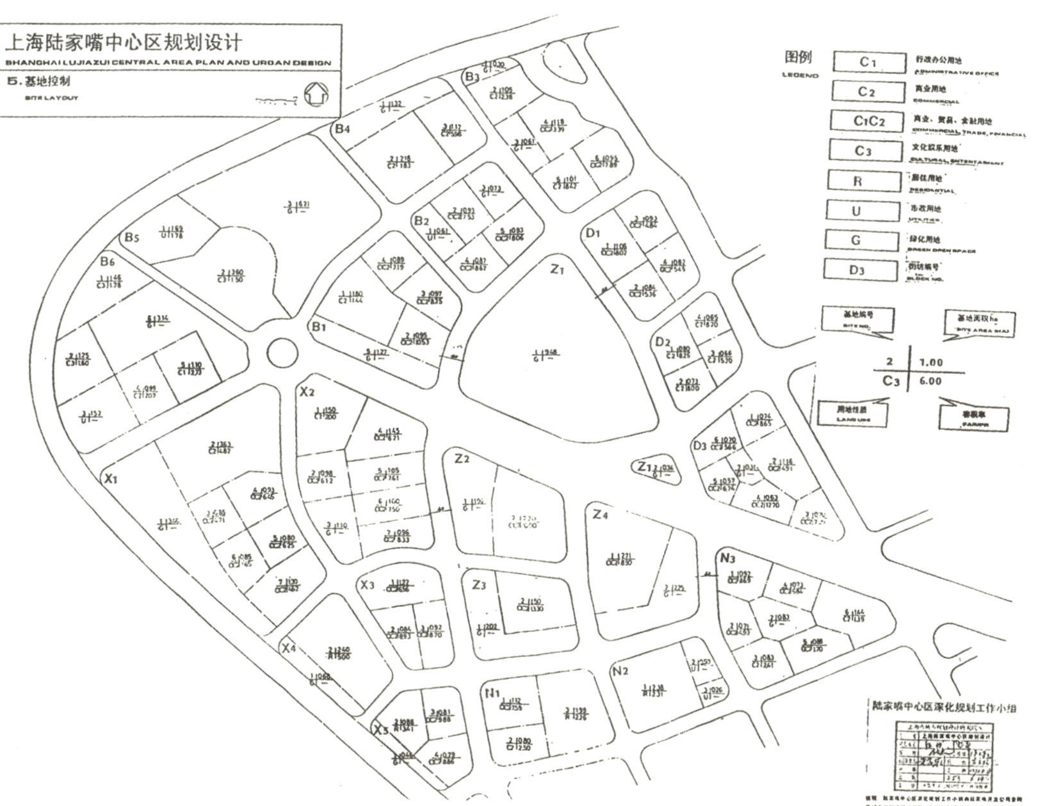

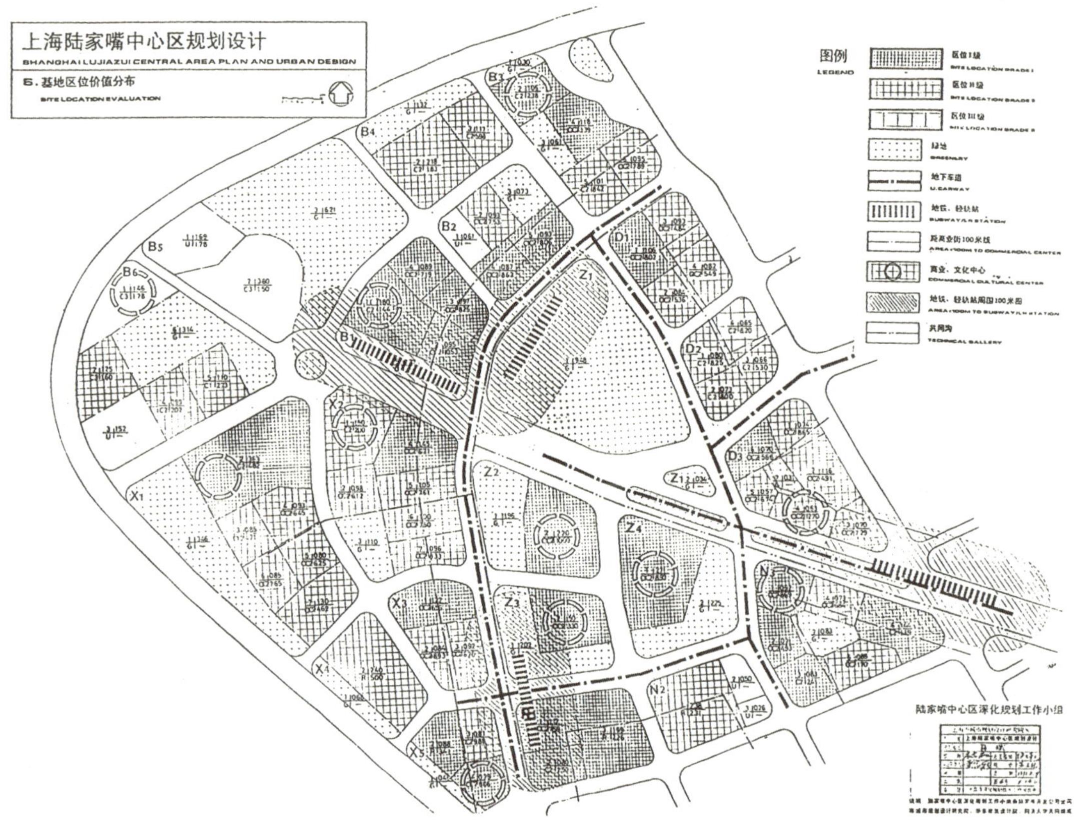

基地区位价值分布

四、整合完善，指导实际：黄浦江沿岸E14单元（陆家嘴中心区）控规

1. 规划背景

自《上海陆家嘴中心区规划设计》获得批复后的十余年间，该规划一直用于指导陆家嘴中心区的实际建设，2001年，上海市总体规划把陆家嘴中心区正式定位为上海中央商务区（即CBD）的重要组成部分。经过十余年的建设，中心区城市形象逐渐凸显，已经成为中国金融机构集聚度最高、辐射能力最强、现代化水平最高的金融中心区之一，成为上海发展和浦东开发、开放的标志。在取得辉煌的建设成就的同时，陆家嘴金融中心也面临着在更高的平台上实现更快更好的发展的历史任务。

在这十余年间，城市经济发展迅猛，经济形势发生了较大变化。为适应当今的城市发展态势，根据党中央提出的“以上海浦东开发、开放为龙头，进一步开放长江沿岸城市，尽快把上海建成国际经济、金融、贸易中心之一，带动长江三角洲和整个长江流域地区经济的新飞跃”的战略部署。2008年，上海市城市规划设计研究院根据市规划部门要求，启动编制《黄浦江沿岸E14单元控制性详细规划》（黄浦江沿岸E14 单元即为陆家嘴中心区所在单元），对陆家嘴中心区进行新一轮的规划整合与完善。该规划于2008年7月获得上海市政府正式批复。

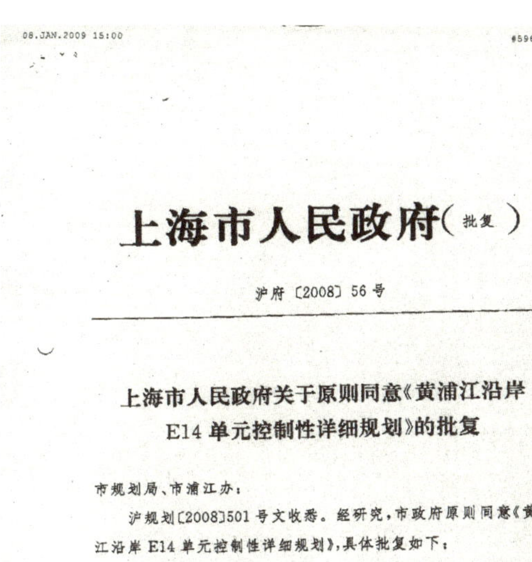

上海市人民政府(批复)

沪府〔2008〕56号

上海市人民政府关于原则同意《黄浦江沿岸E14单元控制性详细规划》的批复

市规划局、市浦江办：

沪规划〔2008〕501号文收悉。经研究，市政府原则同意《黄浦江沿岸E14单元控制性详细规划》，具体批复如下：

一、黄浦江沿岸E14单元（以下简称"E14单元"）是上海中央商务区的组成部分，以金融、商务、服务、文化旅游等为主导功能，并安排适量居住。其规划范围为西、北至黄浦江，东至浦东南路，南至东昌路，规划总用地面积约168.7公顷。

二、E14单元规划公共设施用地约69.4公顷，居住用地约10.0公顷，地上总建筑面积控制在473万平方米左右。

三、E14单元规划公共绿地面积33.5公顷，并结合地块建设，

— 1 —

设置一定开放的绿化空间，形成"一带、一轴、一环、一核、五节点"的绿化开放空间布局结构。要沿黄浦江规划20—150米宽的滨江绿带，形成连续的滨江公共开放空间。要进一步优化黄浦江沿岸和沿世纪大道空间界面。

四、E14单元规划道路广场用地约48.9公顷。要突出"以人为本"和可持续发展的规划理念，形成以轨道交通为骨干、地面公共交通及其他交通方式为辅的综合交通体系，并进一步完善步行系统，创造宜人的步行空间环境。

五、E14单元黄浦江岸线长度约2430米，防汛墙设计标高采用+6.9米。请会同水务、港口等部门进一步研究、优化相关工程设计方案。

六、E14单元的开发要充分合理利用地下空间，加强地下公共空间与地块地下空间的连通，做到整体开发，综合利用。

二〇〇八年七月二十三日

主题词：规划 审批 批复

上海市人民政府办公厅 2008年7月23日印发

（共印15份）

— 2 —

批复文件

2. 规划主要完善内容

1）发展优劣势分析

（1）优势

① 区位优势：陆家嘴中心区濒临黄浦江，与上海城市标志区域外滩隔江相望，区位条件得天独厚。

② 经济优势：作为长三角核心城市的上海中心城，国际交往频繁，具备了优越的商务贸易条件。

③ 政策优势：2005年，国务院正式批准上海浦东新区进行综合配套改革试点，使其成为全国首个由享受政策优势的地区转向享有体制优势的地区，开始进入由基础开发和功能开发并举转到全面提升城市综合功能的新阶段。陆家嘴中心区作为浦东开发的核心地区，具有明显的发展政策优势。

④ 资源优势：陆家嘴中心区目前已有不少国内外知名金融大机构入驻，集群效应已初步显现，这为本区域进一步的功能强化、能级提升提供了很好的保障。

（2）挑战

① 陆家嘴中心区的规模、知名度与其实际能级之间尚存在一定的错位，相应的CBD 功能深化开发与整合将成为地区发展的关键。

② 除了办公商务功能，陆家嘴中心区内具有巨大的商业服务需求。目前该区域商业服务功能较为欠缺，相应的公共服务设施配套需要提升。

③ 由于陆家嘴中心区内部功能的优化以及周边区域（如上海船厂地区）的进一步开发，因此有必要进一步完善区内交通、市政、管理等基础保障服务体系，保证高效、安全和稳定运作。

④ 人行交通组织以及地下空间开发需要进一步的优化与整合。

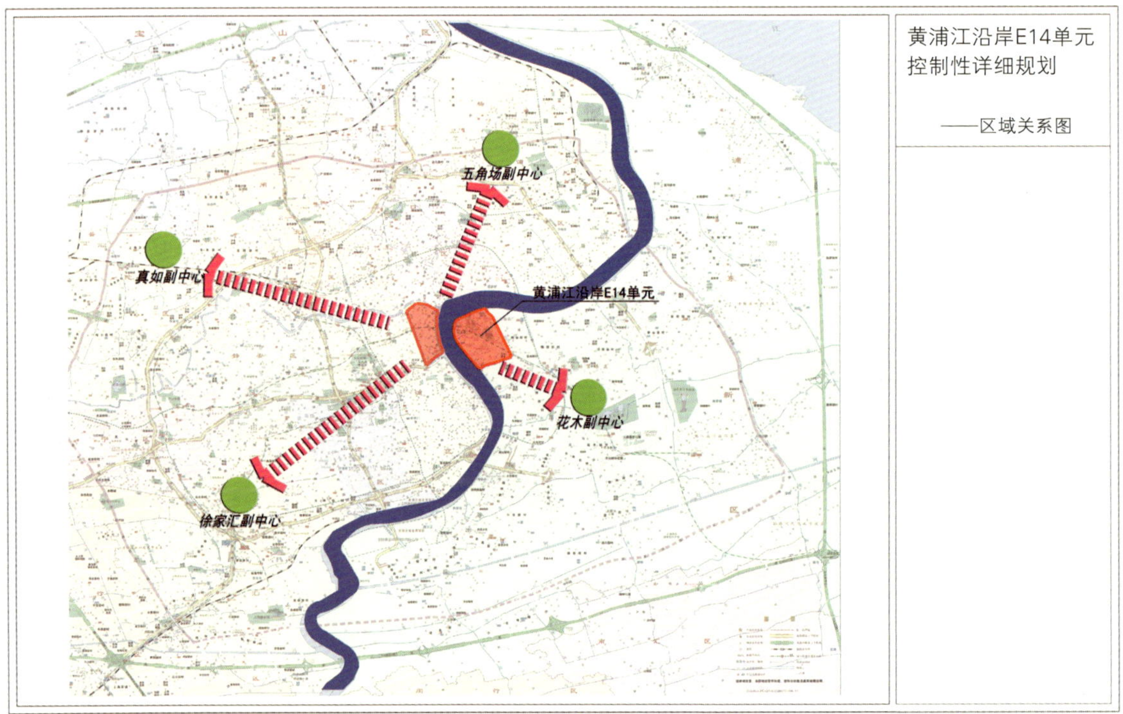

区域关系图

2）规划目标

实现集聚、高效、便捷、和谐的国际性中央商务区的发展目标。

（1）提升核心功能价值，增强CBD 内在吸引力及外在辐射力

围绕建设上海国际金融中心的国家战略和上海金融业发展“聚焦浦东”的重大部署，紧扣浦东金融核心功能区（即金融机构、金融资金、金融人才集聚的核心地区，金融创新、金融标准制定、金融生态环境的先行地区）“三个集聚、三个先行”的发展总体目标，进行陆家嘴中心区局部功能的优化，使得金融机构高度集聚，达到国际新兴区域性金融中心水平，成为标志性的中国金融中心地区。

（2）建多元、和谐的多功能区域

通过用地的有序整合以及综合开发，提高商业配套服务在整个陆家嘴中心区功能设置中的比例，发展与中央商务区配套的商业公共服务设施。完善区内办公、商务、金融、休闲、娱乐、会展等综合功能，提高地区活力与吸引力。

（3）营造全方位、多层次的交往场所

结合区内核心绿地景观带、黄浦江滨江绿带、公建设置绿化步行道、临水广场、休息廊等多种交往空间，建设丰富多彩的休闲、文化、娱乐、活动网络，营造“生活、工作、娱乐”平衡发展的环境。

（4）构筑连续的生态景观网络

充分利用滨水景观资源，建设以滨江绿地为核心、向内陆渗透的绿色空间体系，结合绿地将生态环境导入各功能区之间和内部，实现生态景观空间的共享。

（5）完善便捷舒适的交通体系

遵循公交优先，完善车行和步行路线设计，合理组织核心区内车行交通，创造人性化的步行化空

间，完善静态交通体系布局，合理利用地下空间，提高滨水区域的交通可达性。

（6）构建土地资源集约化利用方式

结合E14 单元中各开发地块、集中绿地和轨道交通站点等设置地下空间，合理利用地下空间资源，优化地上、地下空间的联系方式和建设时序，提高土地资源的综合效益。

3）功能结构和布局

E14 单元为上海中央商务区组成部分，主导功能为金融、商务、服务、文化、旅游等，并安排适量高档居住。

E14 单元为陆家嘴中心区所在区域，建设一个现代化的中央商务区（CBD）是上海迈向国际经济中心城市的迫切需要。根据上海市总体规划，陆家嘴中心区与外滩共同组成 3km^{2}的上海中央商务区（CBD）。以发展金融、保险及专业中介等相关服务业为主；依托陆家嘴金融贸易区，大力促进金融机构跨国公司地区总部和国内大企业总部、专业服务业等各类功能性机构集聚，基本形成具有国际水准、交易便捷、配套完善的中央商务区和现代化金融社区，逐步成为上海现代化国际大都市的标志性地区。

此外，E14 单元在功能上发展与中央商务区金融商务办公功能相配套的公共服务功能，如商业、酒店、会展、信息等功能。发展以东方明珠电视塔、水族馆为代表的文化旅游功能，全面提升陆家嘴的综合功能，使其不仅成为上海乃至海内外著名的中央商务区，同时也是上海城市文化形象的标志区域。利用E14 单元良好的区位及景观条件，发展适当数量的高档居住功能。

陆家嘴中心区形象照片

4）人口规模

E14 单元人口主要分为两大部分：居住人口和就业人口。其中规划居住人口约0.7万人，规划就业岗位约为25万～30万个。

5）土地使用

E14 单元的用地主要由行政办公用地、商业金融业用地、商务办公用地、文化娱乐用地、居住用地、市政公用设施用地、绿地、道路广场用地组成。其中行政办公用地主要是丰和路以南的海关大厦地块；商业金融业用地主要集中于世纪大道南侧；商务办公用地主要位于世纪大道的北侧；银城北路以西区域以东方明珠电视塔为核心设置相应的文化娱乐设施用地；住宅用地主要集中在银城西路以西以及银城南路以南地块。

土地使用规划图

规划用地平衡表　　表3-3

用地分类		用地	
		面积（hm^2）	百分比（%）
公共设施用地		69.43	41.2
其中	行政办公用地	1.15	0.7
	商业金融业用地	9.84	5.8
	商务办公用地	49.73	29.5
	文化娱乐用地	8.71	5.2
居住用地		9.96	5.9
市政公用设施用地		6.85	4.1
绿地		33.47	19.8
道路广场用地		48.94	29.0
总计		168.65	100

6）建筑容量

随着近年来上海城市总体开发建设等新情况、新趋势，一方面考虑到目前单元内商务办公楼宇租赁区域供不应求的现状，另一方面陆家嘴中心区周边区域（如上海船厂等）也有了新的定位和发展方向，规划按照实际的要求进行了合理的调整与平衡。

E14单元开发强度总体上遵循从内陆向滨水逐步递减的梯度，并强调区内中心的功能、景观特殊性需要。其建筑总体开发量为472.36万m^2。其中，居住总建筑面积为40.18万m^2，公共设施总建筑面积为432.18万m^2。

规划建筑量统计表　　表3-4

建筑分类		建筑	
		面积（万m^2）	百分比（%）
公共设施建筑		432.18	91.5
其中	行政办公建筑	2.89	0.6
	商业金融业建筑	62.00	13.1
	商务办公建筑	348.87	73.9
	文化娱乐建筑	18.42	3.9
居住建筑		40.18	8.5
总计		472.36	100

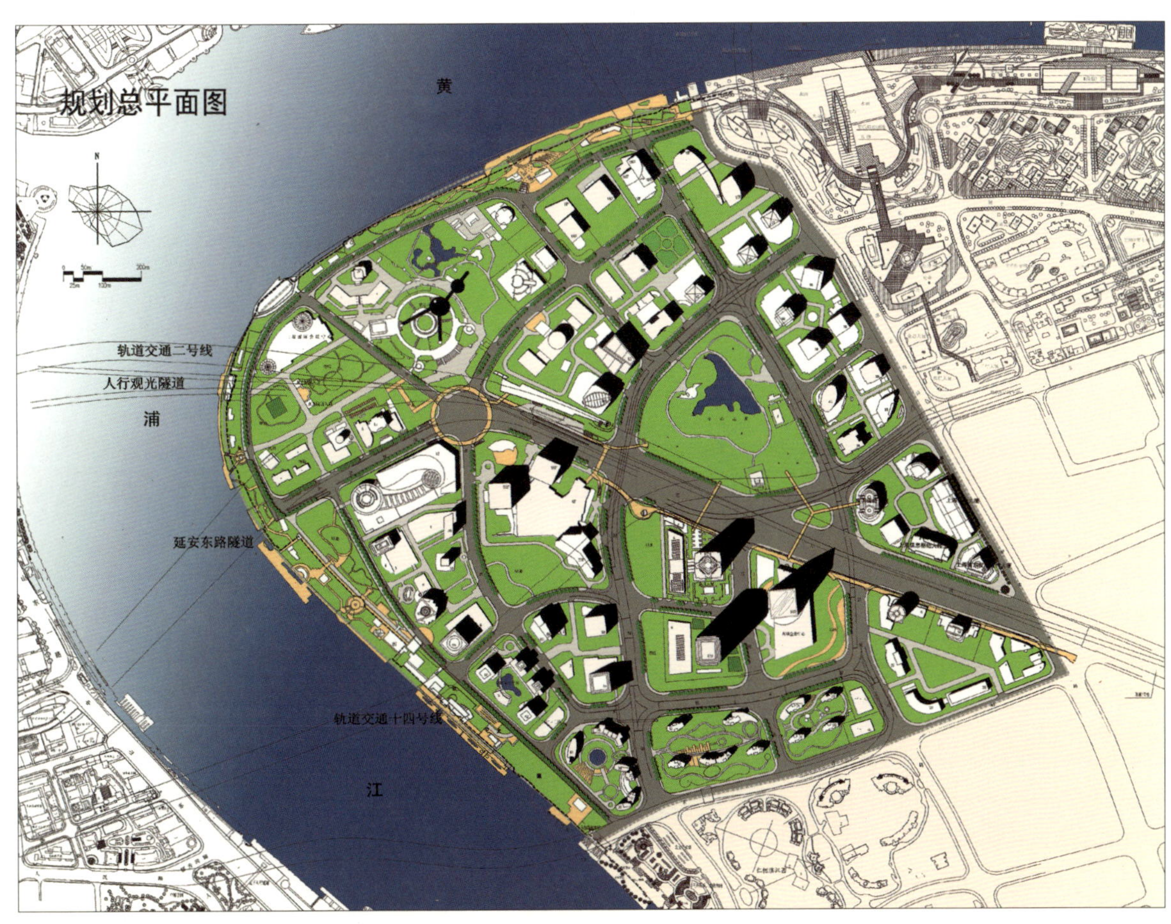

规划总平面图

7）道路交通

（1）道路系统调整与优化

在1993年编制完成的《上海陆家嘴中心区规划设计》中，路网规划在沿江地带组织一对单向交通，环绕核心区形成地上与地下、双层单向交通环路。但在建设实施过程中，各建筑地块的地下标高没有做到协调统一，经过反复沟通，确认现状的建设状况对建设双层单向交通环路已没有实际可操作性。

为改善外滩、陆家嘴中心区和北外滩等CBD 地区的交通条件，上海市有关部门提出了“井”字形道路交通建设方案，与陆家嘴中心区有关的东西通道已开工建设，南北通道也在规划论证中。规划采纳的路网方案综合考虑了“井”字形通道的建设情况。

单元规划道路面积：48.94hm^2，规划道路面积率：29.0%；规划道路长度：14.11km；规划道路网密度：8.4km/km^2。

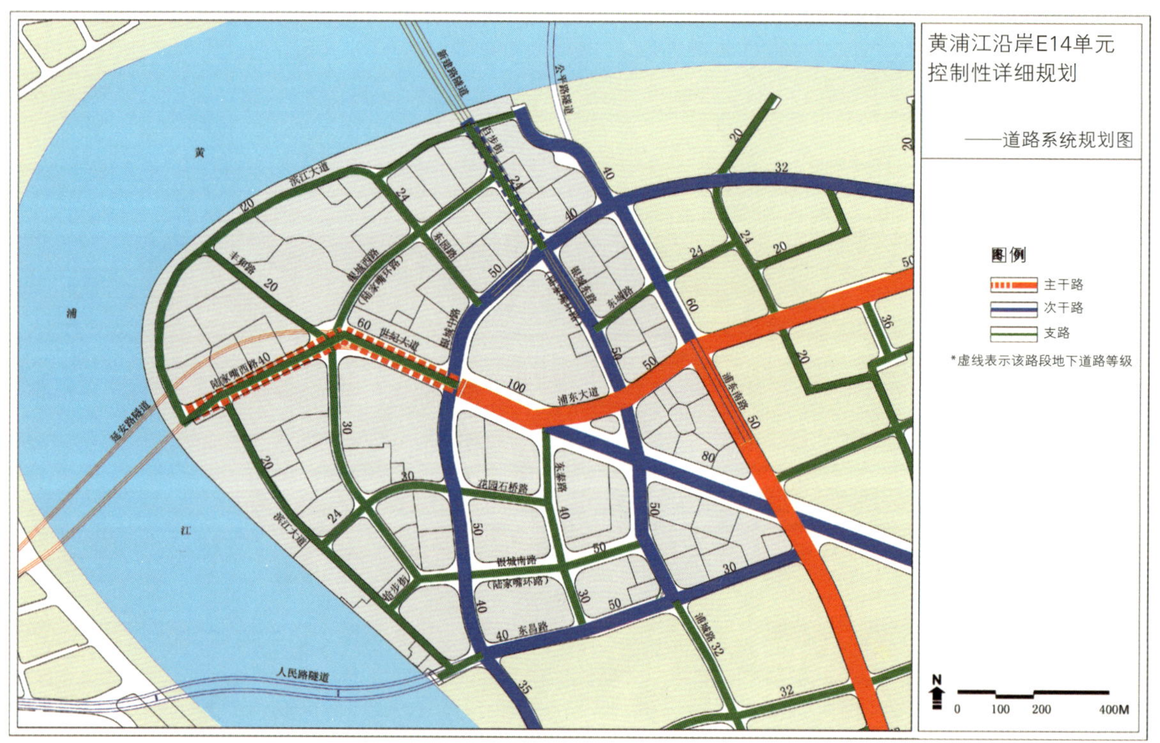

道路系统规划图

（2）地下道路系统

越江隧道：规划范围内涉及越江隧道4处，分别为公平路隧道、新建路隧道、延安路隧道、人民路隧道。延安路隧道：起讫点为福建南路、延安东路（出入口位于延安东路上）—银城中路、世纪大道（出入口位于世纪大道），规模为双向4车道。公平路隧道：起讫点公平路—浦东南路，规模为双向6车道。新建路隧道：起讫点新建路—陆家嘴环路，规模为双向4车道。人民路隧道：起讫点人民路—东昌路，规模双向4车道。

地下通道：规划新增1处地下通道。其中：东西通道西起延安路隧道，沿浦东大道走向，东至浦东金桥路，规模为双向4车道。南北通道目前尚在规划论证中。

下立交：保留现有两处下立交，分别位于银城中路和银城东路（陆家嘴环路）上。

（3）轨道交通

根据《上海市轨道交通系统规划》该规划区域内有轨道交通 2 号线、轨道交通 14 号线经过。轨道交通2号线（市域线）：规划起讫点为青浦区徐泾—虹桥综合交通枢纽—浦东国际机场—浦东铁路客站。在规划区域内沿世纪大道行驶。轨道交通14号线（市区线）：规划起讫点为嘉定区江桥—金桥出口加工区，在规划区域沿花园石桥路穿越新鸿基地块至浦东大道行驶。规划建议：增加一条南北向轨道交通线路，增设站点，进一步增强陆家嘴中心区的轨道交通服务能力，具体方案正在研究论证中。

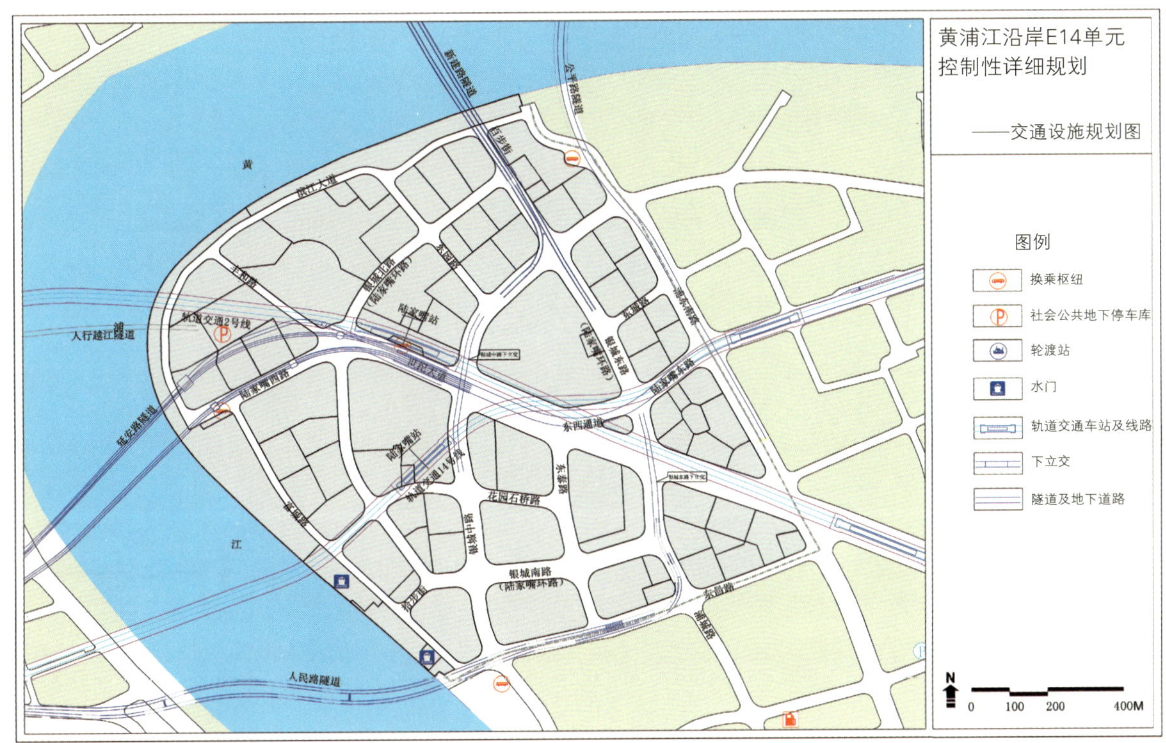

交通设施规划图

（4）交通组织

① 车行交通组织。世纪大道禁止货运机动车通行；本区域为非机动车禁行区域。

② 人行交通组织。单元现状缺乏较为便捷完善的人行交通系统，规划根据相应的人行的活动流线需求设置相应的步道系统，通过二层步行道、地面步行道以及地下步行道的组合来完善人行交通系统的组织。

整个人行交通系统主要分为以下几个层面：

——主要步行道：是整个单元中最为主要的人行步行通道。规划沿世纪大道、银城中路、滨江带设置三条主要步行道；并在滨江带与银城中路间另设置 4 条放射形的主要步道，以方便人们由区内向滨江的步行要求。

——次要步行系统：在主要步行道的总体框架下，结合地块的划分以及局部步行流线要求设置相应的次要步行系统。

——地下步行道：主要是结合规划中的轨道交通 14 号线陆家嘴车站设置相应的地下步行道，以方便到达周边地块的地下公共空间。

——天桥：由于E14 单元作为中央商务区交通流量较大，因此人行交通组织尽量采用与车行交通立交的方式，以提高车行交通的高效以及人行交通的安全。规划主要在世纪大道、银城中路、银城南路、花园石桥路、银城东路、银城北路设置若干人行天桥。

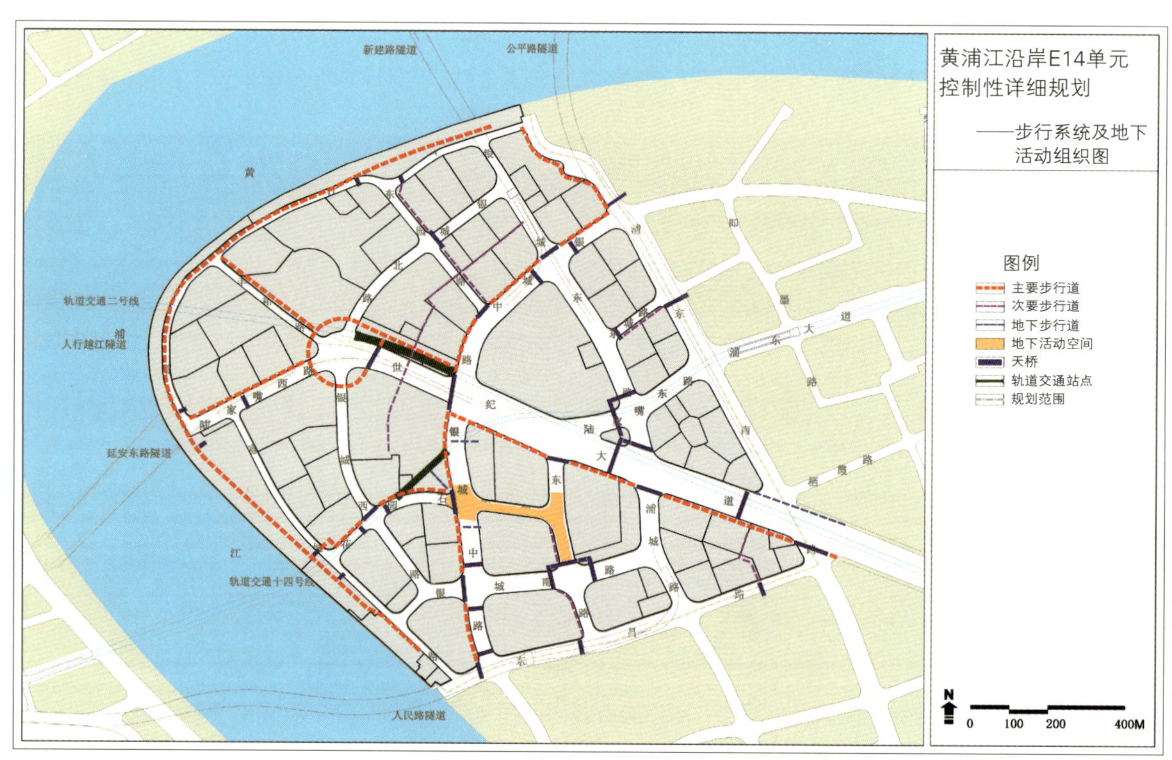

步行系统及地下活动组织图

8）绿化环境

单元绿化系统由中心大公园、滨江绿地、从江边引向腹地的绿带、街坊绿地和道路绿地组成，形成“一带、一轴、一环、一核、五节点”的绿化空间布局结构。

“一带”：即沿黄浦江沿岸绿化带，控制宽度20～150m左右。

“一轴”：即沿世纪大道绿化带，控制宽度10～50m左右。

“一环”：即银城中路、银城南路、浦城路沿路绿带，控制宽度20～50m左右。

“一核”：即陆家嘴中心绿地，为陆家嘴中心区重要的绿地景观、公共活动的区域。

“五节点”：在核心绿地的基础上，在规划区域内设置若干绿地节点，以满足不同使用者的要求，提高公共绿地的服务水平。

9）空间景观

（1）空间构架

依托黄浦江滨江带以及世纪大道两大空间轴线，设置公共活动空间及景观视廊，同时考虑街坊内部绿化景观视廊，保证视廊的通透与一定宽度，强调轴线上的景观节点序列，以绿化带建设与建筑为重点，空间尺度有收有放，突出景观序列的风貌主题。

绿化系统分析图

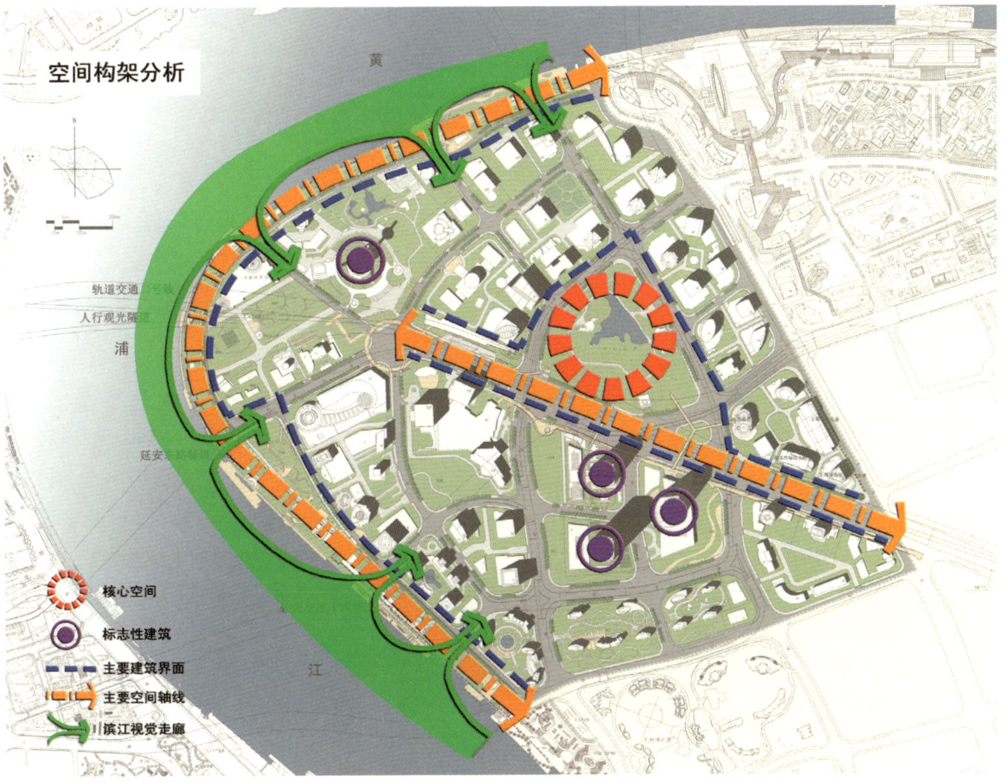

空间构架分析图

（2）建筑组群

总体上沿袭了1993年《上海陆家嘴中心区规划》的设想，对于建筑组群作以下的处理：

商务办公建筑采用裙房加塔楼的组合。塔楼的体量和形态主导地块景观，塔楼群体的方位和排列决定了核心区大尺度和高视点层面上的空间形态。裙房的形态则限定了沿路界面的开放和闭合。

滨水区域的文化娱乐建筑大部分为旷地型的大型公建（如东方明珠电视塔、国际会议中心），建筑物以其富有个性的形态，成为视觉焦点，主要建筑物之间的对位关系决定了开敞空间中的轴线及活动序列组织。

住宅区主要以超高层、高层建筑组合，多个建筑组团分布在以自然景观为基调的旷地中，通过水体、绿化种植和步行路径作分隔和串联。

三维示意图

（3）建筑高度

立足滨江建筑轮廓线和世纪大道沿线建筑轮廓线塑造单元整体建筑高度层次。充分考虑滨江视线观赏要求以及地块内部亲水观江的需求，滨江建筑高度控制总体原则是：自水岸到内部用地形成由低到高的三个高度层次。

① 第一层次：陆家嘴环路（银城北路—银城西路—银城南路—银城东路）外圈地块建筑。建筑高度基本控制在200m以下，直接临水建筑控制在100m以下，形成滨江的第一层界面。

② 第二层次：银城中路—银城南路—浦城路—世纪大道围合区域以外地块建筑。建筑高度基本控制在200～300m左右，形成滨江的第二层建筑界面。

③ 第三层次：即陆家嘴中心区核心部分的三幢超高层建筑地块。建筑高度基本控制在300～600m左右，成为该单元的地标建筑群。

建筑高度规划图

（4）地标建筑

单元的核心位于银城中路—银城南路—浦城路—银城东路围合区域，主要由一个集中绿地以及由三幢超高层建筑形成，两者空间上一虚一实、一高一矮，形成强烈反差与空间对比，构成核心区域与标志建筑。集中绿地（陆家嘴中央绿地）延承“大公园空间”概念，通过水面、草地、地形、小品、广场的营造，提供人们公共活动的中心区域；由金茂大厦、上海国际金融中心以及规划的上海中心三幢超高层建筑形成本单元的标志建筑群，以构筑宏观城市尺度上的地区标志。

10）地下空间开发

为了最大限度地发挥土地潜能，充分利用地下空间，对新开发地块的地下公共空间进行统一规划。

地下公共空间开发重点采用依托地下交通枢纽建设（轨道交通 2 号线、14 号线）以及与地块本身地下空间开发相结合的方式，形成具有一定规模的、功能多样、层次丰富的地下综合公共活动空间。规划建议地下一层以布置公共活动空间（商业、娱乐、休闲）为主，二、三层设地下停车库。银行金融机构根据自身的要求设置相应的地下金库等特殊用途。

规划建议对于金茂大厦、上海环球金融中心、上海中心三地块地下空间进行整体开发、综合利用。在三地块围合区域（花园石桥路、东泰路交叉口区域）进行整体的地下空间开发，并与三地块各自的地下空间相连，设置相应的商业、餐饮、娱乐等设施。西侧与规划中的轨道交通 14 号线地下站点相连，形成整体的地下空间。在北侧规划黄浦江滨江绿地区域设置地下空间，功能为商业及停车。单元地下空间总量约135 万m^2（不含隧道、轨道交通及下立交空间），其中商业娱乐功能约 11 万m^2，停车及其他约 124 万m^2。

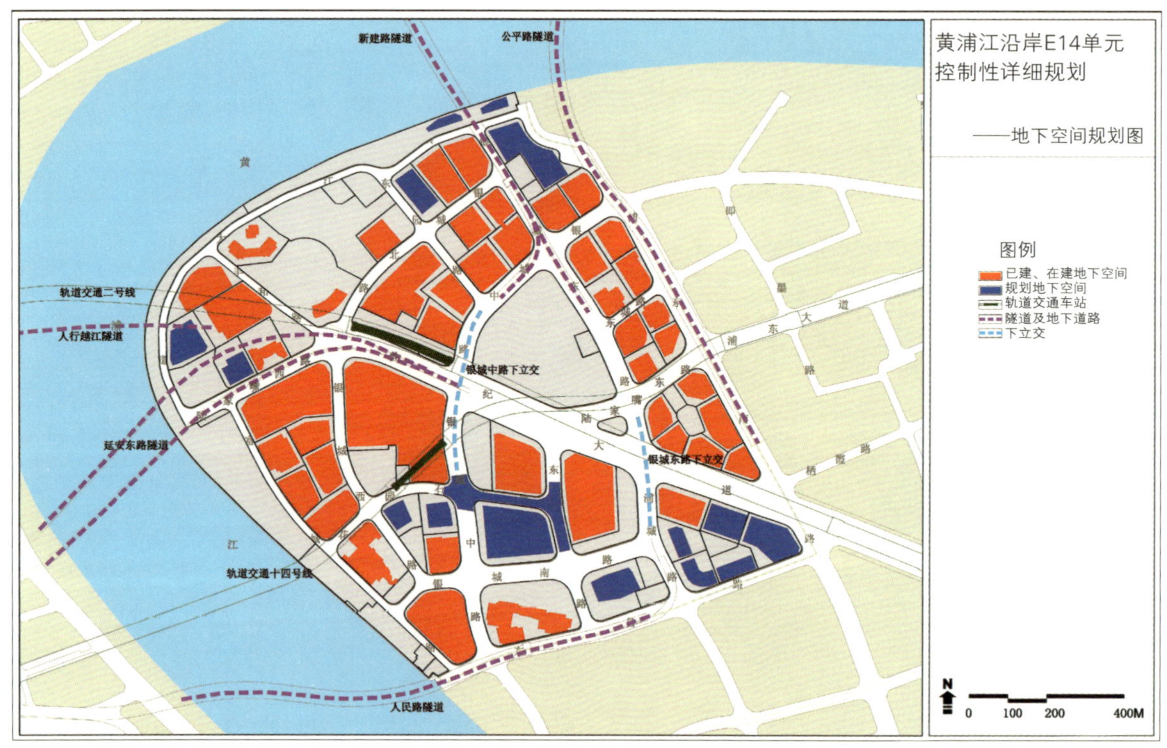

地下空间规划图

11）共同沟

陆家嘴中心区市政需求量较大，因此上一轮规划在银城路及世纪大道下规划设置共同沟，以解决区域对市政基础设施的需求。但随着区内道路工程的基本建成，特别是延安路隧道、地铁2号线的建成，以及“井”字形通道等地下设施建设的开展，区内再实施共同沟基本不具备条件，因此规划不设共同沟。

第四节　陆家嘴中心区拓展区规划编制历程与演变

一、拓展落实：上海船厂地区规划系列

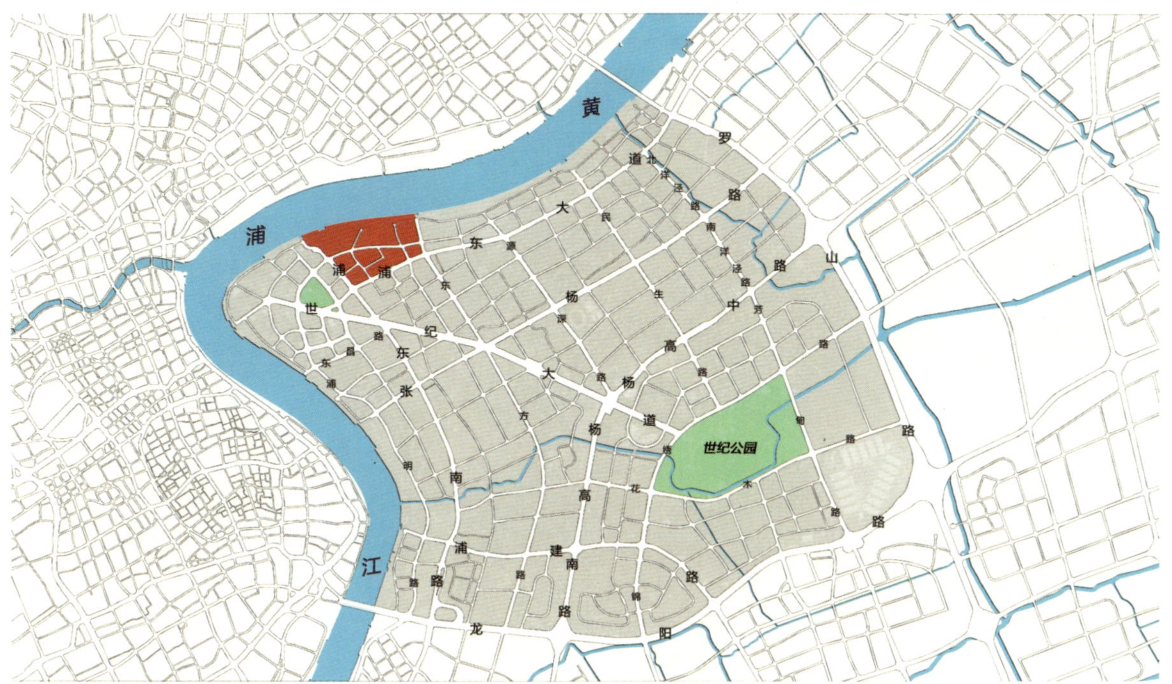

上海船厂地区区位示意图

1. 规划背景与演变

在陆家嘴中心区东侧，黄浦江南岸是上海船厂的旧址。在遥远的记忆中，伴随着上海船厂造船、修船的噪音，万吨油轮由高大的船台下水，向世界昭示中国船舶工业的迅猛发展。但伴随着船舶工业的发展，黄浦江的宽度与深度已经制约了它的造船工业步伐。2002年起，占地43.77万m^2的上海船厂所在地整体搬迁；至2005年，上海船厂全部拆迁，转至崇明岛发展。

早在1995年批准的《陆家嘴开发区（19km^2）控制性详细规划》中，上海船厂地区在功能上就被确定为是陆家嘴中心区的延伸和补充。鉴于该地区的优越区位和高定位，该地区的规划也是几易其稿，精益求精。1998年，由上海市城市规划设计研究院着手编制《上海陆家嘴上海船厂开发规划》，揭开了上海船厂地区规划设计的大幕。当时该地区的发展目标是创造陆家嘴中心区一处首选的高级住宅区，并与商业活动相辅相成，使商业、金融、贸易中心功能更加完整；2002年，中国船舶工业集团公司上海船厂向美国Gensler设计公司、澳大利亚Cox设计公司等5家国际设计事务所就上海船厂地区征集规划方案，并以此为基础，由上海市城市规划设计研究院于2002年编制了《上海船厂地区详细规划》，2004年编制了《上海船厂地区详细规划（调整）》。

2002年美国Gensler设计公司方案图

澳大利亚Cox设计公司方案图

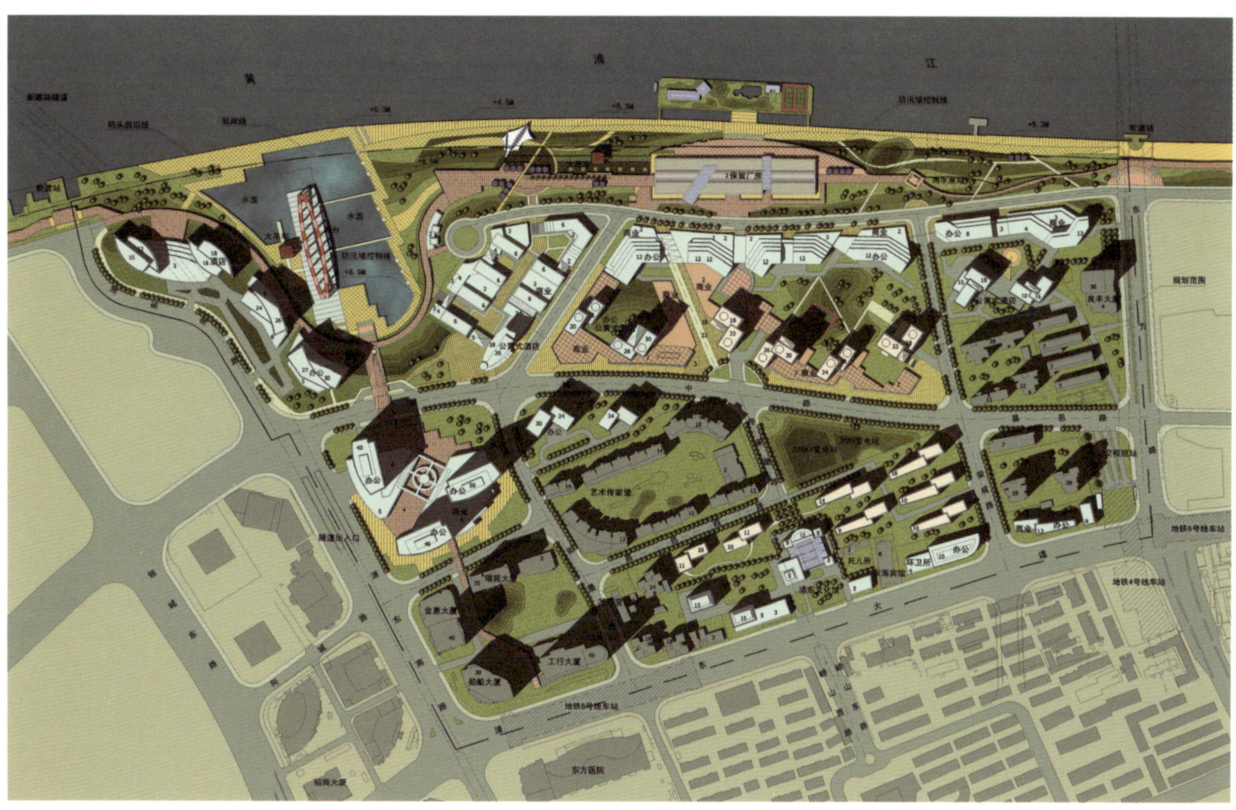

2004年规划总平面图

2004年规划效果图

2005年，中国船舶工业集团和中信泰富进行战略合作，确定将上海船厂地区作为陆家嘴中心区二期工程，进行集商业、办公、娱乐、休闲为一体的区域立体开发，2009年市政府正式命名该项目为“陆家嘴滨江金融城”。

2006年，结合项目定位的提升和央行总部重点项目的推进，以及公平路越江工程控制线规划方案的确定等因素，由美国Gensler公司进行了该地区的城市设计优化编制工作，并以此为基础，由市规划院再次进行了《上海船厂地区详细规划（优化）》的编制，该规划于2007年7月获得上海市政府正式批复。

2. 最终优化规划——上海船厂地区详细规划（优化）

1）规划范围

上海船厂地区紧临浦东陆家嘴中心区，规划范围东起东方路，南至浦东大道，西至浦东南路，北临黄浦江，规划用地面积69.15hm^2。其范围包括荣成路以西的陆家嘴金融中心区二期用地（约25hm^2）和荣成路以东上粮八库保利项目（约2.5hm^2）。

2）规划目标

（1）功能目标

① 适当扩展和延伸陆家嘴中心区金融贸易办公的功能，使本地区功能与陆家嘴中心区形成整体，突出国际金融中心的高端定位，为陆家嘴中心区提供新的拓展空间。

② 陆家嘴中心区整体上缺乏把文化、展览、娱乐、商业融为一体的大型公共设施，规划以原上海船厂的开发为载体，结合滨水岸线、老厂房和老船台进行改造，赋予新建筑以历史内涵，同时做好地上、地下开发的联动，突出“以人为本”的公共空间，增加对公众的吸引力。

③ 突出文化休憩功能，利用老厂房和船台规划大型休闲活动中心，周围布置酒店和公寓式酒店等服务设施。

④ 凭借依水和邻近CBD的优势，规划一个高档次景观型居住社区，配备完善的社区设施，弥补陆家嘴中心区的不足。

⑤ 凭借本地区良好的对外交通条件，充分利用隧道、地铁、轮渡及地面、地下道路，组织流畅高效、大容量的机动车和行人交通组织。同时结合现代金融办公、商贸服务、旅游休闲的需要，配置交通集散枢纽及足够的停车空间，以及便于步行活动和观光的大平台交通。

⑥ 根据区域整体规划、整体开发和组团式推进的思路，充分利用沿黄浦江的自然资源条件，研究进一步提升节能、环保技术和集约化供应服务设施的新模式和新技术。

（2）形象目标

黄浦江两岸地区正规划成为21世纪上海都市核心景观轴线，该地区将塑造出鲜明的城市轮廓形象，成为这一景观带中的一处亮点。

（3）环境目标

① 景观环境——充分利用黄浦江的水景优势，营造地区的景观建筑特色，做好绿地文章，形成公共空间水与绿的交融，从而创造出一流的生活休闲环境。

② 人文环境——滨水地区是公众文化聚会理想场所，应提供便利的交通和丰富完善的商业娱乐内容，并注入文化内涵，构建展示上海船厂历史文化内涵的整体环境，以吸引公众活动，集聚人气。

③ 技术环境——满足国际金融中心功能目标定位所需配套设置的技术环境要素，主要包括集中供能、环保节能、高标准通信设备、现代信息技术处理中心、安保及防灾等。

公平路隧道边界
驳岸线
轮渡站
保留船台
空中连廊
保留厂房
地下雨水泵站
轮渡站
良丰大厦
艺术传家堡
地下220KV变电站及
地下35KV变电站
公交枢纽站
营业 办公
托儿所
环卫所
东海宾馆
浦东文化馆
35KV变电站
瑞苑大厦
工行大厦
船舶大厦
地铁4号线车站
M6
M4
0 20 40 100 200M

总平面图

效果图

3）功能布局

设计提出“工作、生活、休闲”的主题概念，并在此基础上形成多元化的结构功能区。即墨路以西主要以商务办公和商业金融功能为主，即墨路以东至东方路主要以居住功能为主，沿浦东大道保留原有商业办公设施。原上海船厂地块东侧开发高档居住社区。原上粮八库地块（保利项目）规划为金融商务办公用地。荣成路以东和现昌邑路以南，除少量地块改建为住宅和社区设施外，大都保留其功能和建筑，昌邑西路银城中路东南角规划一座地下220kV变电站及35kV变电站结合体建筑。

为体现人在空间体验上的连续性和城市形态的整体性，在上海船厂滨江区域结合防汛通道设置标高7m的大平台，作为人流步行活动的主要公共空间，结合老厂房的改造建设，大平台上还设有小型商业设施，形成休闲、文化与娱乐复合的丰富而完整的滨江公共空间，将该地区历史文化的内涵与滨江景观很好地融为一体。围绕船台形成的半圆形围合场所，提供公众独特的空间艺术体验，将成为浦东沿江的重要公共活动和展示场所，它与黄浦江对岸北外滩地区遥相呼应，共同形成沿江又一新的城市亮点。

规划充分体现邻里空间的设计思想，新建建筑布局以城市街坊综合体的形式为主，考虑到开发建设的时序性，每个小地块都有相对明确的边界以及小尺度的地块中心。沿银城中路强调商业界面的连续性，沿黄浦江规划强调户外活动组织与复合功能的特征。

4）开发规模

规划总建设用地面积69.15hm^2，其中建设地块用地面积55.27hm^2，道路面积13.88hm^2。规划总建筑面积为146.25万m^2，其中公共建筑面积为107.40万m^2，居住建筑面积为38.85万m^2，综合容积率为2.11，居住建筑地块开发平均容积率为2.64，公共建筑地块开发平均容积率为3.67，规划人口为9750人。

陆家嘴中心区二期地块（原上海船厂地块）规划开发地块面积25.03hm^2，规划地上总建筑面积

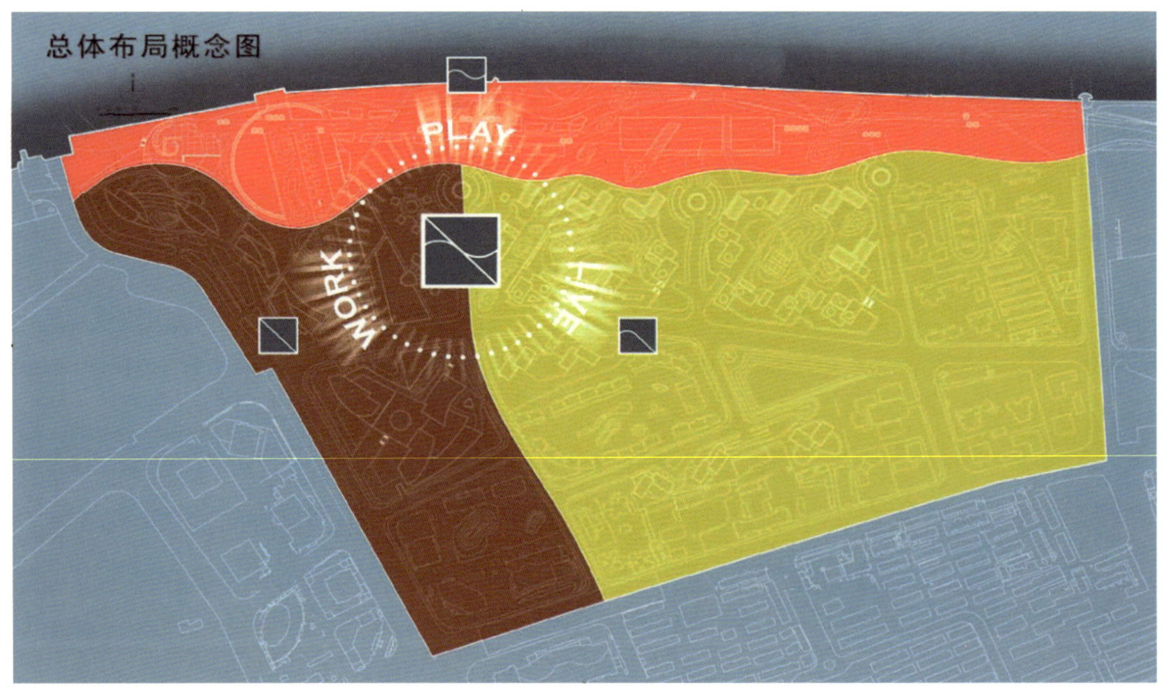

功能布局概念图

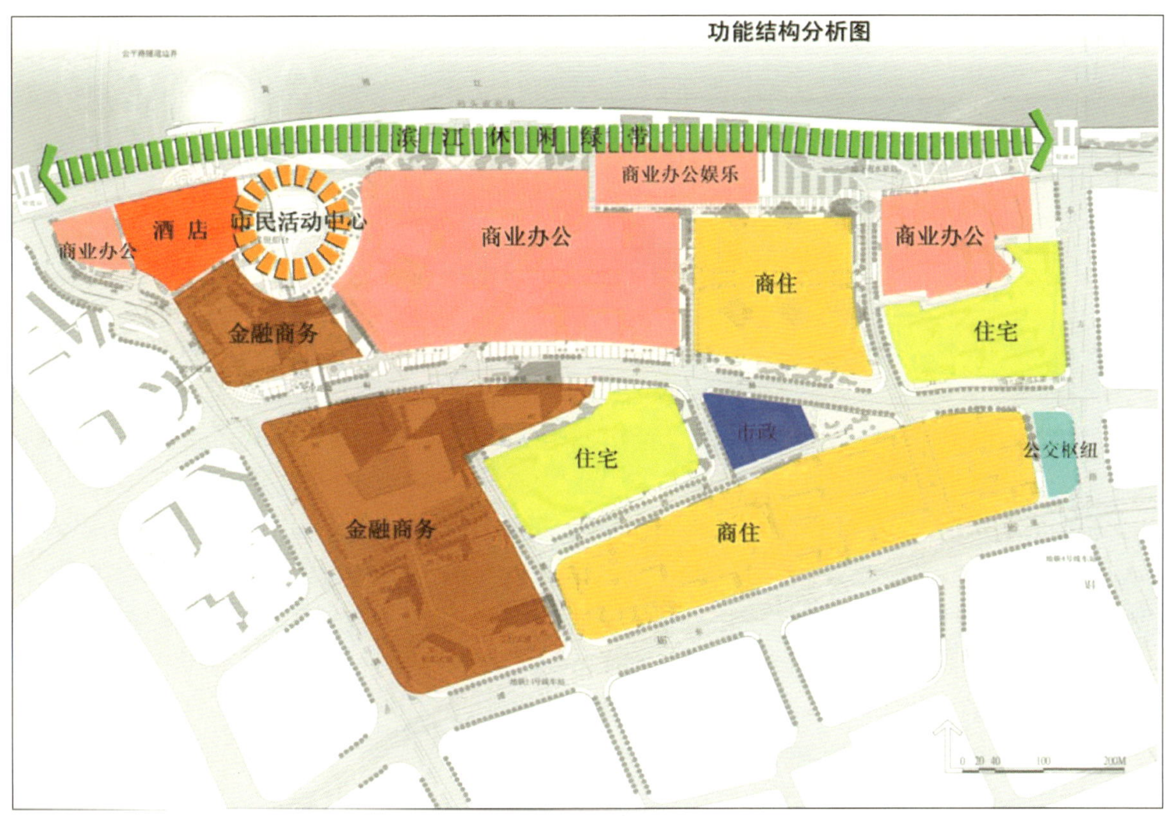

功能结构分析图

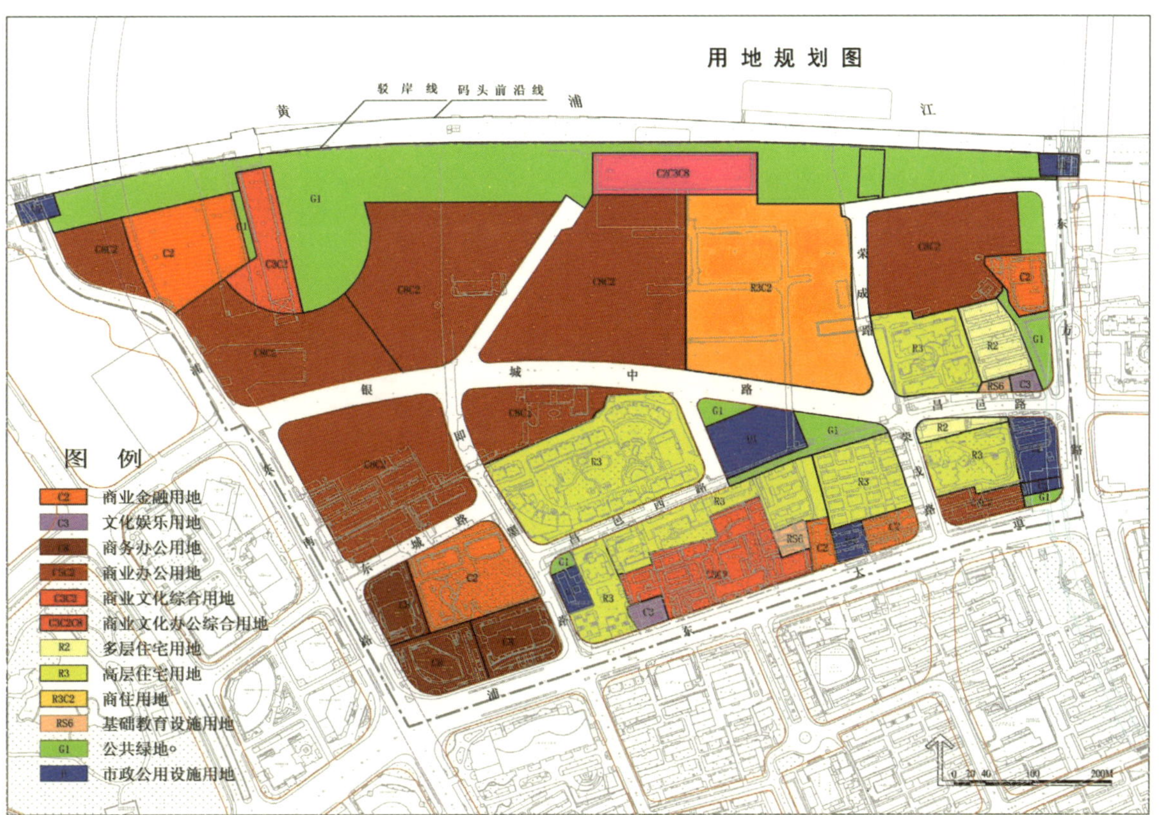

用地规划图

（+7.0m大平台以上）84.73万m^2，其中商业、商务办公、文化娱乐等公共建筑面积总计为73.25万m^2，居住建筑11.48万m^2。规划地下建筑面积（+7.0m大平台以下）52.0万m^2。公共建筑地块开发平均容积率为3.69，住宅建筑地块开发平均容积率为2.26，规划人口为2880人。

5）道路交通

（1）交通组织

陆家嘴中心区二期位于陆家嘴CBD 东侧滨江区，北面临江，南侧有银城中路城市次干路穿过。陆家嘴中心区二期结合黄浦江防汛墙，在+7.0m标高规划建设步行大平台作为地面层，在大平台以下总体开发 3 层（B1、B2、B3，局部 4 层），内部交通组织围绕这4层平面展开。服务本地块的出租车站、巴士停车场等交通设施都设置在地下空间内部，以提高交通的可达性和服务水平。

① 地面层，是地上建筑与地下空间的分界层，以步行交通为主，结合部分城市支路或步行道路设置紧急工程用车通道和VIP 车道。

②B1 层，开发以办公入口为主，交通以日常办公区到达以及出租车、接驳巴士站上下客区为主；另外，在地块北侧的休闲步道下设置东西向的疏散通道。为保证该层交通流线的畅通并提高可达性，不排除于本层设置局部隔层通道，以提高内部及与地面出入口联系的可实施性。

③B2 层，主要开发地下商业区机动车（包含出租车）上下客区、旅游BUS、货运交通和局部商业、办公的停车，以及地铁4号、14 号线站点人流引入连通口。

④B3 层，主要是办公区和商业区配套停车。

道路系统规划图

（2）交通设施

① 公共交通。规划区的客运交通以公共交通为主。地面常规公交线基本布置于次干路以上级别的城市道路上，并且在这些道路上实行公交优先原则。在浦东南路西、银城中路北，以及在浦东大道、东方路交叉口西北角分别设置1处换乘枢纽。

为满足乘客不同的出行需求，规划还设置轮渡、出租车、短驳巴士等辅助公共交通作为补充。

② 轨道交通。规划区周边有轨道交通4号线、轨道交通14号线通过。轨道交通14号线在规划区附近设浦东南路站和东方路站2个车站，其中东方路站和轨道交通4号线浦东大道站形成换乘。

地区的轨道交通车站位于浦东大道上，而在地区北侧银城中路两侧（陆家嘴中心区二期）规划有一定规模的地下商业综合体（地下街），两者之间有一定距离。为方便引导客流、提升地区商业品质，规划建议在地铁车站与地下商业之间道路下建设地下步行通道促进联系。

6）空间构架

陆家嘴中心区沿黄浦江200m的弧形带集聚了大量高层建筑，综合考虑与周围环境的协调统一和经济因素，地区的高层带主要沿浦东南路、银城中路布置，规划地标性高层建筑的高度控制在180～250m。

为更好地与周边建筑相协调，滨江轮廓线呈“两头高、中间低”的弧形分布。规划范围内建筑实体空间呈南高北低、西高东低的梯度形态，银城中路以北地形逐渐向岸边抬高处理，以创造更好的视景效果。

规划较宽的滨水开放空间，为船台改建为标志性景观建筑留出前庭观赏空间。

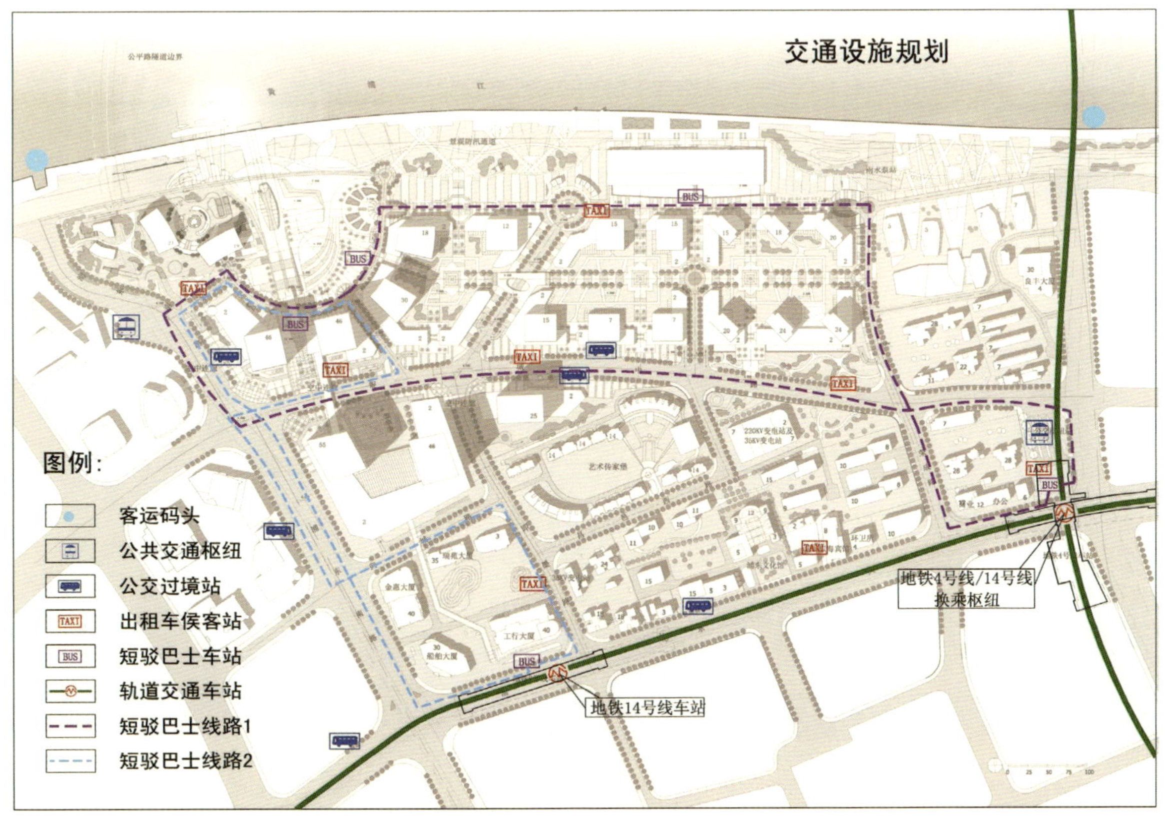

交通设施规划图

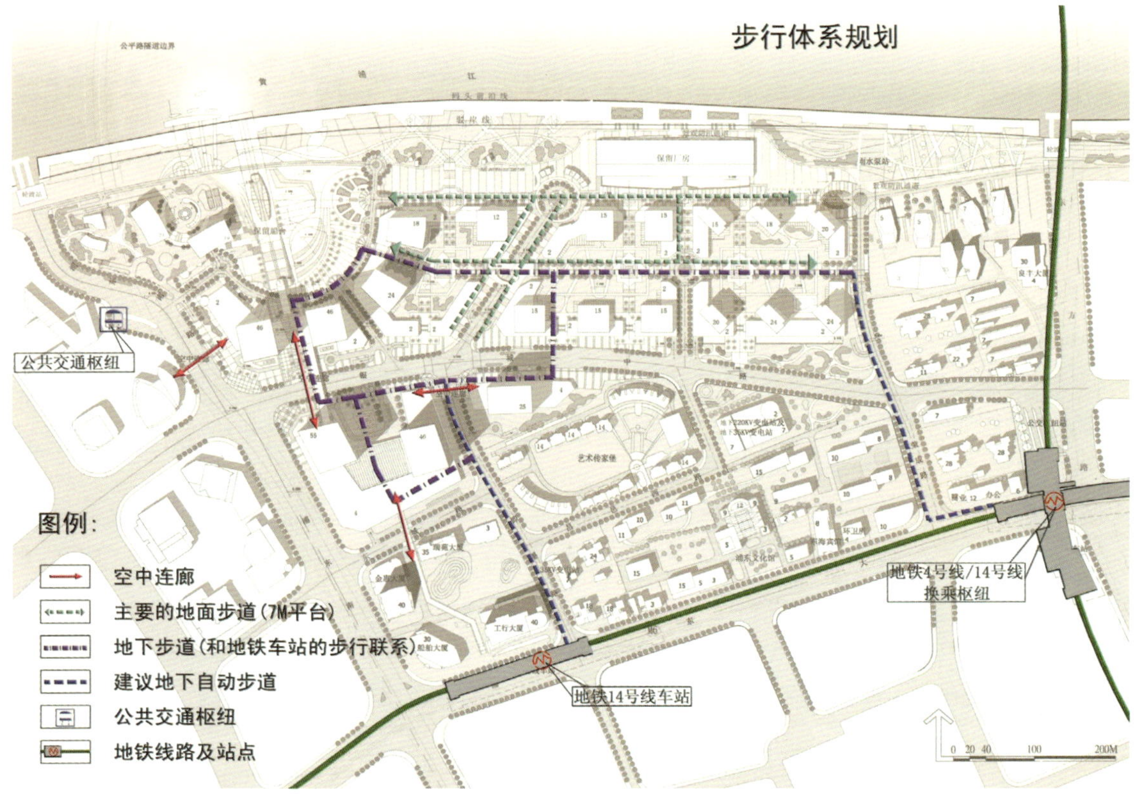

步行体系规划图

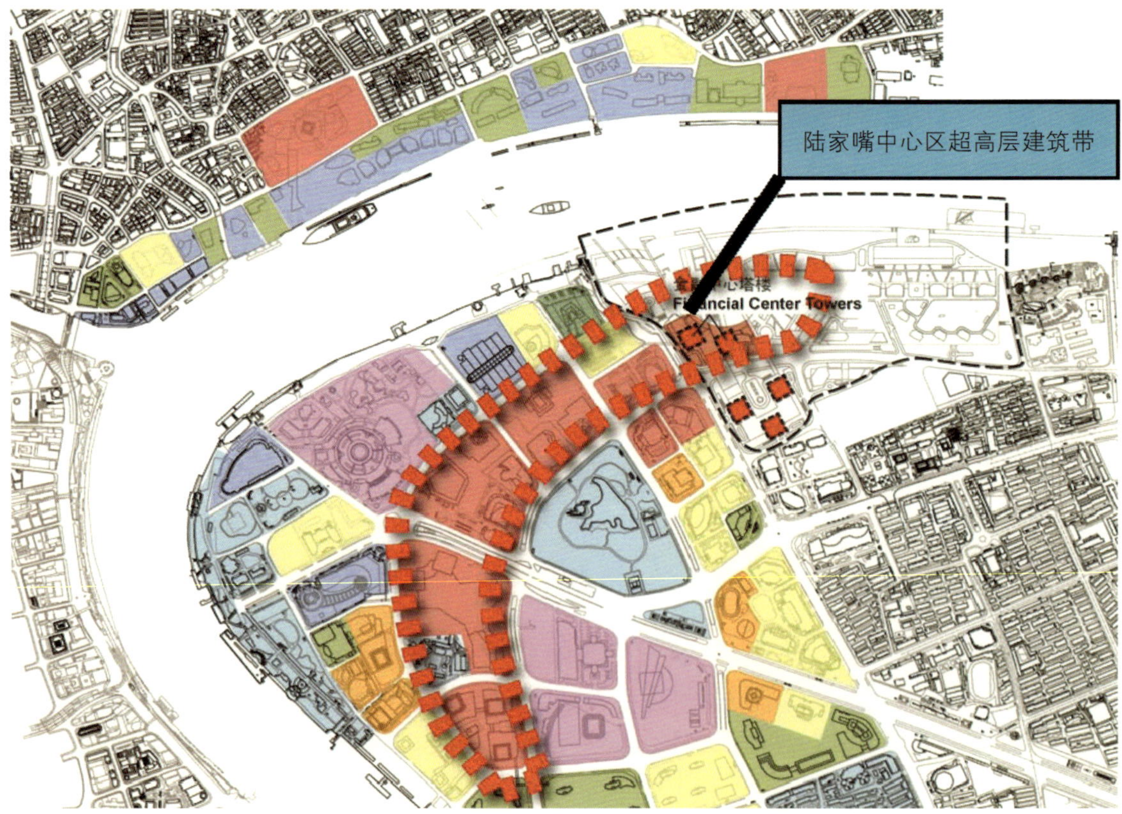

滨江空间构架图

A立面

B立面

C立面

D立面

天际轮廓线

7）绿化景观与开放空间

规划突出了滨江绿带和垂直岸线的公共绿地及视景通道。

银城中路既是该地区功能联系轴，又是景观林荫大道，沿街为住宅及办公高层带，形成韵律界面。住宅底层形成连续的商业服务界面，衬以整排连续、枝叶茂盛的行道树，创造出视觉连续、景观优美的公共活动路径。

规划结合船台和老厂房的保留与改造创造滨江两大公共活动空间。

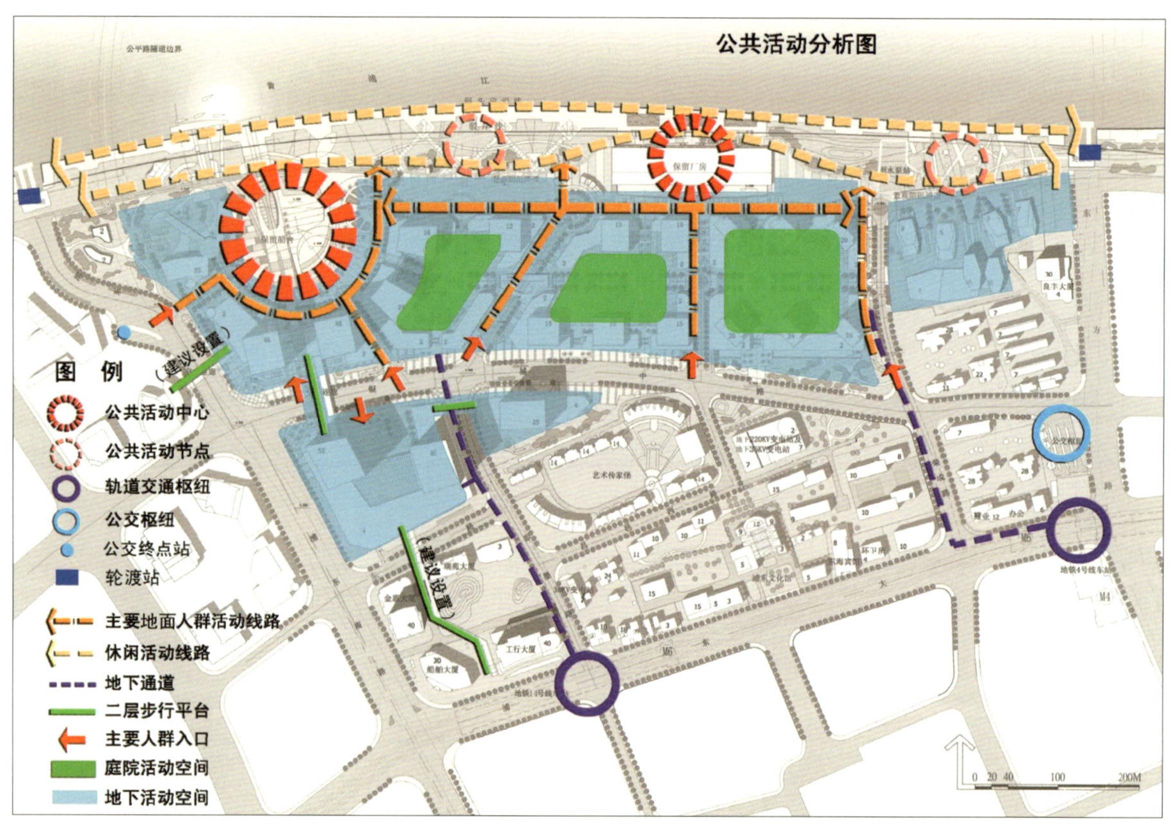

公共活动分析图

（1）船台地区——“城市舞台”

船台地区以船台为中心设计一个半围合式的城市公共活动空间，周围的台阶式景观设施设计有下沉式广场和绿化，以及船台和活动空间的结合，形成一个和谐而统一的整体。作为“城市舞台”的船台可引入大型时尚发布表演、文化展示等娱乐项目，旨在建立一个现代化、人性化的市民聚集场所。

（2）老厂房改造

保留老厂房的基本建筑构架以及原有立面外观风貌，包括一些外立面上设备构件的整修，对其进行改造和功能更新。可布置少量旅游、休闲、办公及商业文化设施，结合滨江绿带和大平台空间，将公共活动有机地组织在一起。

8）地下空间开发

地下空间的开发以船厂地块为主，地块设置+7.0m标高大平台，平台以下空间整体开发地下3层（局部4层），以公共设施为主，布置一定数量的停车设施和配套设施。规划地下空间面积为52万m^2。

滨江标高控制
驳岸线
码头前沿线
船台
+4.5
+5.0
+7.0
+6.0
+4.0
±0.0
4.0
坡向
坡道
坡地
7 米标高平台
防汛墙
亲水平台
防汛闸门
0 20 40 100 200M

银城中路
大平台
中庭
防汛通道
防汛墙
亲水平台
黄浦江

黄浦江
亲水平台
移动式防汛墙闸门
防汛通道
船台
大平台
天桥
银城中路
中庭
东城中路

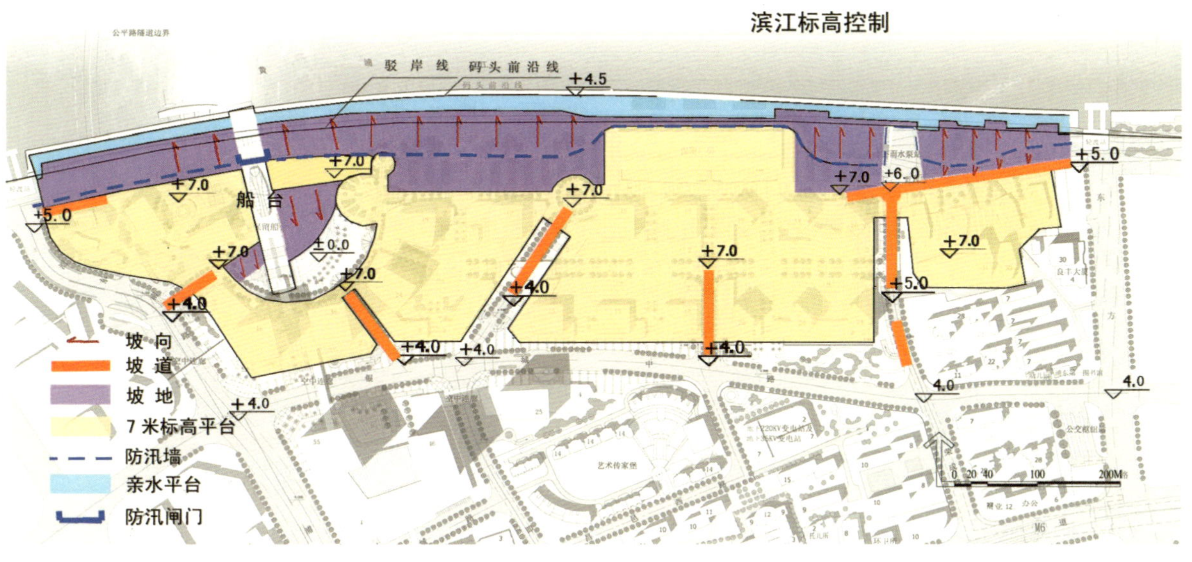

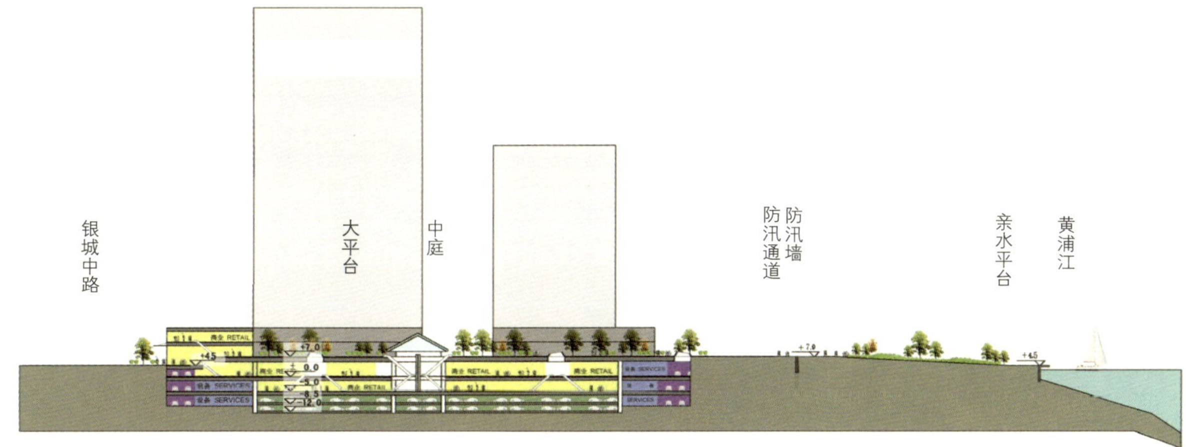

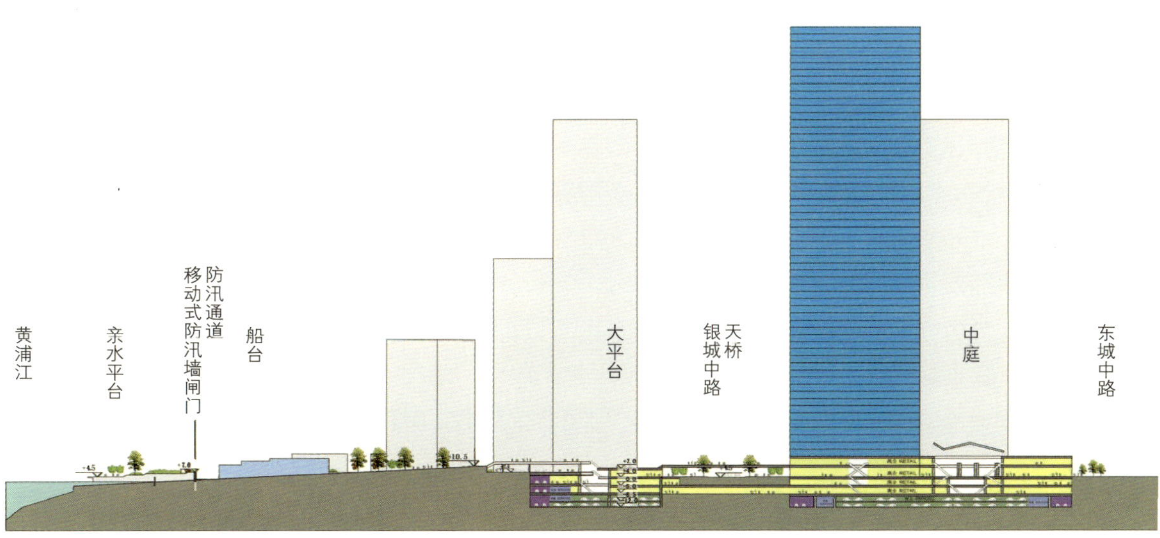

保留厂房地区滨江剖面

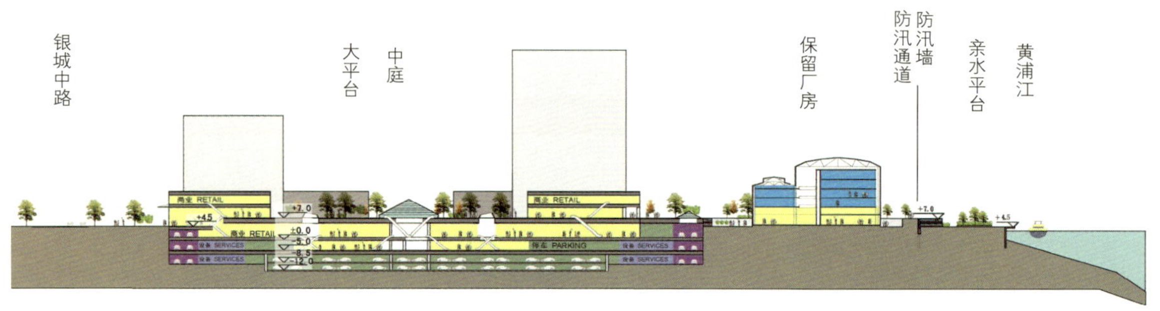

船台地区滨江剖面

滨江区域规划图

二、大胆设想：陆家嘴CBD东部拓展系列规划

1. 规划背景

“十一五”期间，上海市政府批准发布《上海国际金融中心建设“十一五”规划》，对上海国际金融中心的建设和上海金融城的建设有了更进一步的具体谋划。

规划发展目标为“四个基本确立”，即：基本形成适合国内外投资者共同参与的、有国际影响力的金融市场体系；基本形成以具有行业领导力和国际竞争力的金融机构为骨干、中外资金融机构共同发展的多元化的金融机构体系；基本形成与我国经济发展需要相适应的金融产品创新和交易中心；基本形成符合国际通行惯例、规范有序的交易制度和法律体系等金融发展环境。浦东成为上海实现“四个基本确立”的核心，金融成为浦东及上海经济发展的核心，陆家嘴金融贸易区成为上海金融机构聚集的核心区域，浦东成为金融市场的中心。

至2015年，陆家嘴中心区规划473万m^2的建筑总量已基本完成，建筑的功能包括办公楼、住宅、宾馆、会展、旅游、休闲和商业服务设施等。

正是由于陆家嘴CBD现在的土地资源已基本配置完毕，尚待开工的项目数量很少，还由于中国放开了金融市场而导致的国内外金融企业的集聚，致使现在的办公楼市场需求旺盛，不能满足未来市场进一步发展的需要。为了能够更好地担当上海金融机构聚集的核心区域角色，CBD向外扩展势在必行。

2005年8月，浦东改革与发展研究院完成了《关于陆家嘴CBD扩展区改造研究报告》，报告提出了陆家嘴中心区向东拓展的设想，具体范围为：东起东方路，西至浦东南路，北靠浦东大道，南与新上海商业城接壤，世纪大道斜贯其间，总占地约0.85km^2。

扩展区内多为旧居住区，以20世纪50～80年代的旧式小区为主，建筑密度大，居住人口密集，环境质量差，配套设施陈旧而缺乏，其他少量公建用地及工业用地布局杂乱，公共绿地及活动场地稀少。总体说来，整个布局是老式的动迁住宅区的一个组成部分，从功能上是不完整的，更难以承载现代化的城市功能，因此，需要统一、彻底的整治改造，把所有的居民动迁出去，留下来的土地空间主要用于建设办公楼和商业服务配套设施，弥补现在陆家嘴CBD的功能不足和空间不足。未来陆家嘴CBD地区是在现有1.7km^{2}加上上海船厂地区0.7km^{2}的基础上，再扩展0.85km^2，共计3.25km^2。建筑总量是在现有的473万m^{2}加上146万m^{2}的基础上，再增加210万m^{2}左右，共计830万m^{2}左右。

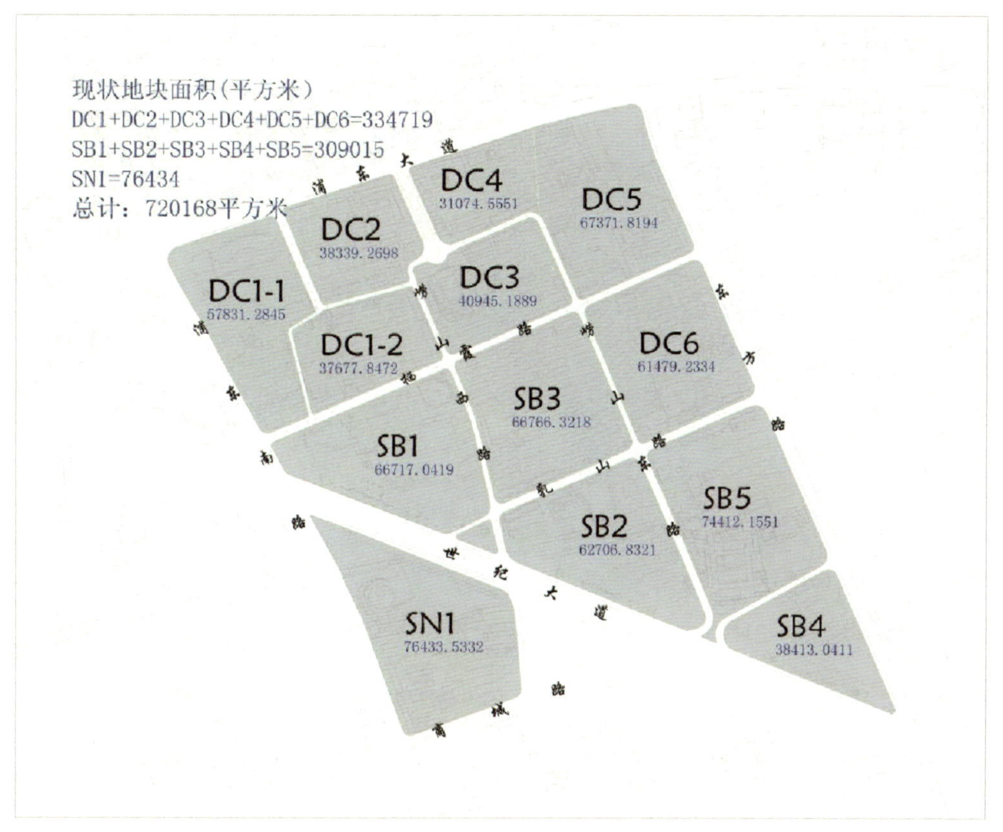

陆家嘴CBD扩展区的范围及分区示意图

2. 陆家嘴CBD东部拓展概念规划及城市设计

在陆家嘴CBD东部拓展相关研究基础上，2007年，由上海陆家嘴（集团）有限公司组织进行了陆家嘴CBD东部扩展区的规划国际竞标。英国合乐公司参与了相关的概念性规划和城市设计研究工作。

该设计是为加快推进上海成为国际金融中心建设，在完善整个陆家嘴“金融城”建设的大框架下，对陆家嘴金融中心区东部拓展区的规划容量、功能构成、空间布局、交通体系、空间环境、公共服务设施和市政公用设施配套、管理实施等方面提出的系统的解决方案。

合乐公司在规划中通过引进国外先进的CBD区域规划理念，完善地区配套和交通体系，提升城市形象，对该地区在以下方面提出了概念性规划方案：在陆家嘴金融中心区与周边地区进行空间资源上的整合；提供新建办公楼所需的用地，调整建筑容量，补充缺失的必要的公共服务设施等；克服原来地段功能过于单一、缺乏吸引力、人气不足的问题，解决配套设施不完善，特别是为就业人群服务的日常配套十分缺乏的问题；进一步完善世纪大道的沿线景观，构建人性化尺度的空间，增强空间景观的亲和力；提升“金融城”地区城市环境的文化品位，构建一些具有较高格调品味的地段，增强文化感召力。

1）前期概念方案

（1）对陆家嘴（上海）城市建设的反思

上海的摩天大楼形态各异，每一座高楼都有自己独特的气质。投资额度、推动者的身份和设计者本身的气质，使每一栋楼都各具特色，每一个建筑都是唯一的。在已建的城区中，建起来的摩天大楼最终形成了一个个特别的街区。这些唯一的街区连在一起就形成了一个基础，那就是现在的城市。

像陆家嘴这样的新城区，摩天大楼之间只是通过新的交通系统相连，人们称赞每一个单独的建筑，但整个城市规划却不值得人们表扬。所谓的城市应该是由街道、建筑和提供给工作者、居民以及游客的空间所组成的环境。

（2）概念方案建议

① A方案——新的陆家嘴中心。

方案要点：该地区集中的建筑物；中间布置巨型绿色山丘；正面宽120m、高136m的板片形建筑；面向南的公寓建筑；建筑物的宽度和高度变化；在高层建筑脚下的四层建筑带，提供服务和商业用途；大型、唯一的和具有城市中心特色的服务；通往该区和地下停车场的地下道路；通往建筑物的道路和该区内部紧急通道。

② B方案——陆家嘴城市中心。

方案要点：建立与周边地区相联系的城市空间网络；具有人行道、广场、林荫路和流水路的城市空间，这些元素有助于扩展世纪大道的空间；建筑物的排列决定于建成的建筑群（与周边建筑相协调）；建筑群的板块分为三个用途层，分别为地下层，用于进出口和公共通过空间的地面层，以及作为

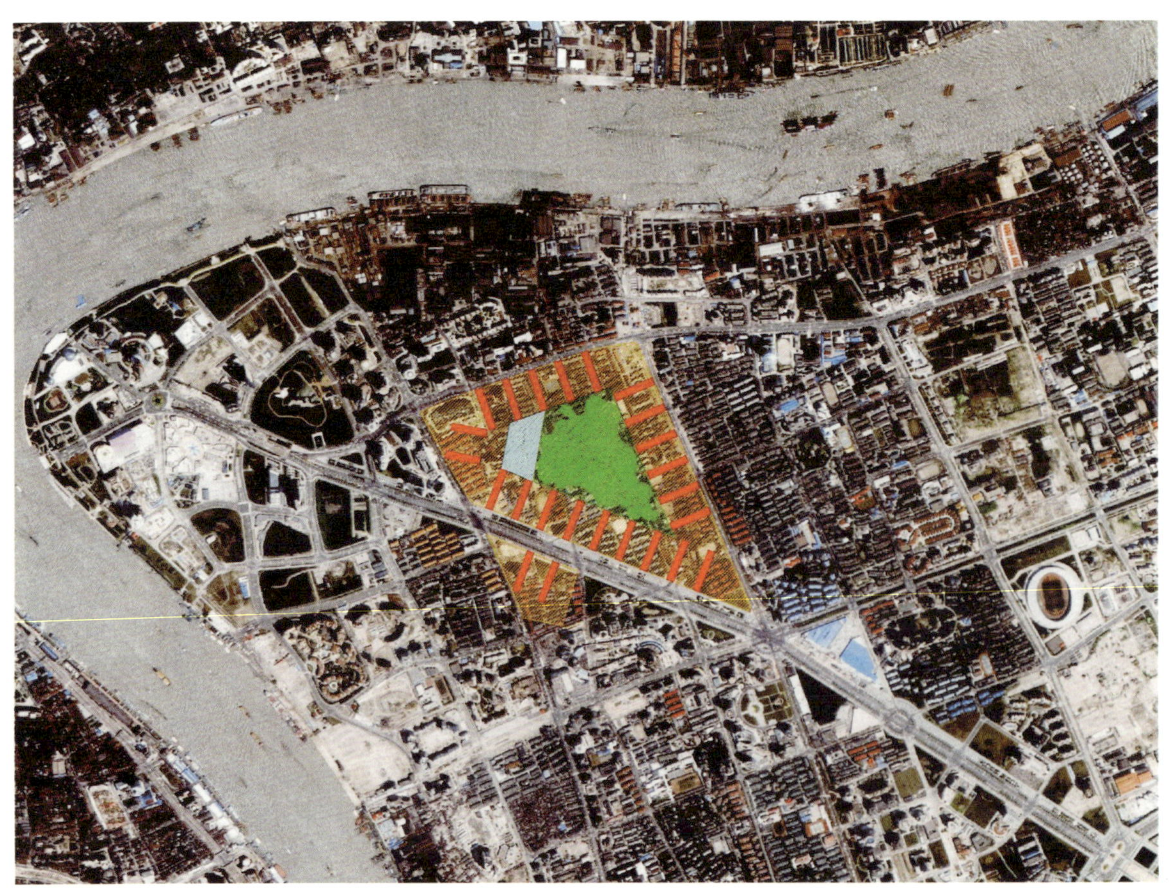

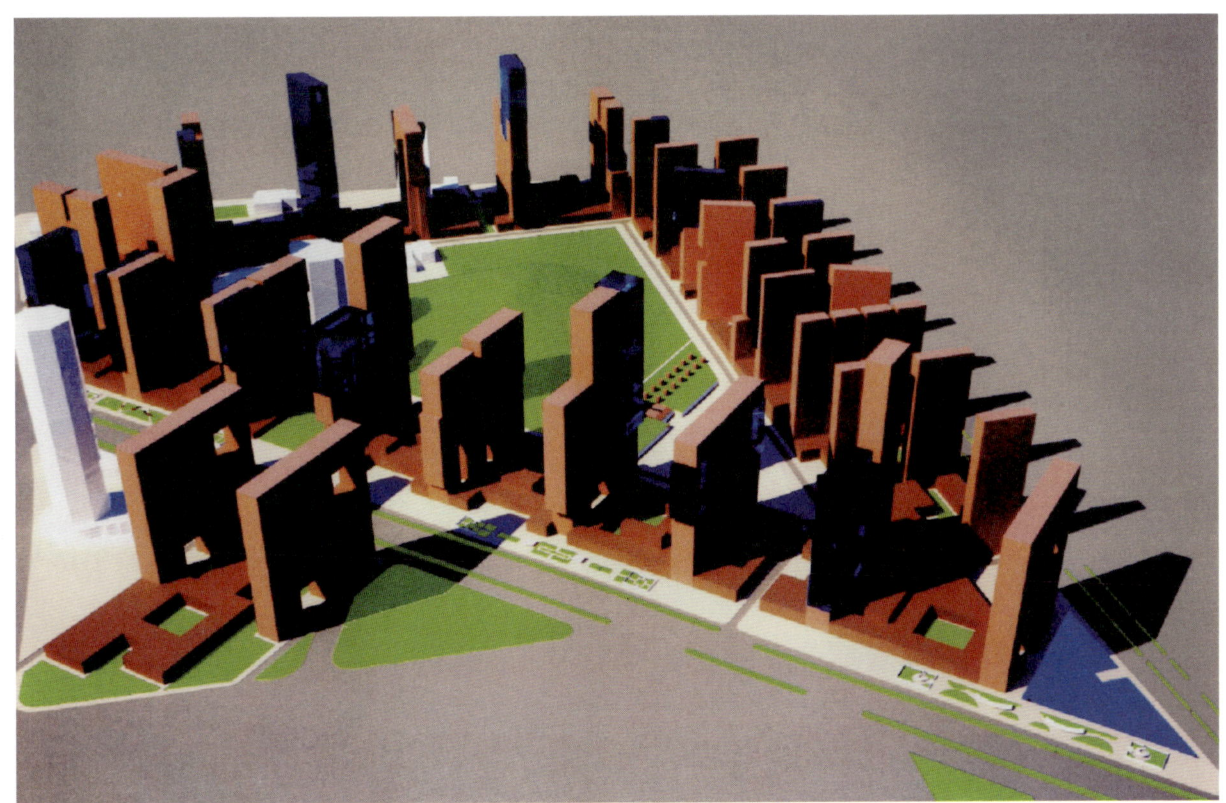

公共空间的底座覆盖层；底座包括各种服务、设备、商务等，高4层，有垂直连接，有廊厅和带顶的公共公园；在这个板块之上的是高层建筑，它们的高度和形状在建筑群中是多变的；新的体系被世纪大道穿过，坐落其间的高层建筑形式多样；大型公共空间面向河流方向，这决定了具有不同功能的群组所在区域的等级，同时使人们能够感觉到整个空间，并能创造出崭新的城市形象；通往该区的地下道路和地下停车场；地面上的道路网络和建筑群及高层建筑上的紧急通道。

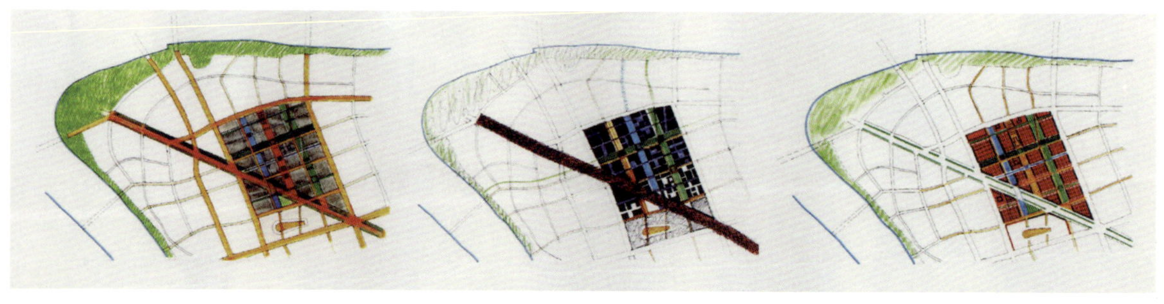

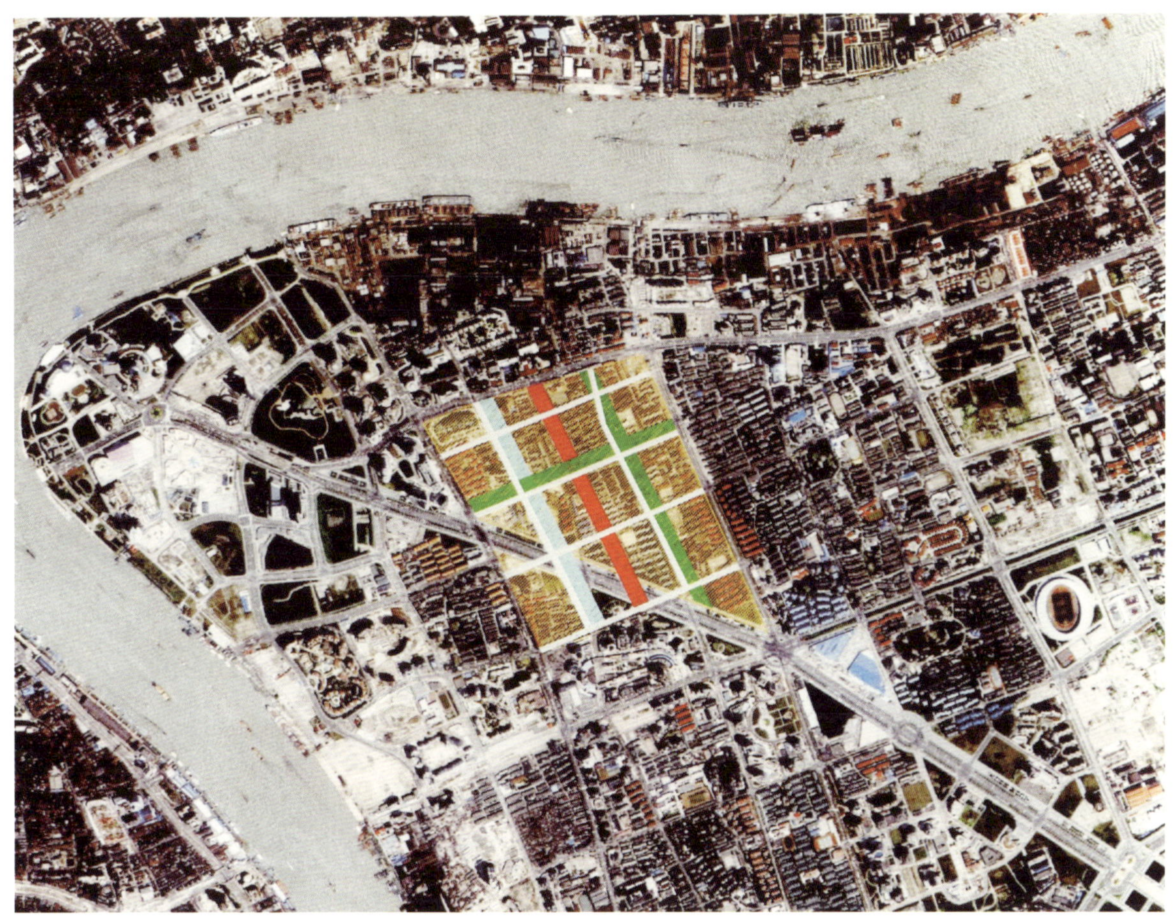

城市背景中的B设想

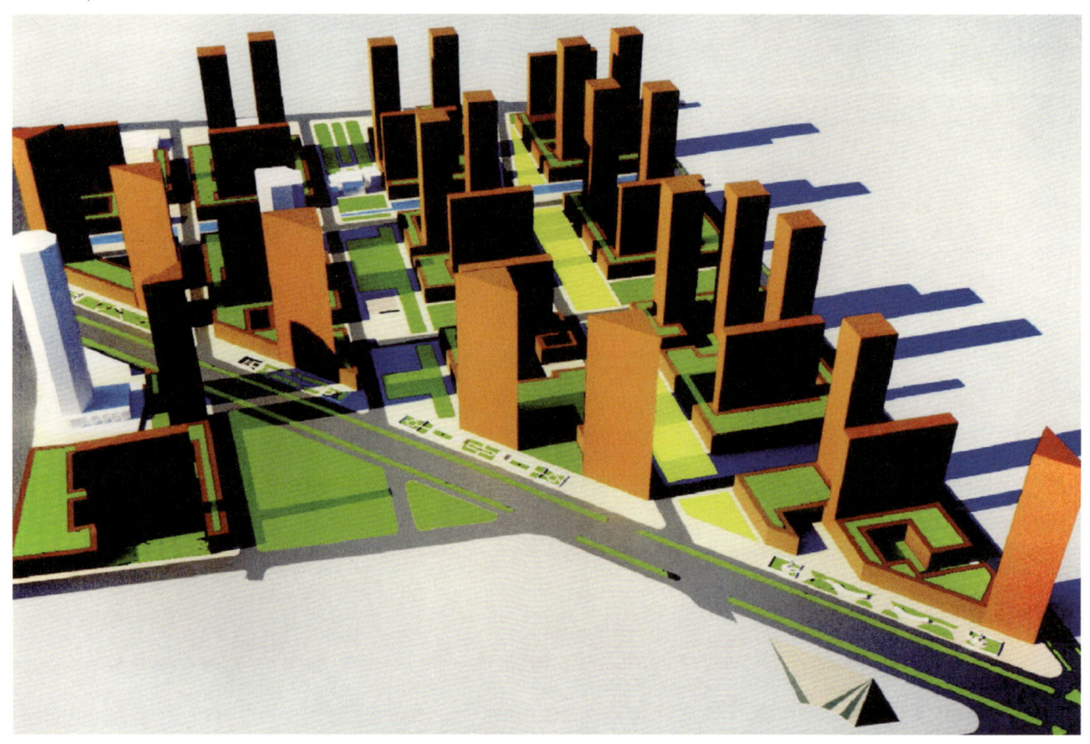

2）城市设计方案

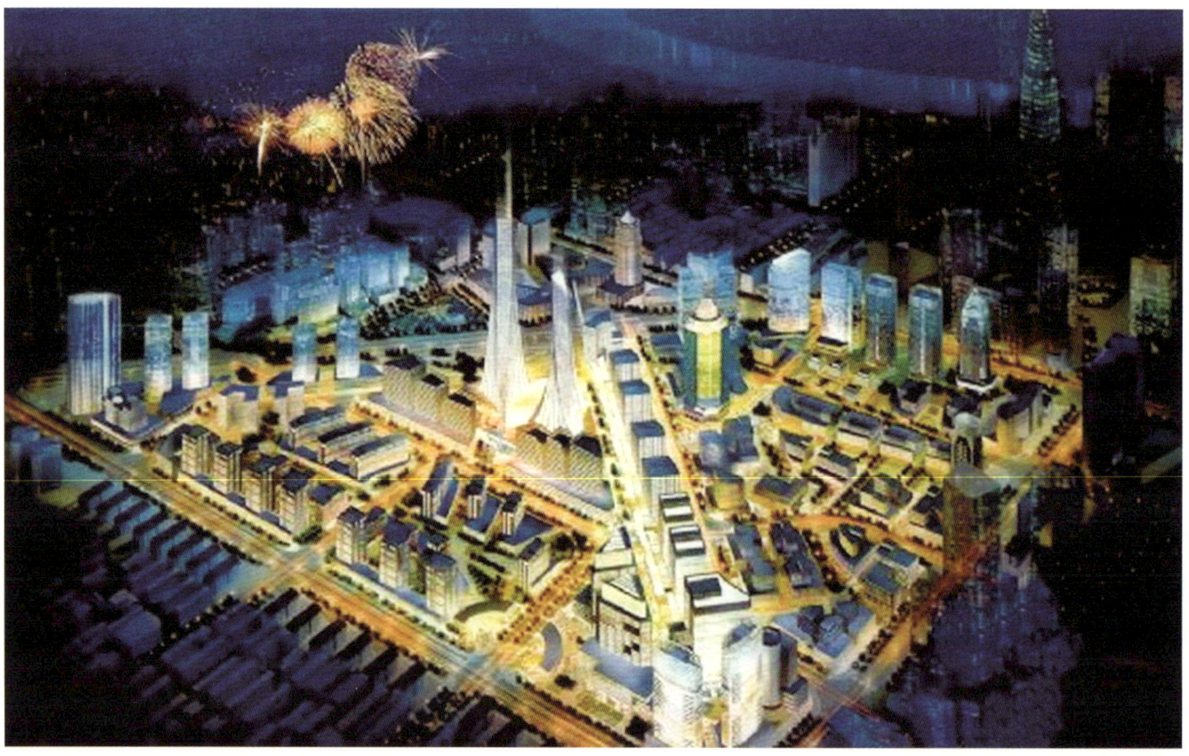

第四章

陆家嘴规划的意义和影响

第一节　世界舞台

第二节　中国样本

第三节　上海前沿

第一节　世界舞台

一、顶峰：世界级金融中心区

1. 世界级金融产业集群

国际金融中心是指聚集了大量金融机构和相关服务产业，全面集中地开展国际资本借贷、债券发行、外汇交易、保险等金融服务业的城市或地区，能够提供最便捷的国际融资服务、最有效的国际支付清算系统、最活跃的国际金融交易场所的城市。金融市场齐全、服务业高度密集、对周边地区甚至全球具有辐射影响力，是国际金融中心的基本特征。

陆家嘴金融贸易区金融机构集聚规模效应凸显，金融业增长强劲。目前已形成包括银行、证券、保险、基金、信托等在内的中外资金融机构共同发展的格局。同时，一批新型服务机构，如基金管理、货币经纪、第三方支付、咨询评估、金融信息、金融中介服务等公司纷纷落户，进一步丰富了陆家嘴金融贸易区金融机构的种类。截至2014年底，陆家嘴金融贸易区已拥有持牌类金融机构728家，其中外资法人银行18家，跨国公司地区总部达87家，包括汇丰、花旗、渣打等外资银行。通过国际、国内金融机构的聚集，形成了庞大的世界级金融中心区。2014年陆家嘴金融贸易区金融业增加值达1288亿元。

陆家嘴金融贸易区金融市场种类完备，形成了多元化的国际金融市场体系。货币、股票、债券、商品期货、金融期货、产权市场等现代金融要素市场发展成熟，股权投资、第三方支付和融资租赁等新兴市场发展迅猛，国际金融中心功能进一步完善。

多年来，陆家嘴金融贸易区投资前景巨大，是亚太新兴的国际级“资本集聚极”。2014年陆家嘴金融贸易区外商直接投资项目175个，直接投资合同金额21.1亿美元，实际到位金额12.65亿美元，新增投资额位居同期全球十大国际中央商务区（CBD）之首。

以金融为核心，陆家嘴金融贸易区已成为国际化的运营管理中心。跨国公司地区总部，国内大企业、大集团总部，国际化组织的总部或分部，国内全国性的社团组织总部等在这里集聚，同时催生了一大批专业、综合、全球性的服务机构，如会计、法律、咨询、广告等，构建起世界级现代服务产业集群。

2. 全球性经济活动主角

作为国际金融市场的重要组成部分，陆家嘴金融贸易区已经成为全球性经济活动主角之一。陆家嘴金融贸易区在要素交易市场中占据多个世界第一的位置。根据美国期货协会（FIA）的数据汇总，2013年上海期货交易所以6.42亿手的成交量跃居全球第一，上海黄金交易所成为全球最大的现货黄金交易所。2009年陆家嘴在铜、锌、天然橡胶、燃料油、螺纹钢和线材等期货品种交易量中均为全球第一，期铝排名全球第二，跨入全球十大衍生品交易所行列。位于陆家嘴的上海证券交易所2009年交易额达5.01万亿美元，成为亚洲第一、全球第三大股票交易市场，仅次于美国纽约证交所和美国纳斯达克证交所。交易容量峰值已达到每秒80000笔，系统日双边成交容量不低于1.2亿笔，各项指标均居世界前列，已远远超过不少世界著名证交所（如德国法兰克福证交所）的综合能力。

同时，陆家嘴金融贸易区在国际会事中扮演了重要角色，已初具国际会展之都的雏形。每年在陆

APEC会议照片

上合组织峰会

陆家嘴金融论坛

家嘴召开的各类会议近9000次，其中国际性会议占两成，例如财富500强会议、APEC会议、上海合作组织峰会等国际大型会议大多在这里召开。2013年陆家嘴共举办展览124次，其中在新上海国际博览中心举办国际性展事40多次。

二、先锋：国际化理念先行者

1. 全球首个E-CBD实践者

陆家嘴凭借规划的前瞻优势、天然地理优势和人才企业等技术支撑优势，率先提出全球首个E-CBD的概念，突破了传统CBD的实践和地域限制，具有动态灵活性、安全性、全球联动性等特点，为推动全球经济一体化和国际联动发展做出了积极努力。

陆家嘴中心区在开发之初，就将信息化纳入总体规划，在地下预埋了光纤环网，建立了1个国际水准的高速宽带平台，以及8个涉及E-CBD管理、金融、贸易、投资、人才、安全的专用网络，陆家嘴的光缆信息承载量即使再过10年也绰绰有余。2003年11月28日，首届电子化中央商务区论坛在上海举行，提出陆家嘴要打造全球首个E-CBD的概念。自此，上海确定并开始实施了陆家嘴E-CBD建设的一系列工程，组建E-CBD管理机构，制订并试行了《E-CBD管理暂行条例》。目前，陆家嘴金融贸易区已经初步建成SDH同步数字网、ATM交换试验网、窄带ISDN及Internet国际出口。陆家嘴E-CBD的建设和实践具有地区和国际的辐射性，有利于提高全球CBD规划的前瞻性、全局性和科学性，为业界提供实践经验。

2. 国际大师的足迹

陆家嘴金融贸易区在规划定位、交通分析、环境景观、市政设施建设等诸多方面均采用国际方案征集和国际合作的规划形式，成为国际先进理念和技术的展示窗口，也成为国际规划实践和落实的肥沃土壤。在陆家嘴金融中心区规划国际咨询中，包括上海联合设计小组、英国罗杰斯、法国贝罗、意大利福克萨斯、日本伊东丰雄在内的五个国家的著名设计大师接到邀请并参与其中。

陆家嘴中心区景色

其中，罗杰斯是城市生活的拥护者，认为城市作为一个文明的教化中心，能将人类在世界上的活动对环境的影响减少到最低限度。他反对美国那样的分散城市，主张未来城市的区块应该把生活、工作、购物、学习和休闲重叠起来，集合在持续、多样和变化的结构中。在陆家嘴中心区方案中罗杰斯强调了总体的城市设计，而不仅是单一的建筑设计，把焦点集中在建立起一个强有力的整体基础网络结构上，如开敞空间、交通系统、运输网络等。

陆家嘴金融贸易区不仅是城市规划建筑设计大师的试验田，更是各类国际大师展示才华与艺术的舞台。近期，几十件城市雕塑方案齐集于陆家嘴中心绿地，它们出自美国、法国、英国等31个国家和地区的艺术家之手，经由市民参与评选出喜爱的作品。此外，6位世界有名的国际大师还受定向邀标送来了他们的作品，包括亚特兰大奥运会主题雕塑的设计者理查德·麦克唐纳德的作品。它们都将分别被建造安放在陆家嘴中心绿地、滨江大道和新国际博览中心三个地方。

三、新风："一带一路"排头兵

"一带一路"起始于繁荣的亚太经济圈，中间经中亚经济圈、西南亚经济圈、非洲经济圈、欧亚经济圈，到达发达的欧洲经济圈。独特的地缘优势使上海成为"一带一路"上的节点枢纽城市——"陆上丝绸之路"，从上海往北到连云港，可以直通新欧亚大陆桥；"海上丝绸之路"，上海也是重要的国际港口城市，结合发达的海陆空综合交通体系，其能级和辐射带动力在国内首屈一指。而作为"一带一路"中的国内经济龙头城市，上海的重要地位更在于它能够为国家战略提供充足的金融支持和相对成熟的制度试验田，这其中，陆家嘴金融贸易区可以发挥巨大作用，可以说，陆家嘴一直努力成为中国一次次进军世界经济战场的排头兵。

陆家嘴金融贸易区的建设吸引和培育了众多国际知名、具有行业影响力的金融机构，营造了具有国际竞争力的金融发展环境，奠定了上海金融市场的国际影响力。2014年7月，金砖国家开发银行成立并将总部设置在上海，未来更加有望在沪落户"一带一路"相关的一些国际区域组织和金融机构，助力沿线国家实现更加紧密的区域合作，并通过上海找到海陆、陆路资源能源大通道的互补和对接。

第二节　中国样本

一、高度，领先前沿树标杆

1. 中国第一CBD诞生

在陆家嘴CBD规划概念确立之前，全国还从未正式以一个具体城区引入过CBD的概念。在1980年代，世界知名的城市CBD如纽约的曼哈顿、伦敦的金融城、巴黎的拉德方斯、东京的新宿、香港的中环等已建设得十分成熟，而在中国（大陆）却还是一片空白，还没有大城市按照CBD的概念打造一个确定的经济核心区。

1980年代后期，通过多方的国际交流，吸收国外的建设经验，陆家嘴中心区作为上海现代化商务中心（CBD）的性质得到确立，并且其后续规划设计均是向着这一目标前进，进行着规划实践。

借助“外脑”的国际咨询是上海第一次采用国际竞赛的方式进行规划方案的征集，取得了很好的效果。引入先进的规划设计理念和方法，使得陆家嘴中心区的规划具有了新的高度，给当时的中国规划界拓展了视野，鼓起了一阵头脑风暴的思考，为设计单位提供了施展才华的舞台，设计水平也得到了迅速提升；从陆家嘴规划开始，规划的国际方案征集、国际规划设计咨询这种形式在全国各大城市实践得以全面铺开，开创了全国规划的一个崭新模式。

这是全中国首个关于CBD用于实施的规划实践，具有里程碑的意义，并起到了示范效应。此后，全国很多城市的CBD建设均向陆家嘴学习，可以说陆家嘴CBD的规划实践对全国的金融贸易区建设起到了积极的推动作用。同时通过这种方式，对陆家嘴、对浦东的开发、开放，对中国规划开放和国际合作的表明决心，都是一种很好的宣传，通过国外建筑师的设计对外展示，也鼓舞了投资者的信心。

2. 规划建设领先性

在细节和系统的建设上，陆家嘴金融贸易区时刻秉持着国际领先视野，充分借鉴国际经验和领先技术，立足于创新和示范，充分研究，创新突破。例如陆家嘴中心区二层步行连廊建筑方案中，除了考虑城市景观与周边建筑关系之外，工程本身将成为一道美丽的风景线；不仅游人可在连廊上眺望陆家嘴金融贸易区的美景，同时也考虑了灯带在灾害发生时的导向式设计。室外自动扶梯油水分离器的环保控制，对安全性视频监控和对给排水、电梯等设施运行状态的设备监控设计，对人性化的残疾人出行考虑等，都可体现出创新和领先。

陆家嘴金融贸易区自开发、开放以来，按照“基础设施先行”的原则，按照高起点、高标准的要求，以高速高量完成了一系列基础设施规划，超前铺设地下基础设施管网，并基本建成了国际一流的足够的城市基础设施，陆家嘴中心区所有的市政管线的容量实际建设时比规划建筑面积总量的规范提高30%。

3. 产业招商好中更优

陆家嘴产业招商坚持“好中选优”的招商标准，大力吸引海外重量级金融保险咨询、贸易机构、国际顶级房地产开发商以及国内知名企业集团，目前已经形成以金茂大厦、证券交易为重心的中外贸易产业组团；以中国人民银行、汇丰银行、中国银行等为重心的国际银行产业组团；以东方明珠、香格里拉、正大广场为重心的休闲旅游会展经济组团；以盛大金磐、汤臣海景、鹏利等为重心的沿江顶级住宅组团；以新鸿基国金中心为重心的跨国公司区域总部经济组团等等，迅速提升陆家嘴国际金融地位。

陆家嘴除了以重量级产业飞速奠定陆家嘴金融霸主地位之外，还大力发展绿色经济，保证可持续发展后劲。从规划之初就陆家嘴以绿色经济为发展模式，拒绝了许多偏离功能忽视环境指标的投资项目，这在开发资金紧缺时遭到很多利益既得者的反对。但从今天看来，绿色经济带来的高效益、高效率发展使得陆家嘴厚积薄发，绿色高端企业的需求与日俱增，经济发展速度加速提升。如上海源商数据中心（Fountain Data）高端企业和欧洲IT巨头源讯（Atos）联手合作，将入驻陆家嘴附近。绿色陆家嘴不仅是一个经济高速增长、产业超常集聚的开发区，更是一个创业生活两相宜、人与自然和谐的温馨家园。

二、速度，规划建设突飞进

陆家嘴开发的这十几年来，以惊人的速度见证了奇迹的诞生。

1. 抓住机遇速决策

从1990年总设计师邓小平同志初到浦东，到4月18日国家决定将浦东上升为20世纪90年代的国家重大发展战略，将中国最大的城市放到改革开放的第一线，全部中央高层的决策过程仅仅用了两个月。这是改革的速度，也是邓小平同志的速度。“10年研究、酝酿，60天决策开发、开放浦东”，使浦东从一开始就走上高速开发的道路。

除了决策迅速，陆家嘴也在全球产业专业浪潮中迅速明确了新的定位，抓住了发达国家转移传统产业的“梯度推移”阶段，大力吸引了各类跨国公司总部、银行、保险公司和国家管理机构。

2. 城市格局换新颜

纵观陆家嘴开发前后，中心城市结构骨架不变，但由于中心区金融等价值高地再造，引发了结构中心的建立和延伸，是量变到质变的飞跃！

从陆家嘴楼宇快速落成到城市格局基本落成，前后不过十几到二十年的时间，在20世纪90年代最高速的投资、建设甚至有“浦东12 天就崛起一座高楼”的赞誉。早在1996年，现代陆家嘴基本格局风貌就已经基本塑造起来，逐渐形成陆家嘴中心区东部相对完整的4个街坊18个项目，国内重点的银行、证券、保险企业如金贸大厦等组群也已初具形象；2001年后，陆家嘴开始投资复苏和振兴，而可供批租的地块所剩无几，大规模的开发进程进入收尾阶段，城市格局也基本建成；到2005年初，已建成285个街坊，占地3297.43hm^2，初步形成了以世纪大道为主轴，由陆家嘴中心区、竹园商贸区、花木行政文化中心和新上海国际博览中心及周边地区组成的“一道三区”城市空间布局格局，上海发生了翻天覆地的变化，是中国规划和城市建设史上史无前例的大手笔。

基础设施方面，从1992年开始的陆家嘴土地整理大进程，到1998年陆家嘴以相对完善市政配套为主要建设内容，提前为后期设施建设打下基础，到1999年绝大部分场地要素拆迁、土地整理和路网结构均完成，不过7年时间。之后到2009年，陆家嘴已完全建立现代化完备的基础设施，不过10多年时间，可方便地联系浦西、浦东腹地和沿海地区。

3. 产业集聚提速度

陆家嘴产业集聚速度快，从1990年浦东开发、开放起，到1992年的招商大厦和中国人民银行，1994年的金茂大厦和万国金融大厦（原浦发银行大厦），1995年的第一八佰伴新世纪商厦，1996年的新上海商业城、正大广场以及上海国际会议中心，1997年的中国民生银行，1998年的香格里拉酒店崛起……短短数年内，各类重大行业纷纷在陆家嘴这片土地上破土开工，成为未来产业入驻的巨大平台。从数据上看，1990年除了四大商业银行的零星营业网点，陆家嘴的金融机构数量几乎为零，而到2005年金融机构数量达到了348个，到2014的金融机构数量达到728个。

三、深度，机制体制领先锋

陆家嘴的建设基本上是“从无到有”，没有现成的操作模式可以借鉴，从机构设置、政策提供、土地供应等多方面都需要进行体制创新和政策创新。20多年来的建设，陆家嘴在体制制度方面的创新经验无疑为改革开放和发展提供了宝贵的经验。

1. 机制创新一马当先

1）政策支撑落实

（1）滚动开发领新局

陆家嘴开放、开发初期面临资金困境，开发启动时创造了“土地批租”的新模式，率先打破我国长期实行的土地无偿使用制度，运用级差地租和竞争原则，走土地批租、滚动开发之路。由四大开发公司作为新区一级土地开发的主体，根据区域功能性质编制规划划分地块，将“生地”转化为“熟地”再进入土地二级市场，并运用转让的收入进行再投入、再转让，直到区域建成。

到了2001年，上海市政府已经以土地批租形式向四大开发公司成片出让土地23幅共61.59km^2，折算为资本投入61.3亿元，开发公司凭着“空转变实”的土地资源，在市场上进行融资，向银行进行抵押贷款，作为国内外企业合资的基础，吸纳了200多亿元的土地合资开发资金，获得120多亿元的土地转让收入，吸引800多家中外资房地产公司和总量400多亿元的房地产开发资金，促进了浦东开发的实际进程。

（2）多项政策托金融

陆家嘴在浦东开发、开放期间，为筹措资金、推动金融发展和项目建设，从财政、银行信贷、发行债券、民间投资、利用外资、上市融资、信托计划等利用外资方面凝聚智慧、开拓创新，提出了灵活适应的政策，助推基础设施建设和楼宇建筑集群快速落成，打开了开发资金来源的全新思路，开创了新的开发资金运作方式，甚至有效地促进了土地资本与金融资本、社会资本的结合。在上述各种融资方式的支持下，20年来，陆家嘴的各项建设有足够的资金保障并取得了巨大成就，这从陆家嘴开发20年来的固定资产投资总额变化上可以反映出来。

（3）规范市场创文明

陆家嘴积极培育规范的市场机制，探索建立建筑营造市场和保税生产资料市场，开创一个保证企业经营、社会文明和公平公正的市场环境。在社会层面，强化征地农民的社会保障制度；在企业层面5900多家外商投资企业和5000多家内联企业基本做到产权清晰、自主经营，而且占新区国有资产总额80%以上的各大开发公司也基本做到了股份制企业法人财产权、股权资产所有权、经营权分离，迈出了企业改制的实质性步伐，在市场竞争中增强了实力。

2）创新土地机制

（1）用土有方，激活土地价值

用土有方，最大化提升浦东土地价值体现在以下四点：①强化土地管理制度，“领导干部不准直接谈地价、不准干预项目、不准为动拆迁打招呼”；②率先在全国建立了土地资产交易中心、土地资源储备中心，对经营性土地实行公开招标拍卖，形成了土地市场化配置、法制化运作、集约化使用机制；③以标杆项目带动、打造都市上海的城市形象和全国改革开放“旗帜”等途径来提升土地价值；④以四大国有开发公司作为浦东新区土地开发的主体。

（2）腾笼换鸟，激励二次创业

随着陆家嘴开发的深化，形成了“腾笼换鸟”的新理念。通过企业置换和产业置换，吸引发展前景好、产业能级高及核心竞争力高的企业和产业，应对因开发带来的土地面积越来越少、商务成本越来越高的难题。这种随着开发、开放深化企业改革和产业提升的做法，给其他地区提供了示范作用，最大限度使有限土地资源获得最大的环境效益、经济效益和社会效益。

2. 机构改革率先垂范

（1）管建分开

为使政府具有精简、统一、高效和大系统综合管理等特点，将政府监管和公司建设、市场运营分开，浦东新区开发、开放之初就明确以管建分开的理念设计行政管理体制，并在之后的历次体制调整过程中始终贯彻这一理念。“政府搭台做保障，企业唱戏创辉煌”，是最好的写照！

一方面，自1990年4月18日浦东开放以来，浦东新区政府机构设置经历了“开发办—管委会—新区政府”的过程，由此转变政府的职能，使政府能集中精力地搞好宏观决策——“管”，始终发挥着主导服务作用。浦东政府集中决策力量驾驭全局，从2001年起在全市进行政府行政审批制度综合改革试点，减少了审批事项，规范了审批程序，提高政府运作的公开性、透明度，使开发建设有计划、有步骤地推进，同时维护公正的市场秩序和社会秩序。

另一方面，在开发管理机制上，一开始就摒弃了由政府投资开发、统包统揽的计划经济模式，以浦东新区总体规划确定的区域为载体，创建了开发公司进行产业性开发并由政府进行宏观调控的新模式。陆家嘴公司负责区内的融资、土地开发经营（国有土地使用权批租、合作、合资等）、基础设施建设、招商引资、宾馆酒店等商务功能设施开发建设、产业发展和功能配套服务性产业等职能，但没有行政管理职能。开发公司和项目投资企业、运营企业、服务企业等一同构成陆家嘴开发主体，充分行使“建”的权利。企业一心一意做创新，政府少管企业。

（2）控放结合

“控”，强调行政上的统一控制。一方面，在整体开放控制上，区政府打破了原先二元体制的桎梏，加快推进浦东的功能开发，进一步优化浦东的形态和功能布局。新区区委经过慎重研究、集思广益，从规划、体制、机制上提出进一步深化“区镇联动”，积极探索功能区域一体化，在区域开发上实现统一规划、统一管理，行使管理和服务职能，创造良好的经济社会发展环境。

“放”，强调部分权力的分配和下放，促进更加高效的运作。2005年我国从单兵突进式的改革变为全面系统改革，进入改革开放深水区，浦东进一步加大改革创新的力度，建立了覆盖全区的六大功能区域；将行政区划与经济区域相协调，权力下放，探索“职能互补、条块整合”的行政体制改革。这是浦东力推城乡一体、联动发展的大胆探索。

3. 自贸试验领先潮头

2014年12月26日，国务院做出调整上海自贸试验区范围的决定，上海自贸区范围得到扩展，陆家嘴金融贸易区被纳入自贸区范围，使得上海再次在开放层次上走在全国前列。从保税区到自贸区再到自贸区扩展，服务业和金融领域的开放是上海自由贸易试验区最为重要的尝试。与货物贸易的开放不同，服务行业与金融领域开放的复杂性与难度都要高得多，陆家嘴金融贸易区被纳入自贸区，正是基于在此领域的多年开放的经验积累。而这些在贸易、金融、投资准入政策等方面不断积累的经验，将使上海在纵深和广度上引领全国的改革步伐。

四、广度，金融辐射惠中国

首先，作为我国外向型经济标杆的金融贸易区，陆家嘴金融市场上的证券、期货和产权交易等金融活动迅速发展，成为全国产权交易的龙头和纽带，市场配置资源的中心之一。

其次，省部楼的建立，对拉动全国其他省市的经济和就业起巨大作用。按照建设“以上海为龙头的长江三角洲及沿江地区经济带”的要求，上海制定了“开发浦东、服务全国、优势互补、互惠互利、联动发展、共同繁荣”的区域经济协作政策，提出让兄弟省市共享浦东开发开放资源，在为全国服务中加快发展自己等思路。省部楼等一系列政策的实施，不仅促进了陆家嘴开发和浦东建设，对上海、长江流域乃至全国的经济发展也起到了良好的辐射和带动作用，使上海初步成为全国资金流、商品流、技术流、人才流和信息流的集散地和交汇枢纽。

陆家嘴作为上海建设“四个中心”和迈向全球城市的重要功能承载区域，为提升上海对全国的服务功能发挥了应有的作用。

五、厚度，文化高地引未来

2002年陆家嘴总体规划提出区域发展目标——“文化陆家嘴”，着力营造金融文化氛围，提升区域吸引力，完善人文建设，为中外金融机构和广大市民搭建了一个跨地域、多元化的金融文化展示、传播和交流的平台，营造全社会关注金融、支持金融的良好环境。这也配合了陆家嘴区域业态功能打造，形成了复合化的城市区域。

除了金融文化，创意文化更让陆家嘴成为一座富有特色和魅力的金融城。上海科技馆、东方艺术中心、海洋水族馆、金茂大厦、东方明珠电视塔、世纪公园等标志性建筑，是浦东传播文明的舞台，而一年一度的国际音乐烟花节、中外家庭社区文化节、陆家嘴楼宇文化节等活动就是中国各地游客交流感情和文化的桥梁。目前，在陆家嘴七大产业聚集的“金字塔”形（“塔尖”为金融，“塔基”包括法律、会计、广告、创意、电影与出版）金融城中，创意产业方面如广告、建筑设计、艺术和文物交易、工艺品、出版业、电影业、电视广播、各类软件设计、多媒体游戏、动漫设计都在发展范围内。

另外，陆家嘴形成了都市特色旅游和休闲娱乐标志地区。上海仅有的3家5A级景点中，有两家位于陆家嘴地区——东方明珠电视塔、上海科技馆。连同4A景区金茂大厦和陆家嘴中心绿地等，在内容的观赏性与吸引力、项目的维护水平及推陈出新的能力上，均处于国内高水准景点之列，吸引着全国游客前来游览。

陆家嘴塑造的金融文化、创意文化和特色都市旅游文化将在未来的陆家嘴中扮演中心角色，不仅对陆家嘴个人和机构造成影响，同时势必对陆家嘴地区、上海长三角区域及整个中国带来示范效应。

第三节 上海前沿

一、动力：“4+1中心”战略要地

陆家嘴金融贸易区的规划建设，奠定了浦东空间、产业开发的重要基础，而后者也引发了上海城市功能和性质巨大而深刻的变化，从相对单一的工业城市转变成了一个国际性的多功能城市，产业结构、产业布局和整体经济效率得到了全面提升，对推动上海加快建成国际经济、金融、贸易、航运四个中心发挥了不可估量的作用。

当前，上海确定了建设具有全球影响力的科技创新中心的新时代目标，陆家嘴金融贸易区将在向着这一目标迈进的战略进程中占据至关重要的地位。

1. 建成了上海建设国际金融中心的核心功能

（1）金融业贡献居于首位

陆家嘴金融贸易区金融业极大地推动了上海经济发展，是上海金融中心建设的最大贡献者。上海地区2014年生产总值为23560.94亿元，其中金融业增加值3268.43亿元，占生产总值的13.9%；而陆家嘴金融贸易区的金融业增加值达1288.05亿元，占上海市的39.2%。

（2）金融机构高度集聚

经过多年的建设沉淀，陆家嘴金融贸易区成功地吸引了众多国际性、区域性多边金融组织入驻，积极支持在沪外资金融机构的发展，并努力开创产业联动、互联网金融发展，为把上海建设成为金融总部和功能性金融机构集聚地做出了巨大贡献。至2014年陆家嘴金融贸易区引进非监管类金融机构累计达728家，约占上海市的60%，约占浦东新区的90%。728家非监管类金融机构中，银行类金融机构211家，占28.98%；证券类金融机构318家，占43.68%；保险类金融机构199家，占27.34%。

（3）机构体系质量提升

高能级金融机构众多，监管类金融机构有中国银行上海人民币交易业务总部等；国际化金融机构占比较高，全球顶尖金融企业如黑石、凯雷、贝恩、摩根士丹利等纷纷落户；专业服务机构如捷银支付、嘉实、平安财富、标准普尔、惠誉、普华永道、安永等相继入驻；新型金融机构的出现又产生了新的经济增长点，2014年底，股权投资企业为578家，融资租赁机构为53家。

（4）要素市场不断完善

以陆家嘴金融城为载体的上海国际金融中心要素市场体系不断完善，交易当量跨越拓展。2014年上海证券交易所和上海期货交易所的交易额分别达到1281497.98万亿元和1264706.51万亿元。黄金、钻石、铜、锌、天然橡胶等期货品种交易成绩不断创下新高，令世界各国所瞩目。

（5）创新发展互联网金融

互联网与金融的有机结合，能为金融改革发展增添新的活力，互联网金融的发展能够进一步提升陆家嘴金融贸易区的辐射力、影响力和资源配置力。

陆家嘴管委会设立了陆家嘴互联网新兴金融产业园，并制定了《陆家嘴互联网新兴金融产业园暨创新孵化基地配套措施》，简称“陆九条”。根据“陆九条”，在陆家嘴金融贸易区内，无论是入驻创新孵化期或是自由选址的互联网金融企业，都将同等享受如落户补贴、经济贡献度补贴以及战略性新兴产业发展专项资金、服务业发展引导资金、高新技术成果转化专项资金等多项扶持政策优惠。陆家嘴的优势是其他区域无法比拟的，“陆九条”的出台更令陆家嘴的吸引力进一步增强。

目前，在互联网金融发展平台的支持下，产业园已引入海归业界精英、下海公募高管和“草根民间高手”设立的几千万至几十亿不同资金规模的数十家对冲基金。也有一批互联网金融企业即将入驻园区，有互联网领军企业如网易设立的小贷平台和盛大设立的金融服务平台，也有快钱这样业界领先的第三方支付企业设立的互联网金融公司。

（6）金融产业联动布局

陆家嘴核心功能区的发展建立，带动了周边的金融产业，形成了协同发展的产业布局。布局的前台包括1.7km^{2}的陆家嘴中心为主体，到上海船厂地块、SN1地块、竹园商贸区、塘东总部基地等核心区域，规划面积8.4km^2，主要功能是吸引中外大型金融机构总部，积极发展金融主体产业，如银行、保险、证券、基金等。后台主要带动发展张江银行卡产业园，打造上海金融信息产业基地，规划面积3.5km^2，重点聚焦金融和银行卡数据处理。

2. 提升了上海商贸现代化水平

陆家嘴金融贸易中心区的建立，带动着整个上海经济的发展，也提升了上海的商贸现代化水平。

陆家嘴金融贸易区是浦东商业贸易最繁荣的地区，是整个浦东乃至上海地区商贸发展的代表性标杆。2014年末，整个陆家嘴金融贸易区商品销售总额达12974.02亿元，同比增长15.7 %，占浦东新区的64%；社会消费品零售总额521.36亿元，同比增长8.1%，占浦东新区的31.8%。

2010年，浦东提出将推出加快发展电子商务发展的规划和举措。陆家嘴金融贸易区凭借其强大的产业和基础设施优势，在B2C（ 企业对消费者）、B2B（ 企业对企业）、B2G（ 企业对政府）等方面积极发展电子商务，积极发展跨境电子商务，推动了商贸交易的快速增长，形成了全新的商业模式，创新了生产力。在陆家嘴金融贸易区的带动下，2014年浦东电子商务交易额达到两位数增长。

3. 形成上海航运服务产业集群

陆家嘴金融贸易区在加快建设上海国际航运中心中，发挥了重要作用。在金融贸易的支持下，已基本形成上游、中游及下游产业链完善的集群。

其中，上游的航运服务集群有：行业船舶及设备法定检验机构中国船级社上海分社，海事仲裁机构如上海海事法院及中国海事仲裁委员会上海分会，航运研究机构如上海船舶运输科学研究所，航运人才培训机构如上海海事大学，航运咨询及法律服务企业如安达信等知名咨询企业。中游的航运服务集群有：港口业务方面如上海港港政管理中心等机构，境内外航运及代理方面如地中海航运（香港）公司等。下游的航运服务集群有：货运代理方面如华海国际货运公司，航运辅助服务方面如汇通船务公司等。

2014底，陆家嘴金融贸易区区域内航运及相关服务机构已达到1071家，其中航运服务业858家，港口运输业157家，航运基础产业56家。由航运金融服务、航运法律服务、航运专业服务、航运教育与科技、港口经营与管理组成的航运服务产业所占比重达79.5%。金融业的发展能为现代航运服务业的发展提供金融、保险等多方面的支持，有助于实现现代航运服务业的持续发展，而航运服务业的发展也强化了陆家嘴金融贸易区以发展现代服务业为核心的产业导向，促进了对资金、知识、信息、人才资源的集聚，使陆家嘴的产业能级得到跳跃式的提升。

4. 塔尖上的经济增长极

陆家嘴是上海建设“国际经济中心”的重要增长极，从东方明珠建成的那天起，陆家嘴金融贸易区就站在上海经济建设的塔尖之上。

（1）地均产出最高

到2014年，陆家嘴金融贸易区税收总额为570.77亿元，平均每平方公里税收高达17.96亿元；地方财政收入总额165.23亿元，平均每平方公里税收高达5.2亿元。陆家嘴金融贸易区已成为上海经济中心的核心增长极和亚太新兴资本首要集聚地之一。

（2）楼宇经济集聚效应最大

陆家嘴地区楼宇的平均租售率居高不下，截至2014年，成熟甲级写字楼（运营一年及以上）的平均出租率约为96.8%，平均租金达8.38元/平方米/天，显示出强力的“楼宇经济”。

楼宇经济效应还表现在：拉动旅游会展，如金茂大厦、证券大厦等成为旅游和大型会展场所；增加地方就业，仅金茂集团直接为国家缴纳税金过亿，并提供了2000 多个稳定就业机会；服务“四个中心”，大多数涉及金融、航运、贸易、投资公司、房地产业、中介服务业等领域 。

增长的楼宇以其优质的办公环境和发展空间吸引了大批高品质的企业入驻，构成楼宇经济发展的基础要素，并形成企业在空间上的高度集聚。从而形成以核心产业为龙头，带动和辐射其他行业，最终形成不同行业企业的空间集聚及效应，创造巨大的经济效应，这又反过来促进了经济的发展。

在打造国际金融中心的过程中，开发商不断提升楼宇品质和服务理念，吸引了大量资源的入驻，从历年发展数据上可以看到，金融资源的不断聚集，人才资源不断流入，包括对信息及其他资源的不断整合等等，陆家嘴的集聚效应在各个方面体现得淋漓尽致。

5. 优势助推科创中心建设

在创新驱动发展的国家战略引领下，上海被赋予了建设具有全球影响力的科技创新中心的新目标定位，陆家嘴金融贸易区是上海创新资源高度集聚的区域，在这一轮新的发展命题下，发挥着不可替代的积极作用。

全球科技创新中心的资源要素构成十分丰富，陆家嘴金融贸易区在创新资源方面具有以下五大优势：

陆家嘴中心区建筑群

一是创新主体的集聚。陆家嘴金融贸易区除了拥有最集中的金融人才和金融机构，在金融服务创新领域发挥着主导作用外，还聚集了一大批高能级的国家级科研机构、跨国企业研发机构和大型国企研发总部，与张江高科技园区、金桥开发区形成了创新联动互补格局。如陆家嘴软件园内现已引进了欧特克中国研发中心、富士施乐研发中心、华为上海研究所、法国船级社中国总部等一批知名软件开发、技术研发机构。

二是鼓励创新的市场扶持。新思想、新点子的市场化和新企业的成长需要风险资本的催化，作为世界级金融中心区，陆家嘴金融贸易区拥有大量金融服务与风险投资机构以支持创新融资，这对于上海建设全球科技创新中心至关重要。如纽约城市群科技创新中心的形成，很大程度上得益于纽约的金融力量，使纽约成为美国和国际大型创新公司总部的集中地，全美500家最大的公司约有30%的研发总部与纽约的金融服务相联系，吸引了各种专业管理机构和服务部门，形成了一个控制国内、影响世界的创新服务和管理中心。

三是高效的政策和服务环境。陆家嘴金融贸易区业已成熟的各类专业服务行业，如法律、会计、广告等，为高科技产业的孵化、发展提供了支撑。浦东新区制定的产业发展规划、税收优惠及直接投入政策，如实行企业技术开发费用150%税收抵扣，出台《浦东新区支持创新人才实施办法》等，大力

小陆家嘴概貌

推动了科技创新发展。此外，在综合配套改革试点十个年头之后，浦东新区已形成了扁平、高效、便捷的行政审批制度，为创新创业提供了良好的制度环境。

四是宜人的生活、工作环境。拥有能够吸引高层次创新人才定居创业的环境，是全球科技创新中心形成的重要条件。陆家嘴金融贸易区在上海中心城区的宜居优势十分明显，商业、文化、教育、医疗、体育、休闲等各类设施均配套完善，相对浦西中心城区，其较低的开发强度、更高的绿化环境品质、更便捷的通勤交通无疑成为科技创新中心城市的宜居典范。

五是开放包容的文化环境。从开放、开发的那一刻开始，陆家嘴金融贸易区一直是最具上海创新、开放、进取精神的现代化城区，在这样开放、包容的文化土壤中，也最能催发科技型企业的不断衍生、成长和壮大。

今后，陆家嘴金融贸易区还将继续在优化软、硬环境，吸聚创新高端要素上提升层次，为加快把上海打造成为配置全球创新资源、知识资源的重要节点做出贡献。

二、魄力：城市更新典范

20世纪90年代，我国正在经历城市化初级阶段，大部分城市还处在成长期。但是包括天津、上海、广州等在内的一批老城市已经出现大规模的城市再开发，这一批老城市已经进入了新开发和更新并重的时期。上海作为中国快速发展时期城市更新的典型城市，其成功的示范意义对后续城市发展的影响都是巨大的。

浦东开发的起因之一就是上海的城市更新，陆家嘴作为率先发展的区域，集中表现了我国大城市更新的诸多特征：始于1990年代，建立市场经济的转型背景下，中心城区并未衰败，相反人口、资金依然向心集聚，是一种典型的跨越式发展；刚步入汽车时代，公交出行仍为主导，中心城区的商贸、服务、文化功能加强，土地有偿使用制度下的级差置换，居住以工薪阶层为主，逐渐向国际化社区空间形态演化。

1. 日新月异：上海现代化建设缩影

浦东重点开发建设的陆家嘴金融贸易区已成为世界各国投资者进入中国的大门的首选地。

到2014年底，陆家嘴金融贸易区商办建筑总建筑量达1432.4万m^2，其中，商办、商业建筑在核心区（陆家嘴中心区）和世纪大道轴线的集聚效应明显，发展成熟；另外，花木副中心、塘桥地区中心也已初步形成一定的集聚规模。陆家嘴的三幢高楼，从某种意义上而言，代表了陆家嘴发展的三个阶段：第一个阶段是以金茂大厦为代表的省部楼宇集聚的时代；第二个阶段是以上海环球金融中心为代表的外资进陆家嘴的时代；第三个阶段，正是一个自我突破、创新发展的时代，上海中心的建成发展将丰富金融城的产业生态，强化金融城的主体功能。

如今，黄浦江畔夜景璀璨，八佰伴商圈面貌焕然，陆家嘴金融贸易区令人刮目相看。金茂大厦、东方明珠电视塔、环球金融中心、上海中心、东方艺术中心、上海科技馆、东方体育中心等一批体现当代最新规划设计、最前卫建筑理念、最先进建筑水平的标志性建筑相继拔地而起。上海这个百年老城以20多年的改造和创新，重返国际化大都市的门槛，一个充满活力的上海令全世界瞩目。纵观陆家嘴金融贸易区开发的历史几乎是中国近30年大城市改、扩建的缩影，为后来的城市更新与新城开发做出了示范作用并影响深远。

1990～2014年——陆家嘴今昔对比照片

2. 心系民生：推动上海社会事业进步

陆家嘴金融贸易区开发的历程，是城市化与信息化、市场化、国际化交织融合的“四化”过程——城市化既是空间载体，也是发展动力。

从1990年到21世纪初，陆家嘴率先贯彻浦东开发的“三个先行”的策略，即基础设施先行、金融贸易先行、高新技术产业化先行，坚持“出功能、出形象”的基本思路，抓住机遇实现外延式扩张的快速发展，从根本上改变上海中心城偏于浦西的不均衡状态，打开了上海城市发展的广阔空间。这10年城市化的成果主要体现在：形成了基础设施骨干框架，为提升城市土地级差效应创造了条件；为承接经济全球化带来的产业转移提供了空间平台；大规模导入人口，为疏解浦西老城区人口密集做出了贡献。

在陆家嘴的城市更新实践中，加强社区配套和存量更新模式是重点之一，即包括旧城改造、环境整治、交通改善、园区整合、土地整理等。

在基础设施建设方面，陆家嘴金融贸易区建成了南浦大桥、杨浦大桥、延安路隧道、正东隧道复线、大连路隧道、人民路隧道复兴路隧道等越江工程，极大地增强了浦江两岸的交通联系；形成了滨江大道、源深路、世纪大道、隧道复线、张杨路和沪南公路等城市骨干道路及区内纵横交错的支路网，极大地提升了区内道路交通服务水平；贯通了地铁2号线、4号线、6号线、9号线及龙阳路至浦东国际机场的磁悬浮线，极大地改善了市民绿色出行的便利性。

在社会事业发展方面，陆家嘴金融贸易区文化、教育、医疗、福利事业快速协调发展。其中，主要文化设施有：上海科技馆、东方艺术中心、新区展览馆、新世纪影院等。教育设施有：高等学校2所，中等专业学校和职业学校4所，普通中学31所（重点中学4所），小学31所，九年一贯制的实验学校2所；在满足居民的基本教育需求的基础上，还有学前教育、学历教育、职业技能培训、特殊教育等单位199个。医疗设施有：综合医院5所，专科医院2所，社区卫生服务中心5所，以及社区医疗服务店19个，初步建立了以公立医疗中心、民办非营利性医院及社区卫生服务中心为框架的基本医疗保健服务网络。福利设施有：养老机构7所。

在住房条件改善方面，滨江居住区的规划、建设与旧区改造结合开展，使棚户区的老百姓得以动迁，改善住房条件。仁恒滨江园、世茂滨江花园、汤臣一品等所在的滨江国际化社区板块已成为中国国际化程度最高的社区，是上海财富精英聚居地。联洋—花木国际社区在千禧年时依旧是一片田园风光，如今环抱世纪公园，以绿色生态为特点，成为配套齐全、生活精致的高档社区。在改善浦东居民住房问题的同时，陆家嘴金融贸易区住宅房地产开发给生活在浦西的居民有了另一个选择，大量因为居住面积狭小、居住条件欠佳的浦西居民搬迁到浦东，既为疏散浦西人口起到积极作用，也大大改善了居住条件。

3. 空间优化：强化上海城市结构骨架

20世纪90年代，上海外滩CBD向浦东陆家嘴扩展，开创了黄浦江东、西两岸联动发展模式，使上海城市空间骨架得到越江延伸，多中心的发展格局得以展开。如今，以延安西路、延安东路、世纪大道为载体的城市横向空间发展轴也成了上海最重要的产业和城市服务功能轴线，向西连接青浦区，向东延伸到张江高科技园区、临港新城，成为上海辐射区域的一条经济大动脉。

其次，陆家嘴金融贸易区的规划建设，优化了上海东翼的城市空间格局。上海工业的传统空间布局，主要分散于市区，既不利于城市功能的整体开发，也不利于工业企业及产品的配套和规模化。浦

滨江大道

老社区改造

东开发开放提供了新的发展空间，陆家嘴金融贸易区的规划建设，动迁了工厂仓储企业，改造了工业用地，对上海城市空间做出优化调整。

陆家嘴金融贸易区的建设挖掘了滨江地区潜力，第一次使黄浦江从城市空间边界变成了城市公共活力的中心节点，开创了上海的“浦江时代”，使黄浦江沿线成为城市新的轴线，提升了滨江土地价值，对后续的北外滩、徐汇滨江、前滩、世博板块开发都有先导作用。其中，北外滩的开发将使外滩、陆家嘴、北外滩构成一个“黄金三角”，形成新世纪上海CBD的崭新格局。

4. 人居提升：展现上海城市新生活

（1）以人为本的城市空间

陆家嘴金融贸易区建设的核心理念在于从人和当地环境出发，以满足人的生活需求和精神需求为导向，重视生活使用的便利度、外部环境的舒适度、内部环境的健康度、人与自然的融合度，将生态理念自然贯穿于规划设计乃至建设的全过程中，努力营造理想的人居环境。

陆家嘴中心区不仅仅是一片简单的建筑群，而是一个“宜居宜商”的城市圈。陆家嘴中心区，有大规模的街区及宽达百米的道路，给行人游览东方明珠、滨江大道等观光设施及其他大型商业设施带来不便，“世纪连廊”的建设为解决人车交通矛盾起到了显著的改善作用。整个步行连廊连接金茂大厦以及环球金融中心等标志性建筑。在陆家嘴，“世纪连廊”不仅是过街的空中通道，更串联起了商场和近50栋办公楼宇，犹如经络一般提升陆家嘴的活力。未来，连廊将向东延伸，将整个世纪大道割裂的陆家嘴区域有机串联起来。

正大广场

二层连廊

通过参照国际大都市CBD交通组织的经验，陆家嘴CBD地区交通遵循“以交通组织为先导，改善区域交通运行”的总体策略：一是要公交优先，二是要组织有序，三是要慢行舒适，四是要停车挖潜，有效地解决人、车交通的矛盾关系。

在优化环境硬件的同时，陆家嘴也注重“软环境”的建设，一个更加精致、更适合金融业集聚的陆家嘴已经浮出水面。2012年编制的《陆家嘴金融贸易中心区公共空间功能调整完善实施课题研究》，从八大功能性空间出发，有效地把陆家嘴中心区改善成更加宜人的金融城。如设立了27处出租车候车站，解决了白领上班“最后一公里”的问题；供应直饮水机；打造演艺舞台；采取“泊位预定系统”，在网上预约停车；设计健身步道；建成高品质“无线金融城”，实现陆家嘴中心区的无线网络全覆盖；开通短驳巴士等。

在陆家嘴金融贸易区的不断完善中越来越重视以人为本的设计理念，从功能、交通、空间等多方面建设更加宜人的城市生活区。

（2）人文氛围浓厚的城市生活

一座城市，如果说道路是它的骨架经络，经济是它的动力和血液，那么文化就是它的灵魂和思想。

陆家嘴金融贸易区以重要文化地标方式引导地区更新，以历史遗存的改造培育文化产业，以文化活动激发城市活力。

1）文化地标的建立

花木行政文化区规划用地约2.6km^2。在上海城市副中心中，花木行政文化区定位为浦东新区行政文化中心和市民公共活动中心，它西依陆家嘴中心区，南接张江高科技园区，又与金桥出口加工区等相邻。世界第一条商业运营的磁悬浮列车起点，闻名遐迩的上海国际博览中心、世纪公园、上海科技馆、东方艺术中心等现代化建筑和设施相继落户花木，赋予传统的花木现代文明的内涵。

城市的行政中心是市民活动的重要场所，丰富多彩的文化中心的建筑往往是城市的标志性建筑，也是体现城市特色的重要元素。花木行政文化区是以中心广场周边建筑群为核心的现代化的城市行政文化环境空间，由上海科技馆围合而成的半圆形广场和高层圆形的浦东新区政府办公大楼遥相呼应，从而使广场空间格外突出，实现了以建筑组合城市空间的目的。花木行政文化区中心广场北侧轴线东部是浦东新区行政管理功能区，矗立着新区政府的标志性大楼及各相关政府机构会务中心、商检大楼等；广场轴线西部为科技文化区，以科技博览馆、图书馆、青少年活动中心等科技文化建筑为主体，配以相应服务设施，构成城市新的科技文化中心。地区的总体格局以世纪大道为轴线，以世纪广场为核心，呈左右对称布局。良好的城市文化环境、美好的交往环境、优美的自然环境、文明美丽的建筑环境，共同营造出一个和谐美好的城市空间形象。

此外，位于世纪公园附近的上海新国际博览中心，围绕其周边的浦东嘉里城和喜马拉雅艺术中心，以及大量高档住宅区的稳定消费人群，它与花木文化行政区形成了有机的统一性和建筑功能多样性。

2）历史遗存的延续

建筑是历史记忆的城市载体，承担着文化记忆延续性的作用。陆家嘴近代一百多年的历史中，有着丰富的工业文化资源。在比邻黄浦江的地理位置，码头文化和资源成为陆家嘴更新中“旧”的重要代表之一，具有承载历史的特质。于是上海船厂的遗址成了陆家嘴更新的又一亮点。船厂旧址建起了陆家嘴滨江金融城。原先万吨轮下水的“船台”以及一处老厂房保留了下来，占地约1500m^2，该处正将改建为陆家嘴展览中心，将打造成集文化、展览及娱乐等功能于一身的休闲公共空间。以为周边金融区创造文化活动集聚空间为设计宗旨。希望未来的陆家嘴展览中心在为人们提供文化生活的同时，能够唤起人们对于过去这里造船工业蓬勃发展的历史记忆。

同样，区域内老厂房的改建也吸引了更多金融配套企业的落户，创造了“以小投入博得大产出”的新模式，如区域内的上海东星手帕厂成功转型为以现代服务业为主的鑫灵创意产业园。

3）文化活动激发城市活力

陆家嘴金融贸易区很早就注意到了生活体验与文化特征的重要性，组办了丰富的文化生活项目，如陆家嘴中心绿地夏季音乐节、社区文化展演等。其中“文化陆家嘴——2014陆家嘴文化氛围营造系列活动”，策划了涵盖话剧、交响乐、美术与雕塑展览、艺术交易博览会、大师讲座、流行、爵士、艺术电影等多种形式的文化导入，将这里打造为针对都市白领群体的文化新地标，不仅留住陆家嘴的白领人群，还吸引更多的知识型青年群体来此娱乐、消费。

陆家嘴金融贸易区致力于形成一批“品质化、国际化、高端化、常态化”的文化项目群，使这一

陆家嘴展览中心效果图

区域性的文化氛围营造工作进入自我发展的良性轨道，也为更多的都市人群在匆匆忙忙的节奏中提供一个停留下来欣赏艺术、回味人生的文化时光。

5. 转型发展：产业结构的升级

从21世纪初至今，陆家嘴围绕提升城市竞争力，探索推进产城融合发展这一目标前行，现阶段城市化这一阶段城市化呈现出新的特点：多功能、外向型、现代化新城区基本建成，逐渐向精深化开发提升，推动功能高端化；开发区联点成片，形成了沿黄浦江服务经济带和沿世纪大道金融产业带；着手解决城市组团内部服务功能相对滞后的问题；更加注重老社区改造、外来人口居住问题。

存量更新模式有效优化陆家嘴金融贸易区基础设施与功能产业，以陆家嘴软件园为代表的结构升级模式成为现在陆家嘴金融贸易区的主要发展方向，通过建立特色产业集群，提高科技含量和附加值，并注重综合服务配套功能，带动整个城市区域产业的发展。软件园充分利用了老厂房，适当加建了新大楼，疏通了道路网，增配了商业服务，明确了社区管理制度和机构在招商业态上把握与产业链需求的关系，由于在建成区对企业入住吸引力大，成为进一步焕发老工业区活力的成功典范。

三、智力：国际人才高地

1. 精英汇集：智力高地不断提升

人才数量不断提升。截至2014年，陆家嘴区域内人才总量已达到约42万。其中金融从业人员每年增长1万，目前已达19万人，纳入中央、上海“千人计划”和领军人才的金融高层次人才占全市金融系统约70%。

人才结构不断优化。2012年的一次抽样调查显示，在200多家陆家嘴金融企业中，本科以上学历的金融人士占据了66.08%（其中研究生以上占比为15.3%，本科是50.78%），专科及以下的比例为33.91%。在教育质量不断提高的今天，陆家嘴金融贸易区未来的人才构成将愈发体现出高学历集聚的特点。

2. 产业吸聚：人力资源加快流动

陆家嘴金融贸易区拥有国内最为完善的金融机构及金融基础设施，为金融人才的集聚提供了重要平台。在31.78km^{2}的范围内，陆家嘴金融贸易区聚集了728家银行、证券、保险等持牌金融机构，分别占上海市的60%和浦东新区的90%，还拥有央行上海总部、上交所、上期所、中金所、中国银联等一批系统重要性机构和功能性机构。陆家嘴金融贸易区形成了以人才为核心的知识、技术高度密集的产业群体，吸纳了大批高层次人才，加快了人才的国内、国际流动。

3. 国际引进：聚才效应不断彰显

高层次人才是经济建设的主要推动力量，是金融产业的核心竞争力所在。为进一步开发金融高层次人才，陆家嘴金融贸易区大力实施了国际金融人才战略，采取了多元化、全方位造就人才的模式，进一步构筑国际人才高地，并塑造了良好的人力资源集聚体系和环境，培养和引进了一批具有全球视野和较强创新意识的国际性金融人才。

（1）陆家嘴金融贸易区充分发挥社会组织在金融人才引进培育方面的作用。陆家嘴金融贸易区以中国社科院陆家嘴基地、陆家嘴国际金融研究中心、上海纽约大学等机构为依托，统筹利用金融教育资源，开发和引进国际化高端金融人才培训项目，构建涵盖高级金融管理人才、高层次专业技术人才、一线员工队伍等多层次金融人才教育培训体系，建设了一批与国际前沿接轨的高层次金融人才培训基地，并以此为依托大力培养和引进了包括专业外语人员、高级商务师、国际反避税师、高级精算师等高端紧缺人才，充分发挥人力资本的核心主导作用。

（2）陆家嘴金融贸易区不断推出各类人才扶持政策，提高自身对各类人才的吸引力。2014年，上海陆家嘴金融贸易区管委会发布《陆家嘴互联网新兴金融产业园暨创新孵化基地配套措施》，即“陆九条”，其中第九条明确提出，“今后陆家嘴管委会将加强新兴金融企业的人才服务，加大人才落户、人才招聘、医疗服务、子女入学、培训教育、出入境便利等方面的服务力度”。

（3）陆家嘴金融贸易区为了吸引人才不断完善生活配套。浦东新区政府着手实施的“深耕陆家嘴”行动，在陆家嘴构建更加适合新兴金融发展的综合发展环境。一是着力强化生活、交通、娱乐、休闲、交流等便利化、人性化功能，比如人才公寓至金融城的往返短驳巴士，为入住者提供便利的生活配套设施。二是大力集聚高端文化、金融文化、白领文化，植入各种文化元素，让陆家嘴成为一座充满文化气息、体现文化水准的灵动时尚之城。三是在有限的容量、现有的体量基础上，再设计、再改造、再开发、再提升，切实做好中心城区更新再造这篇大文章。四是着眼于辐射全球、服务全球，进一步凸显国际化这一灵魂，千方百计注入国际化元素，使陆家嘴成为名副其实的国际一流金融中心。五是探索建立社会有序参与机制，形成政府、社会、市场、人才良性互动的新型伙伴关系，不断提升陆家嘴的治理和服务水平。

在种种积极因素的影响下，目前陆家嘴金融贸易区已集聚了国际5大金融中心的信息资源、国内外40多所知名高校的教育资源和11家国际金融人才认证机构的培训资源，吸引了116所高校的1008名研

陆家嘴人才公寓

究生人才在陆家嘴进行孵化。陆家嘴金融城的金融从业人员约达20万人，其中国际化金融人才与新兴金融人才占1/5以上。

4. 智力碰撞：高峰论坛影响深远

于2008年5月首次召开的“陆家嘴论坛”是由上海市政府和“一行三会”共同主办，目标是成为我国金融领域最具影响力的论坛，同时也成为世界上最有影响力的经济金融论坛之一。历届论坛的主题有：“世界格局中的中国金融”，“全球化时代的金融发展与经济增长”，“危机之后的经济结构调整与金融变革”，“新时期的金融体系及其宏观管理”等，反映着时代的特点和金融的热点，吸引着来自世界的高度关注。

四、魅力：上海形象名片

“城市应该是美丽的地方，让它的艺术气息、文化氛围、建筑和景观为市民带来欢乐和灵感。”——《柏林宣言》

1. 上海明信片变了

1846年，西方人在外白渡桥至金陵东路之间修筑马路，英国人称之为“bund”，中国人称之为“外滩”。在之后长达一百年的时间里，外滩一直是上海代表性的城市形象。

而如今，陆家嘴成了上海新的城市名片。与外滩“万国建筑博览会”隔江相望的陆家嘴，成了“当代建筑的国际博览中心”。以东方明珠为前景的陆家嘴天际轮廓线，出现在电视台和各种媒体节目的镜头里，被印刷在书刊、海报、地铁车厢和各类公共艺术品的包装上，成为上海最具标识性的形象符号。

如果说外滩还残留着浓厚的殖民地艺术气息，追述着百年上海荣辱的复杂情感和文化记忆，那么陆家嘴则成为上海乃至中国在独立自主的新时代下，能够骄傲地向世界开放的、崭新的城市形象，她倾诉着上海不可遏止的源源活力。

对于今天的上海人和国内外游客，已经很难想象没有陆家嘴映衬的外滩会是怎样的缺失景象，在长达1.5km的外滩观景平台上，如织的游人纷纷将相机对准了陆家嘴极具视觉冲击力的摩天楼宇群，留下一幅幅瞬息变幻的光影美景。当晨曦初现，第一缕阳光照射在陆家嘴的楼群上，刺眼的光芒在摩天楼宇间相互反射着，坚硬而挺拔。它们脚边的黄浦江像初醒的老人，安详沉静地流淌着，注视着这个城市的发展与变迁。在蓝天的映衬下，陆家嘴的天际线与太阳融成了一幅画，宛如高耸的摩天楼宇托起了闪耀东方的太阳，展现着陆家嘴生机满溢的朝气。而当夜幕降临时，陆家嘴成为光的世界、灯的海洋，滨江大道熠熠生辉、东方明珠绚丽璀璨、激光灯闪耀长空、现代建筑群辉煌变幻，倒映在波光粼粼的黄浦江中，江水共华灯一色，展现着夜上海别样的磅礴与震撼。

2. 不断著写着的音乐史诗

如果说建筑是凝固的音乐，那么陆家嘴金融贸易区的建筑群就是一部不断著写着的音乐史诗。

从1991年“东方明珠”电视塔正式奠基开始，三百余栋高楼陆续崛起，大批优秀的现代主义、新现代主义、后现代主义、装饰主义、仿古典主义建筑的出现，如一部不会谢幕的音乐剧，鸣奏着新风格的交响曲。沿世纪大道自西向东，陆家嘴中心商务区、张杨商业区、竹园商贸区、花木行政文化区，各具特色的建筑群，以其各自独特的空间魅力，交汇成一篇篇华美的乐章，凝聚成时代的咏叹调。

今日陆家嘴金融贸易区的现代建筑群显示出的高品质、高质量、高效率的城市精神，以及非凡的创造力，在世界建筑史和城市规划史上留下深远的回响。而在这部澎湃的音乐史诗里，最跳动的音符是陆家嘴中心区的四幢标志性建筑。

（1）东方明珠：珠玉之声

东方明珠广播电视塔坐落于黄浦江畔东陆家嘴嘴尖上，与外滩的万国建筑博览群隔江相望。塔高468m，与左右两侧的南浦大桥、杨浦大桥一起，形成双龙戏珠之势，成为上海改革开放的象征。东方明珠广播电视塔的设计者富于幻想地将11个大小不一、高低错落的球体从蔚蓝的空中串联到如茵的绿色草地上，两个巨大球体宛如两颗红宝石，晶莹夺目，与塔下世界一流的上海国际会议中心的两个地球仪体，构成了“大珠小珠落玉盘”诗情画意的壮美景观。

（2）金茂大厦：文化吟咏

1994年开工的我国第一座超高层大厦——金茂大厦，不仅仅是上海城市的标志，更重要的是为中国的建筑业翻开了新的篇章。纵观中国建筑史，其实没有真正现代意义上的高层建筑，因此很难建出具有中国文化特色的建筑楼房。正如赢得该方案的美国S.O.M公司的首席设计师Adrian smith 所说道：“在我研究中国的传统建筑时，我被宝塔这种建筑吸引，并做了很多笔记。所以我最初的构想来自于宝塔。金茂大厦不仅是简单地从后现代艺术转向现代艺术，她也吸收了中国文化的精髓。”相比于其他的设计，金茂大厦更像是专为浦东、专为中国设计的。这种具有中国文化内涵的高层建筑，既能满足城市对于建筑使用功能的要求，更重要的是它成为城市的名片，提高了城市的文化底蕴。

（3）环球金融中心：璧月合鸣

环球金融中心大楼的原始设计灵感来源于中国古老的艺术器件——圆形玉璧和棱形琮璧，采用光滑而有质感的玻璃和金属材料，覆盖在简洁流畅的几何建筑形体上，随着光线和天气的变化，能从不同角度欣赏到变幻无穷的大楼主体，建筑的裙楼像一对飞翔的翅膀，为主楼平添了动感；大楼顶端直径50m的圆形镂孔，借鉴了中国传统建筑中“月洞门”的造型，体现了东方文化的精粹。

（4）上海中心：时代强音

2008年底，上海中心大厦开工。作为陆家嘴中心商务区的最后一幢超高层标志建筑，总高度632m的上海中心也将刷新中国建筑高度的新纪录。

3. 一个实现梦想的地方

（1）海纳百川，上海的就业梦

陆家嘴金融贸易区的建设，不仅代表了上海的魅力形象，也是实现梦想的载体。这里曾经是农村地区，而浦东的开发、陆家嘴金融贸易区的建设推进了这个地区的发展，城市基础设施和新的工业项目纷纷上马，给本地市民以及外来人员留出了很大的就业机会。

陆家嘴实现了人们就业的梦想，其巨大的金融贸易产业提供了大量就业空间，加上不断推出的人才扶持政策，不论是刚踏上工作岗位的年轻人，还是远道而来的金融人才们，都能够在陆家嘴这个庞大的系统之下找到属于自己的安身之地，让自己的能力在这个全国顶尖的金融贸易中心得到全面的发挥。陆家嘴这个平台已经为人们量身定做了各类学习深造、发挥能力的机会，在这个高大的平台之上，可能实现了无数人的金融梦。

金融贸易是陆家嘴产业的代表，而高度城市化的陆家嘴金融贸易区实际上是一个复杂的体系，从人员到岗位构成都是多样的。陆家嘴金融贸易区提供的不光是金融人才的就业，在其开拓自身的同时，物质空间需要建设、社会环境需要运营管理、公共服务需要混合多样，就业岗位的需求就变得多层次，从建筑施工、环卫工作到行业精英、高级白领，或大或小的岗位在这里都是极度需求的。

（2）新的乐土，上海安居梦

上海到1985年已经发展到了639万常住户口居民，而其建成区大量聚集在浦西，整个城区已十分拥挤，市民生活居住条件恶劣，陆家嘴的发展和浦东的开发建设，使上海的空间得到了有效的疏导。

曾经如城市边界般的黄浦江如今也已成为上海美丽的中央风景轴线，在其两侧，由陆家嘴引领的浦东新区已经能够提供高品质生活条件，对人的吸引力日益强劲。在上海建设“四个中心”的背景下，人们纷纷来到上海寻求发展与机遇，这时不光是浦西，崛起的浦东能提供给他们的也同样是实现理想的载体——岗位、住房、环境等等。在浦东，基础设施完善、经济发展迅猛、人文环境优质、福利政策不断对外开放，城市空间品质也通过不断的修缮达到完美，这是一片梦想的土地，提供给人们的是一个美好的家园。

（3）世界标杆，上海发展梦

浦东陆家嘴是中国改革开放的象征，陆家嘴的开发对于上海来说，在规划模式、创新实践、发展贡献等各方面都带来了积极的影响与经验。无论是“四个中心”的建设要求，还是上海的城市魅力与形象，陆家嘴金融贸易区对于上海发展起到了重要的带动引领作用。在上海实现发展的梦想过程中，陆家嘴的成功与引领意义重大。

4. 开放，拥抱世界

漫步在陆家嘴金融贸易区，与浦西最大的不同感受在于其空间的大气和开阔。从滨江大道到陆家嘴中心绿地，从世纪大道到世纪公园，人们总是能从极目远眺的宽广视野中，收获一份舒朗明快的心情，也感受到上海这座国际化大都市的恢宏大气和开放胸怀。

开放的空间、开放的形象、开放的政策、开放的思想，陆家嘴金融贸易区的建设起始于开放，也成就于开放。如果说20世纪80年代的深圳，为中国人打开了一扇世界之窗，那么20世纪90年代的浦东，则是推开了一扇向世界开放的大门，从此，中国人不再小心翼翼，而是展开臂膀，以拥抱的姿态加速奔向新的世纪。

上海的形象名片不是印在陆家嘴的高楼大厦上，而是印在怀抱着上海梦和中国梦的每个人脸上。陆家嘴金融贸易区也许不会再有大规模的开发建设，但这片热土上时时刻刻发生着的创新和进步，社会、经济、文化、生态的发展，将不断筑起未来的新高度，托举着上海走向新世界的巅峰！

陆家嘴地区鸟瞰图

第五章

陆家嘴规划的经验与思考

第一节 国际视野，科学规划

如果说25年来以陆家嘴为典型代表的城市新区飞速发展是一台精彩好戏，那么陆家嘴的城市空间就是一个漂亮的舞台，而科学合理的城市规划则是一出好剧本。科学规划是“唱好大戏”的前提。

一、理念决定高度

1990年浦东开发、开放伊始，就秉承着这样的发展理念：通过浦东开发、开放，恢复和发展上海的城市功能，做长江流域发展的龙头，建设经济、金融、贸易中心。25年来，浦东矢志不渝地坚持这一基本理念不动摇，再造了一个具有全新城市功能的上海，其中陆家嘴金融贸易区成功地致力于本土、区域、国际三个层面作用的发挥，体现了高瞻远瞩的胸怀，取得了有目共睹的骄人业绩。

1. 胸怀大局

从本土陆家嘴建设来看，政府部门、陆家嘴集团和规划设计团队在城区设施日渐成熟中不断考虑使区域功能提升，强化建筑形态及建筑功能适应产业功能的发展，其中，陆家嘴金融城吸引了大批国内外金融机构、跨国公司总部、央企总部、各省属企业和民企总部进驻。

从区域陆家嘴建设来看，陆家嘴金融贸易区不仅为浦东服务，更服从上海和长三角的大局。在各版浦东新区总体规划和上海市城市总体规划中，陆家嘴中心区都明确是上海CBD的主体部分；陆家嘴金融贸易区25年来在为外高桥保税区、金桥出口加工区、张江高科技园区以及上海和长三角一大批企业提供金融服务中，自身也得到了突飞猛进的发展。

从国际陆家嘴建设看，陆家嘴中心区已经成为万商云集的不夜城，世界金融和贸易网络上已离不开陆家嘴；陆家嘴金融贸易区又有许多国际社区，例如联洋、滨江社区居住着许多穿梭在国际金融和企业界的高端商务和创新型人士；新国际博览中心国际性展览一年四季爆满；龙阳路磁悬浮列车作为世界唯一商用线路天天吸引着外国游客。

陆家嘴的本土、区域、国际三个层面的发展首先依靠的是规划，上海市城市总体规划赋予了她地位，浦东新区总体规划赋予了她功能和规模，金融贸易区结构规划和各地区控制性详细规划给她指明了具体布局和开发方向，交通、市政专项规划和各项社会事业规划提供了科学保障，而陆家嘴核心区城市设计代表了高起点的国际水平，成为一系列规划的标志。

2. 创新开发模式

回顾陆家嘴金融贸易区25年发展的历史，我们可以梳理出其“理念决定战略，战略指导政策，政策指引规划、规划引领开发”的完整的发展逻辑，体现了三大机制：形态开发与功能开发相结合的规划先行机制，土地资本与金融资本相结合的滚动开发机制，成片开发与轴线开发相结合的集中建设机制。

陆家嘴金融贸易区在陆家嘴中心区、竹园商贸区、张杨路和世纪大道两侧、滨江地区等重要地区的大胆实践，通过“土地空转，滚动开发”形式，将土地资本、金融资本、社会资本、产业资本等大规模、深层次地结合，形成了以“土地吸附资金，以资金提升土地价值，土地更大规模吸附资金，金贸区域不动产迅速升值，土地开发快速推进”的滚动开发机制。

土地开发也与各方面紧密相连，陆家嘴金融贸易区关注了交通与土地开发整体规划的问题，重视了招商反映的市场需求与规划调整完善的衔接工作，协调了产业发展与城市发展的带动和互补关系，落实了社区设施的网络式配套布局，也确保了在功能设施发展的同时，生态建设的系统落地。

二、“世界智慧”的成功尝试

陆家嘴金融贸易区时刻秉持着国际视野，充分借鉴国际经验和领先技术，立足于创新和示范。在细节的塑造和每个系统的塑造上，都充分研究，力争做到最好。25年来，开展了陆家嘴中心区城市设计、世纪大道两侧城市设计、滨江大道设计方案、花木行政文化中心区规划设计、世纪公园规划设计、新国际博览中心规划设计等许多重要的不同功能区域的规划设计，引入了许多先进理念。

陆家嘴核心区建设是浦东开发的第一个高潮。位于黄浦江上一曲水湾的陆家嘴核心区，除了是人民广场—外滩传统CBD的合理延伸，也因其高水平的规划和实施，成为全球瞩目的金融中心区域。陆家嘴核心区城市设计开创了中国首个CBD国际方案征集，邀请了来自中国、日本、英国、法国、意大利等五个不同国家的优秀设计单位，提供了“东西轴线”、“田园都市”、“城中城”等全新的设计理念。同样，在后续进行的交通规划中，如奥斯卡–菲柏T.P.A公司编制的《交通规划报告》，采取了“基地交通影响评估法”，可以对由各种土地使用性质、道路与交通密度所产生的未来交通量进行估计，从而确定地区的交通方式、道路形式、停车设施量等原则，引进了当时在北美同类工程中普遍采用的方法和工具。

黄浦江滨水地区成为绿色休闲空间提升了上海国际化都市魅力。城市河道是富有特色的景观空间，全球著名城市如巴黎、伦敦、华盛顿、哥本哈根等，都因为有美丽河道贯穿其中，沿河布局造型优美、丰富多彩的建筑群令人向往。黄浦江长期以来仅有外滩可以接近，缺乏成规模、现代化的临水建筑群，浦东开发从陆家嘴起步，给上海弥补了这一缺陷，也是黄浦江两岸综合开发的一个有力前奏。

作为通道和留白的世纪大道和世纪公园体现了超前智慧。在寸土寸金的陆家嘴核心区，能够保留成片的中心绿地已经是很不容易，但相对于纽约中央公园和柏林城市森林，规模还不足以让陆家嘴地区生机盎然，而世纪公园作为“绿心”的存在，整体上提升了陆家嘴地区的环境品质，使人在越江进入浦东之后，特别是经由世纪大道快速穿越陆家嘴中心区和花木行政中心，进入到全市规模最大的城市公园，一下子感受到风景这边独好，心理舒缓愉悦。可以说世纪大道和世纪公园的连接沟通，起到了“一张一弛”的空间效果，也是城市规划的精彩手笔。

三、多规结合的解决方案探索

经济社会和环境同步发展的综合发展是浦东开发的一个重要理念，后来成立的浦东新区综合规划土地管理局，整合了发改、规划和土地三大领域规划，把经济社会、空间规划和土地使用结合起来综合管理。同样，陆家嘴金融贸易区的建设，既有老工业土地收储、动迁和旧改规划的问题，也有向当时全部是农村土地的严桥、花木等乡镇征地、储备、安置和开发建设规划的问题，就是在整合的“三规合一”工作平台上解决的。

由于人口和项目的集聚，社会事业的专项规划也十分紧迫，陆家嘴金融贸易区也编制了一系列的文教体卫和园林绿化、环境保护等系统规划，这为2004年启动的中心城全覆盖的控详单元规划奠定了良好的基础。

四、从实践中反馈修正的优化机制

城市规划是一门谋划未来的空间艺术，也是一项要经得起时间检验的公共政策。根据形势变化不断反馈修正，是规划力量支撑城市可持续发展的有力保证手段。陆家嘴的建设基本上是“从无到有”，没有现成的操作运行的轨迹可以借鉴，所以规划实践的摸索过程不是一帆风顺的，也存在着困难、失误与教训，而可贵的是，随着发展水平和认识水平的提高，规划建设者们逐步地弥补、修正了这些失误和遗憾，这是一种健康的发展机制。

如二层连廊由于受当时建设成本及招商的制约没能按照最初的规划连通，如今“明珠成环”，陆家嘴中心区的步行交通环境得以明显改善，同时为行人和游客提供了安全、便捷的活动观光空间；原先陆家嘴地区的功能业态较为单一，金融贸易功能占绝对地位，而商业、文化、娱乐休闲等配套功能极为缺乏，曾被戏称为“金融的高地，文化的洼地”，如今文化、娱乐以及一些具有城市特色的功能已充实其中，并通过政策扶持一些小业态入驻，使得区域的业态功能更为丰富，金融贸易区具有了复合化的城市功能，从而向“金融城”的功能形态逐步迈进；原先由于重点在于楼宇建设，对整个区域的环境打造尚未深入，如今通过绿化生态建设、景观小品塑造等手段，对环境进行“精雕细琢”，使得区域环境品质越来越好。从循序渐进中不断完善和提高，这种实践的经验对上海乃至全国都具有重要的借鉴意义。

第二节　多维联动，和谐发展

一、“五维联动”突破瓶颈

浦东一开始就担当着为全市空间拓展和功能转型，突破发展瓶颈的责任。因此作为核心区的陆家嘴金融贸易区，也在“五维联动”（浦东与浦西的联动、开发与旧改的联动、产业与生活的联动、功能与形态的联动，以及陆家嘴与张江的联动）格局中最能动地、最高效地发挥了自身的作用。早期浦西的动迁安置、市级平台市场的选址（如上海市房地产交易市场）、市级重要科技文化设施的选址（如上海市科技馆）、大交通系统的布局对接等都体现了浦东与浦西的联动；在开发与旧改的联动上，注意了实施节奏，有以新代旧的方式，也有先保留旧，逐步改造并可能保留硬件、置换功能的方式，如民生路港区、峨山路工业街坊的改造等；在产业与生活的联动、功能与形态的联动上，陆家嘴金融贸易区在围绕地铁枢纽和交通干道旁，在滨水第一界面，都合理、恰当地布置一些商业办公和文化娱乐设施，从今天国际经验和趋势来看，这都是符合公益性导向和效率原则的。

今后陆家嘴的联动还要放眼外部，浦东新区正致力于建设成为上海国际金融中心的核心功能区，在这个布局中，陆家嘴金融城和张江银行卡产业园的前后联动将成为“盘中棋眼”。到2020年，陆家嘴金融城空间总量显著提升，形成上海国际金融中心建设的核心功能，张江银行卡产业园的能级也显著提升，将成为中国金融服务外包的重要基地和具有一定全球影响力的金融后台机构集聚中心，因此，陆家嘴已经不能局限在本身范围，应该是张江陆家嘴、长江陆家嘴，结合“一带一路”国家战略，还可能是中西陆家嘴、国际陆家嘴。

二、点面结合的双向规划编制体系

在规划编制体系上，陆家嘴金融贸易区也有别于传统的自上而下、由面到点的单向体系，而是上下结合、点面结合的双向体系。可以说，是陆家嘴中心区奠定了后来的陆家嘴金融贸易区的地位，陆家嘴中心区的一些功能效应也溢出到周边，逐步向竹园商贸区、张杨路商业中心（新上海商业城）等周边地区扩展。

1992年，《浦东新区总体规划》（方案）审议通过，明确了五个综合功能分区，其中陆家嘴—花木分区范围与陆家嘴金融贸易区范围一致。在新区总体规划的框架下，《陆家嘴—花木分区规划》得以编制，该规划在汇总分区内已有详细规划的基础上，对整个分区的功能布局结构、交通体系、建设容量、市政设施等进行了整合协调，提出总体发展目标、结构布局、区域交通、区域市政、总体容量等控制要求，为整个区域的有序发展提供指导。在该分区规划指导下，一方面，陆家嘴中心区等先行开发建设地区的规划得到了进一步完善；另一方面，分区规划也为花木、洋泾、塘桥等地区的详细规划编制提供了依据。此后，整个陆家嘴金融贸易区的详细规划编制工作全面展开。

第三节　注重功能，有序开发

前浦东新区管委会主任赵启正在回忆浦东开发时说：“开发通常强调的‘筑巢引凤’，主要指先进行‘形态开发’，如果引不来‘凤’，开发就失败了。换个比喻，建成一个绿草如茵的足球场，这只是形态开发，如果没有国际规则、国际裁判，没有国际球队常来赛球这样的功能，这个球场就白开发了。形态开发就像计算机的硬件，而功能就是把硬件拿来派什么用途，要在开发前就设计好，没有软件或没有使用场合的计算机，只能是一件摆设。”1992年下半年，浦东新区提出要注重功能开发，反复强调形态规划必须服从功能规划。浦东就像一个功能完备的大球场，一年要赛几十场，这个足球场才发挥了功能，实现了功能，最好能举办世界杯。

今天，我们站在黄浦江边眺望浦东，陆家嘴金融贸易区那一幢幢大楼的精美形态，那众多楼宇的错落有致，向人们展示了现代国际城区所拥有的整体建筑岁月。这正是在开发过程中十分注重城市整体功能目标而相应地通过组织市场力量带来现代形态规划的结果。

一、不断强化“四个中心”的核心功能

上海在国际金融中心榜单上的排名提前，印证着黄浦江畔陆家嘴金融城正在发挥着上海国际金融中心建设的核心功能。在规划上，紧紧围绕功能开发，在金融贸易、要素市场、会议展览、观光旅游和房地产上，发挥布局效应，提升空间价值，使CBD功能日趋增强，最大化地发挥人流、物流、资金流、技术流、信息流的集聚辐射效应。

以金茂大厦、上海环球金融中心和上海中心等三座超高层建筑为标志的陆家嘴金融城，已经成为国内金融投资机构密集、要素市场完备、资本集散功能强劲的经济增长极。陆家嘴金融贸易区，是我国商务楼最密集的城区。这里汇聚了140多家中外金融机构，拥有证券、期货、钻石、石油、金融期

货、产权、人才、房地产等要素市场11家，30多家跨国公司地区总部，60多家国内大企业集团总部，聚集了数百家律师事务所、会计师事务所等中介服务机构，以及上千家投资机构和贸易公司。

二、功能分区、有序推进

从黄浦江边的“烂泥渡”到世界瞩目的“金融城”，陆家嘴金融贸易区的规划建设，是功能分区、有序推进的典范。

陆家嘴金融贸易区的功能开发，前期主要集中在“一道三区”，即以世纪大道为轴线串联的陆家嘴中心区、竹园商贸区和花木行政文化区。在外资、内资迅速集聚的情况下，商务楼宇的布局和落地，集中体现了决策者和规划师按照“功能分类”的思想：金融办公和总部大楼放在陆家嘴中心区；各省市和中央部委建设的“省部楼”布局在东方路、张杨路沿线；行政管理、文化科教职能的公共建筑坐落在花木地区。三个组团之间，用快速道路和地下管线联通，由此构筑出陆家嘴地区发展的空间骨架。

以“一道三区”为基础，陆家嘴金融贸易区形成了功能完备的多个组团：以上海中心、环球金融中心、金茂大厦、证券交易所为重心的中外贸易机构组团；以中国人民银行大厦、汇丰银行大厦、中国银行大厦等为重心的国际银行楼群组团；以东方明珠、香格里拉、正大广场为重心的休闲旅游会展组团；以盛大金磐、汤臣、鹏利等为重心的沿江顶级住宅组团；以国金中心为重心的跨国公司区域总部大厦组团；以上海期货大厦、浦项广场、汤臣金融中心为重心的竹园金融总部组团；以新国际博览中心为代表的现代会展商务组团、浦东大道沿线的航运服务组团等。与此同时，酒店、会议、展览、餐饮、高档居住和购物等功能性建筑也星罗棋布，成为金融贸易区功能建设的有效补充与浦东经济的崭新增长点。

陆家嘴金融贸易区后期不断加大基础设施和服务设施建设投入，城市功能更趋完善。浦江沿岸的滨江旅游休闲带成为新的城市亮点；隧道、大桥和轨交线组成的越江交通不断完善，区域内外交通逐步通达，连接长三角的立体式、网络化交通形态逐渐形成；商业配套环境更趋优化；以完善公共服务设施为主的老社区改造规划已编制完成并开始全面实施；民生持续改善、环境品质逐渐提高。

三、功能的提升、复合和互补

陆家嘴金融贸易区多年来的规划实践表明，功能的开发需要内涵，空间多样性的植入才能实现功能的提升和发展。花木城市副中心、塘东地区、陆家嘴软件园就是功能开发丰富多样的典型案例。

1. 功能提升——塘东地区的重新调整

在早期的陆家嘴—花木分区规划以及花木地区结构规划中，塘东地区就被认为宜于作为浦东东西轴线功能的延伸、补充，以发展商务办公、旅游购物和居住为主要内容，形成一个具有现代化、高品质的综合功能园区。

随着上海市加快“四个中心”的建设，浦东新区经济结构调整进一步加快，国内外大公司、大企业等功能性机构加快向浦东集聚，整个浦东新区写字楼市场需求量极大。而作为浦东新区核心区域的陆家嘴金融城，现有的办公楼宇供应量已不能满足市场的需求。在此背景下，作为世纪大道沿线商务带重要延伸部分的杨高南路商务区的功能价值日益显现。特别是大量中外金融机构集聚陆家嘴后，对陆家嘴功能拓展和完善提出了更高的要求。陆家嘴中心区向周边的上海船厂地区拓展，竹园商贸区周边形成杨高南路商务走廊，增加了塘东总部基地和竹园公园商贸地块。在此背景下，塘东地区的功能定位得到了质的提升，除了一些中、高档居住小区的定位外，增加了金融类总部基地的功能。

从首轮规划中作为花木地区的有机组成部分，建设成商业办公、文化娱乐、公寓商住和住宅区的新型综合小区，到规划调整时期的功能定位为中、高档住宅区，再到最后局部地块的定位提升为以商务办公用地为主的现代化甲级商务区。陆家嘴金融贸易区的发展为塘东地区带来了功能提升的机会，地区功能变得更加多样，生活品质也得到了提高。

2. 功能复合——花木城市副中心的再思考

在花木城市副中心形成以前，浦东还没有自身独立的城市引力中心，这影响了浦东地区城市功能的正常发挥。不论是从区位或者周边资源优势判断，花木地区都是成为浦东地区中心的最佳选择。

城市副中心是仅次于城市中心，能够承担城市诸多主要功能的综合性、复合性的城市区域，这就强调了“功能复合”在建设花木城市副中心过程中的重要性。功能复合不光意味着功能在空间内的集聚，也能够为地区带来必要的人气，所以作为新的城市副中心，功能复合对于花木是相当重要的。

在各阶段的规划历程中，花木城市副中心的功能复合就被不断强调。花木地区初期定位是以行政中心、国际会议中心、大型文化博物中心、购物中心、物贸中心，以及以中央绿地为核心内容的游憩观光绿网，形成以上述公共活动为主要内容的综合区。随着浦东及陆家嘴金融贸易区的不断发展，花木地区的功能定位也在不断地提升和完善，其目标为浦东新区的行政文化中心和市民公共活动中心，凸显高档居住区的品位，并结合休闲娱乐、商业配套等元素为一体的复合功能区域。此外，浦东新区政府于2006～2007年间邀请4家国内外设计机构进行花木10号重点地块的方案设计中，也反复强调了其复合的功能构成，可见复合理念在花木副中心功能开发中的重要性。

花木城市副中心作为重要的地区中心与引力中心，其复合功能的开发是具有代表性的。花木的城市功能是复合的，它具备足够的空间容量和多元的、有吸引力的功能组成。其功能的类型、组成形式以及组成比例，都是为了促进花木地区形成浦东重要的地区核心与人气中心，成为上海重要的城市副中心。如今除了已有的核心功能，世纪公园这一特色也将被发挥，上海国际博览中心等地区也将结合商务办公，以及酒店餐饮、停车等基本服务，挖掘其对商务人群潜在的吸引力。如今的花木地区将在住宅市场成熟的基础上继续发展商业商务等功能，形成地区的功能高度复合，成为陆家嘴金融贸易区功能开发的新旗帜。

3. 功能互补——陆家嘴软件园的转型

陆家嘴金融贸易区的产业集聚效应显著，建设发展也日渐成熟，在这个背景下，开拓功能领域并引导新型功能的发展，功能之间形成互补，是实现地区快速可持续发展的重要手段。在金融贸易产业的支持下，陆家嘴软件园的转型发展是陆家嘴金融贸易区功能拓展的一次成功尝试。

陆家嘴软件园曾为峨山路工业小区，在陆家嘴金融贸易区的发展背景下，该地区被升级为软件产业园区。在规划过程中，将原有的部分功能由工业转变为研发、商业、办公功能进行使用，同时对原有部分建筑进行置换，将原厂区建筑改造后作为研发功能使用。在几年的时间内，陆家嘴软件园完成了从工业小区到软件园的功能转型，如今园区内已引进了欧特克中国研发中心、富士施乐研发中心、华为上海研究所、法国船级社中国总部等知名软件开发和技术研发机构入驻。

软件园的开发与陆家嘴金融贸易区的发展，形成了功能互补的发展模式，促进地区功能的多样性，并且产生了“1+1>2”的效果。金融贸易区雄厚的产业功能协助产业园区的起步发展。

陆家嘴软件园也是金融贸易区功能的有机组成与完善。第一，陆家嘴软件园能够充分利用周边资源，与居住区、大学、商业中心、商务中心等城市功能协同发展，周边的居住区与商业中心能够给产业园的职工提供住所与消费休闲场所，大学与科技园区能够为产业园提供发展动力，而软件园的产品进入周边市场也将变得相当方便，同时其内部优质的环境也能被周边的居民所共享。第二，进一步发展需要依靠创新，需要园区内外的紧密联系以强调互相学习交流的文化环境，同时人才的更新与流动也会逐渐加快。

四、从“区”到“城”的内涵拓展

陆家嘴金融贸易区如今已经全部城市化，未开发用地所剩无几，但其中各区位的优劣差别仍然存在，需要我们不断用先进的理念、先进的标准去做一些重要的再开发或“二次创业”，从厂房的更新利用、旧区的更新改造、园区（陆家嘴软件园）的再开发、滨水的价值性开发方面，为陆家嘴金融贸易区注入新的“生机”。

休憩商贸功能的开发，是当今世界国际性城市的一大新兴功能增长极。陆家嘴有了一系列正在规划和建设的休憩商贸项目，主要集中于陆家嘴中心区和世纪大道周边和张杨路新上海商业城商圈。

社区生活服务功能的完善，也是陆家嘴从“区”到“城”的重要方面，市民中心、菜场、商业街、各级学校、健身设施、社区医疗卫生和养老，在陆家嘴金融贸易区的“控详规划”中都得到了合理布局和落实推进。

第四节　以人为本，提升品质

一、精细化的设计和管理

1. 坚持既定的规划原则，以项目来不断完善

陆家嘴中心区精细化的设计和管理，帮助了由平面的地域空间转化为立体的楼宇空间，不仅被市民作为上海现代化形象的标志，也不断吸引着如潮般的国内外观光游客；而且楼宇自用和租售率也持续攀升，显示出勃勃生机。这与大的空间品质设计与控制，以及小的配套服务设置与推进、落实紧密相关。

陆家嘴中心区的城市设计对空间品质做了详细的研究设计。规划控制了由滨江绿地、中心绿地和世纪大道绿带构成的主体景观绿地，公共绿地率达21.6%；规划围绕中心绿地布置三幢核心超高层和高层带，建筑高度向滨江一线递减设置，建筑高度在东、西两侧端做重点门户强化处理；滨江做亲水平台处理，由二层步行连廊和地下步行空间形成步行系统；地下空间连通地铁和三幢核心超高层及国金中心，由转换空间、步行通道和商业娱乐空间组成；规划归并地块车辆出入口，有利于道路交通不受干扰；规划配置了1.5万人的居住建筑，预测工作岗位20万人。此外，规划还布置了一个长约3km的双层逆向单行地下环路系统，它与隧道、高层带及超高层区地下空间连接，作为建设高效的区内综合交通体系的一项主要措施，但由于城市动迁和项目分期建设等种种原因，这一环路系统没有实施。

每一幢建筑的方案设计都是陆家嘴中心区城市设计的落实和完善，如在环球金融中心的建筑方案设计阶段，规划部门从临江纵深梯度控高角度，从外滩的各个视角，从东侧世纪大道观看的角度，对

其进行了模拟分析，对三幢核心超高层的关系及与其他楼宇配合的方面进行了分析优化，以期设计形成一个波浪曲折的轮廓线。规划也对原建筑方案的奇怪式样顶部做了弱化引导。同样，规划对一线沿江的许多建筑也做了有力的控制，包括建筑方向、群体关系、色彩和建筑顶部形式等。

确保中心绿地的实施与后续控制，是对陆家嘴中心区城市设计落实和管理的考验。在国际方案竞赛中，这块“绿宝石”镶嵌在摩天大楼环绕之中，是来自许多设计师的相似共识：高楼林立的中心区不能只有“森林”没有绿荫。英国罗杰斯设计事务所为此设计了一幅类似古希腊角斗场式的构图，中央是平地，四周是“看台”，其他几家的设计方案中也都有以绿地和水面分隔高楼的考虑。大家都意识到必须把大面积的水面与绿地安排进去。这个方案早年花巨资一步实施，体现了政府和陆家嘴集团公司的胆魄。在以后的十几年里，这一宝贵的开放空间始终得到市民的喜欢和政府的呵护。

陆家嘴中心区的运营实践也碰到一些问题，政府和陆家嘴集团及时研究弥补，如日常餐饮服务网点的不足。在建设的十多年后，陆家嘴中心区面临着从“形象塑造”向“功能打造”转变的阶段，陆家嘴集团预测未来几年将有大批办公楼项目建成使用，但区内缺乏商业、娱乐设施，特别是缺少为旅游者服务的特色购物、餐饮、娱乐场所；同时步行系统也存在重大问题，各地块之间缺少步行联系，最突出的问题是世纪大道和银城中路已成为主要的步行障碍区。虽然在早年的陆家嘴中心区交通市政规划中，有一个包括二层连廊和地下空间的步行系统联系各组团内部的各办公楼群，但是当时由于面积较大，要一次性投资建设完成这个步行系统的困难很大而没有实施。此外，已建地下空间从面积比例来看，主要是大楼自配停车库、地铁车站和地下步行通道等功能空间，缺少商业、娱乐地下空间，也没有连成系统，不利于陆家嘴中心区的形象，公共停车面积也严重不足。

因此，陆家嘴集团在2011年12月底集中开工了11个环境综合配套优化项目，包括陆家嘴公共空间功能提升样板段建设建设，标准化出租车扬招点建设、行人指示系统完善、陆家嘴中心绿地健身步道建设，以及滨江HALCYON画廊美术馆、上海市银行博物馆新馆、环球金融中心公共绿地改造、陆家嘴金融城成衣定制街、金融城地下空间、北滨江文化休闲长廊、陆家嘴金融城餐饮广场等项目建设。其中，陆家嘴中心区地下空间项目由连接上海中心、金茂大厦、环球金融中心、国金中心、金茂大厦西侧绿地等5处地下通道和设在地下的转换大厅组成。项目建成后，将进一步完善陆家嘴中心区立体交通体系，实现人车合理分流，改善步行环境，加强商务楼宇间的联系，进一步提升商务环境。经过整体设计，陆家嘴公共空间功能也将获得提升，变得更精致实用。

2. 从“一道三区”到“一江多区”的拓展

陆家嘴金融贸易区的陆家嘴中心区、竹园商贸区、花木行政文化中心区，是5km长的世纪大道上的三颗明珠，是金融、商贸、科技文化的功能差异化互补。浦东开发初期，由于陆家嘴中心区南、北两侧已经有大量一般化的居住区，总体规划选择了直接到达新区花木腹地即目前世纪大道的对角线走向，对带动纵深的开发起到重要的推动作用，而且也有利于组织功能形象。“三区”各有特色，由“一道”把它们整体化串联。世纪大道两侧城市设计和国际方案征集，都对占世纪大道大部分的人行道断面做了景观设计，以更适应行人的步行速度和舒适的尺度；而且，规划部门对两侧的新建建筑所采用的柱廊形式的高、宽、深比例也做了研究，国内许多城市后来在新区建设中参考了世纪大道的手笔，但却往往忽略了它的背景和人性化设计手法。

世纪大道对陆家嘴金融贸易区范围的成片发展功不可没，但两侧“三区”的空间也很快被项目挤满。如何进一步发挥溢出效应，进一步激活黄浦江全线？2002年市政府宣布了黄浦江两岸地区开发，陆家嘴中心区上、下游两侧的港区码头和工厂仓库用地面临置换改造，已经掌握实力的陆家嘴金融贸易区可以进一步发挥滨水空间的宝贵价值。黄浦江两岸地区规划借鉴陆家嘴经验，提出了“功能复合、还江于民、亲水可达”的理念，并进一步细分开发单元，成本统算，捆绑建设。陆家嘴金融城的上海船厂地区改造中，更实施了营造提高大平台、人车分流、塑造安全舒适步行环境的优化设想。

从“一道三区”到“一江多区”的拓展，不仅是空间上的拓展，更是做法上的借鉴和提升。后来的黄浦江两岸地区规划南、北延伸段，又进一步考虑了徐汇滨江和杨浦滨江的特点，在利用工业遗存、发展时尚产业、打造生态滨江方面有提升。特别是世博会的滨江规划，以及世博后续的改造规划、前滩国际商务区规划，相对于陆家嘴中心区的滨江大道的箱体式处理，又有了更好的提升。

3. 重要地区和项目的景观控制

陆家嘴金融贸易区对不同区位的重要类型及界面的项目都予以重点控制引导。

陆家嘴中心区，根据“沿江一线”和“沿路两侧”的重点景观优化建设方针，组织了《滨江大道设计方案征集》工作。《中心绿地规划设计方案》也是精心组织，作为一个城市公园，她简洁、大方、自然，以绿地为主、水景为辅，是高楼丛林中的静谧之岛，是核心超高层和高层带建筑所围合形成的超级共享空间；中心绿地为其中的游览者能够全方位地欣赏周边高层建筑提供了一个绝佳的视点，也为市民活动和金融文化的开展提供了一处理想空间。

在花木行政文化中心旁，世纪公园占地140.3hm^2，是内环线中心区域内最大的富有自然特征的生态型城市公园。方案由英国LUC公司设计，设计思想体现了中西方园林艺术和人与自然相互融合的理念。公园以大面积的草坪、森林、湖泊为主体，建有乡土田园区、湖滨区、疏林草坪区、鸟类保护区、异国园区和迷你高尔夫球场等七个景区，园内乔灌相拥、四季花开，湖水荡漾、溪水蜿蜒，竹影斑驳、草木葱郁，是大都市中的一片绿洲，繁华中的一片宁静，是休闲、度假的怡人佳境。

在陆家嘴金融贸易区接近张江和金桥的边缘，新国际博览中心是另外一个重要地区。会展功能是贸易功能的自然延伸，因此规划具有展览、会务和商务等多种功能，能满足举办大型国际性展览活动的要求。方案由入口区、展览馆区、室外展览区和停车场（库）区组成，还设有会议中心、管理中心、商务中心以及宾馆等。新国际博览中心建筑设计由美国Murphy/Jahn建筑设计事务所设计。根据总体设计构思，整个中心以“城”作为设计理念，考虑集展厅、宾馆、办公、银行、邮电、运输、报关、广告、餐饮、停车等各种服务与设施于一体。

二、智慧城区和生态环境

陆家嘴是“核心陆家嘴”、“标志陆家嘴”、“文化陆家嘴”、“和谐陆家嘴”，主要体现城区的软、硬环境两方面。

1. 硬设施的保障

陆家嘴金融贸易区基本建成了重大交通和市政基础设施、标志性公共项目，包括延安东路越江隧道、黄浦江行人观光隧道、东方路大连路越江隧道、人民路隧道、复兴东路隧道、滨江大道、世纪大道、地铁2号线浦东段等重要的交通工程，建成了陆家嘴中心绿地、世纪公园等大型城市公园，建成了国际会议中心、海洋水族馆、科技馆、东方艺术中心、浦东展览馆等重大文化设施，建成了新上海商业城、正大广场、上海时代广场、浦东香格里拉酒店等大型高档商业商务设施，建成了陆家嘴三幢标志性建筑。

在此基础上，陆家嘴金融贸易区在一些重要节点地区，致力于进一步发掘空间价值，满足金融商务圈交互式特征需求，即在一定环境质量前提下，提高开发强度，鼓励立体开发，提高交流和体验的效率。一是充分开发地下，体现多功能综合利用；二是围绕地铁枢纽，提高开发强度和复合功能业态；三是加强二层步行连廊。如香港新鸿基集团一次性在陆家嘴中心区X2地块投资80多亿元，建设总建筑面积为41.5万m^2，集办公、商业零售、酒店为一体并结合地铁车站的上海国金中心项目，创造了CBD开发建设的新模式。除此之外，陆家嘴金融贸易区大力建设E-CBD，充分利用早期铺设的光缆，提高国际化运营能力。

2. 软生态的提升

陆家嘴金融贸易区成功的前提是高端人才，人才的吸引和才能的发挥是依靠宜居宜业环境的打造，而生态环境建设是重要的软实力。

除了陆家嘴中心区有中心绿地，陆家嘴金融贸易区有世纪公园之外，世纪大道绿带和滨江绿地更能显示出陆家嘴的典雅和浪漫，滨江绿地从50~300m宽不等，适当地融合了文化休闲设施，并体现了向陆域腹地楔入、绿道渗透、携入新鲜空气的特点。世纪大道绿带等景观绿地渗透生活，不仅提供了干道两侧优美的城市形象，也为步行者提供了良好的休闲空间；世纪公园形成“绿肺”，每天清晨和晚上，许多居民围绕公园跑步健身，周末或节假日，无数市民慕名入园开展各种活动。

生态意识还体现在对资源的节约和集约利用上，如老工业建筑的利用。上海船厂地区改造城市设计方案中，规划部门保留老厂房的基本建筑构架及原有立面外观风貌，对其进行改造和功能更新，并做了许多宜人化设计，如在其中间形成Shopping Mall式的主题空间，两侧形成诸多小尺度、人性化的商业娱乐空间，再往外是一些新建筑出挑空间、平台等，使室内的商业空间外向起来，在视觉上和心理上软化老厂房的冷漠感。

陆家嘴金融贸易区，无论是金融功能建设还是CBD形态建设都取得了很大的进展，需要及时地总结经验。上海，正通过自贸区建设，进一步深化浦东开发、开放，建设具有全球影响力的科技创新中心，跻身于全球城市之列。在当前上海发展富有逻辑的大战略中，陆家嘴要从单纯区内扩张转向与上海城市总体功能建设更紧密结合的发展模式。纵观上海一方面是建设大虹桥CBD；一方面是在沿黄浦江的徐汇滨江、世博园区、南外滩、北外滩、杨浦滨江等地区，特别是前滩商务区，发展现代高端服务业，各片区错位协作。无论是在功能差异、空间规模方面，还是片区特色方面，都可以学习陆家嘴金融贸易区的经验，运用并坚持先进理念，围绕高端服务业，确保生态环境质量，注重文化产业带动，精心设计和管理好城区价值性空间。而陆家嘴金融贸易区也将通过品牌输出、管理输出、资本输出和人才输出，进一步服务好长江流域和“一带一路”发展地区，任重道远。

专家视角

夏丽卿（原上海市城市规划管理局局长、上海市决策咨询委员会专职委员）

由于黄浦江是一道天然的交通屏障，一道难以逾越的坎，我们早期的规划（像《大上海都市计划》）几乎都集中在浦西，浦东只是在黄浦江沿岸涉及一些港口、码头和工厂。从1953年开始，在上海规划史上首次提到了陆家嘴。1953年，苏联专家穆欣来沪帮助我们做了《上海市总图规划示意图》。在该规划中，以福州路作为一条中轴线，向东延伸至东昌路，对景就是陆家嘴，提出在浦东陆家嘴地区辟建中央文化休息公园，并在此建立一个高耸的纪念建筑。在后来陆家嘴建设过程中，也延续了该规划的部分意图，像浦东公园和东方明珠的建设。到1959年，当时建工部成立了一个工作组帮助上海编制总规，当时的总规意图主要是改善上海居住环境，将一些市区的工业外移至卫星城，用置换的工业用地来改善居民居住条件。其中明确提到在陆家嘴滨水是以绿为主，与居住组合起来。后来，陆家嘴地区被分别划给了三个区（杨浦区、黄浦区、南市区），各个区基本上都是将其作为居住用地的补充，旧区改造的动迁用地，滨江的工厂码头由于难以搬迁而保留下来，没有考虑什么公共设施或者一些大的功能。一直到1980年代做规划时，陆家嘴中心区沿岸还是作为工厂和码头等功能保留。

上海在新中国成立初期只有419万人，到了1985年，已经发展到了639万人，由于建成区聚集在浦西，整个城区已十分拥挤，市民生活居住条件恶劣，“七十二家房客”很常见，交通也很拥挤。这引发了专家对城市如何发展的思考，也提了很多方案。其间，社会各界对浦东、特别是陆家嘴是很关注的，从1980年代开始，有一批社会界的、经济界的、地理界的专家学者就提出要搞上海的“曼哈顿”。因为改革开放之后，上海急需提升金融商贸功能，但在外滩已经没有发展的空间，而陆家嘴既处于上海的中心，而且半岛形的地理形式又与外滩相呼应，是非常合适的选择。所以在1980年代，陆家嘴的开发在社会各界的呼吁很高。1985年，上海市政府向国务院提交《上海经济发展战略汇报提纲》，在此报告中第一次提出了关于浦东开发的问题，建议国务院批准开发浦东。

在1985年2月，国务院批准《上海经济发展战略汇报提纲》，为浦东开发奠定了基础。紧接着，对如何开发浦东的各类研究陆续展开。但由于当时还是处于研究阶段，没有定论，所以在1986年版上海总体规划中，对浦东的规划还没有明显的变化，只有60km^2，90万人口的规模，基本以杨高路为界，只是在花木地区扩大一些（原先世博会地区欲选址与此）。但在这轮总规的批复已经提出：“当前要特别注意有计划地建设和改造浦东地区。”在1986版总规中，对陆家嘴的提法是：黄浦江东岸的陆家嘴地区要结合仓库、码头的调整，和工厂、住宅的改建，扩大绿地，建筑新的建筑，形成欣欣向荣的滨江面貌。在图纸上，保留了浦东公园，向内的腹地开始出现公共设施用地，但还没有明确它的功能和性质。

在此之后，开发浦东的步伐逐步加快。1987年，成立了开发浦东联合咨询研究小组，由倪天增副市长任组长，与美国林同炎共同着手研究编制浦东新区的总体规划。到1987年8月，上海市规划院完成了《浦东新区总体规划纲要》和相关的一些初步方案，在这个纲要里，把浦东分成5个综合分区，其中，在陆家嘴—花木分区中明确了陆家嘴中心区1.7km^{2}是金融贸易中心、上海CBD的重要组成部分。

实际上在这之前，1986年的时候，市规划院已经编制了《陆家嘴地区规划》，在这个规划中就明确陆家嘴以金融贸易为主，并且按照上海CBD进行规划开发。这个是最早的陆家嘴地区规划，是和法国专家一起做的。1986年，当时我和李佳能陪同倪天增市长和大巴黎地区议会主席，还有大巴黎规划研究院院长签了一个协议，希望上海和巴黎在规划上要进行交流，而陆家嘴地区规划是其中的一个交流项目。1987年，法方派了专家阿巴蒂过来和我们一起研究陆家嘴地区的规划，同时还研究了南北高架项目。当时第一个方案确定是建筑总量240万m^2，并确定采用由核心的超高层建筑高度向滨江跌落的城市设计空间原则（这个原则在后续的规划设计中得到了较好的延续）；同时还确定了人车分流的交通规划设想。所以当时借鉴了巴黎拉德芳斯的建设经验，规划地下是连通的，地上的建筑也是连通的，还有亲水平台的设想也是当时首次提出的。1990年，浦东开发、开放了，为了体现浦东开发的重要性，陆家嘴地区进行了规划的修改，修改后的规划保留了原规划的基本原则和肌理，主要是提高了开发容量，从240万m^{2}提高到370万m^2。到1991年4月，当时的市长朱镕基到法国访问，法方提出在经济上给予资助，做一轮陆家嘴的国际方案咨询来提高设计层次。经过研究后，朱市长与法国装备部签署了协议，法方对陆家嘴中心区做国际方案征集提供技术和经济的援助。有了这个协议之后，就邀请了五家单位做咨询方案。这五个方案对陆家嘴中心区的设想各不相同，所以开了很多国际咨询会，最后由中方联合设计组吸取各家优点进行综合优化并形成一个实施方案。

郑时龄（中国科学院院士，同济大学学术委员会主任，上海市规划委员会城市发展战略委员会主任委员）

上海代表了中国现代化的城市化发展道路，历史上就曾经把上海看作是现代中国的缩影。有三个重要因素对上海城市的未来发展具有极其重要的意义：浦东的开发、开放，2010年世博会，上海郊区的发展。而且这三个因素都有内在的关联。首先是浦东的开发、开放，使得上海进入了一个再城市化的发展时期，城市空间和城市产业进行了全面的重组。黄浦江也成为理想的城市空间核心，也就有了2000年以后的黄浦江两岸城市产业和城市空间的转型——黄浦江两岸转变为公共开放空间。黄浦江滨水空间和城市更新成为上海发展的主题，因此也才有了上海2010年世博会园区跨黄浦江两岸。

20世纪末，在世界上最重要的、较大规模的城市建设项目当推巴黎的拉德方斯和拉维莱特公园、柏林的重建和波茨坦广场、伦敦的金雀码头、悉尼的达令港、温哥华的歌兰桂岛等，再就是浦东陆家嘴中央商务区。其中，陆家嘴中央商务区的规模最大，也是上海历史上除了位于江湾和吴淞的《上海市市中心区域计划》之外，最集中的城市跨世纪发展里程碑，也最为世界所瞩目。陆家嘴中央商务区的发展成为后工业社会城市空间开发的典型，将上海一下子从边缘推到世界城市的前沿，立即提升了上海的城市性质和未来发展的定位，其政治、经济和文化意义极其重要。

上海在历史上就是一座具有先锋性和实验性的城市，近年来，大凡关于城市规划、城市滨水空间、城市再生、城市管理、环境保护、城市历史文化和遗存保护、创意城市的国际会议，无不关注上海和浦东，无不将上海列入主要议题。其主要的原因也在于浦东的开发、开放，展现了上海的城市规划水平与建设水平，上海为世界所重新认识。

历史往往向后人提出一个普遍的问题，如果时光倒回往昔而重新开始，是不是会有不同的结局，这是历史学家研究的问题，但也是我们必须反思的问题。历史没有“如果”，但是我们所说的“如果”，就是评估，也就是总结经验。陆家嘴中央商务区在当年规划建设的时候，在经济方面面临着许多困难，城市正处于从计划经济向市场经济过渡的阶段，我们的规划水平、认识水平以及管理水平还远不如今天，开发的机制也处于探索阶段。浦东的建设依然遵循着一贯沿用的边设计、边建设的方法和路线，不断调整规划，不断调整功能，渐渐趋向合理。今天看来，既有成功的案例，有优秀的建筑和城市空间，但也有遗憾；有可以推广的经验，也有今后的建设应当避免的经验教训，最终形成了这个经过25年开发和建设后的陆家嘴中央商务区。

李佳能（原上海浦东开发办公室副主任、上海浦东新区管理委员会副主任）

浦东的规划最早可以追溯到新中国成立前，1947年，国民政府制定《大上海都市计划》。这个规划包括了浦东在内的很大的范围，共做了三稿（1947、1948、1949年），那时是德国人做的顾问，这个规划是很早地将现代城市规划引入上海后且落实得较好的一个规划。在这之前，1929年，国民政府离开上海租界，在五角场地区搞过一个“五角场大上海规划”，并且落实了一部分设施。抗战胜利后，作为特大都市，国民政府开始考虑上海该如何发展，于是启动了《大上海都市计划》。这次规划不仅仅局限于五角场地区，而是扩大到整个上海，因此也包括了浦东，当时的规划范围大致在现在的杨高路以内区域，这个规划是很有意义的。新中国成立以后，1950年代的几轮规划其实是以它为基础的。

1. 道路系统规划方面：一是陆家嘴环路，规划很好，但现在从实际建成使用角度来看，无论是交通职能还是景观方面都不突出；二是东西轴线（世纪大道），上海城市的发展轴线就是以延安路—延安路隧道—世纪大道为载体连起来的，但是现在世纪大道与延安路隧道之间的交通连接非常不通顺；三是陆家嘴中心区三条隧道之间的间距不甚合理，特别是延安路隧道和新建路隧道之间太近，造成越江交通过于集中，并且容易搞错。

2. 道路建设方面：滨江大道在建设实施中，交通功能缺失，规划红线是50m，但现在实施后局部道路路幅只有7m左右，“大道”变“小道”，而且局部不连通，很遗憾。

3. 建筑形体方面：一是局部滨江第一层面的建筑过高，阻碍了滨江视线向腹地的渗透，破坏了天际轮廓线；二是三栋超高层建筑的建筑形态、建筑高度差异较大，相互之间的协调性不够。

4. 综合交通方面：陆家嘴中心区现在是进得去，但出来不顺，出来必须走浦东大道，世纪大道是进不去的。而且公共交通体系没有好好整合，地铁、人行隧道和公交车、出租车、停车之间的联系不紧密，并且识别性差，很多地块的公交可达性较差。

5. 城市管理方面：建筑和小区的识别性不强，缺乏指示标志。还有就是能够展现历史的地方和设施缺乏，使得人们无法了解浦东和陆家嘴的发展历程和历史底蕴。

6. 环境方面：黄浦江滨江环境治理力度还不够，经常在退潮后看见在滩涂上留有大量的垃圾，这对亲水的感觉影响很大。

7. 地下空间和架空走廊方面：地下、地面、地上之间还需要有所联系，不能单独成系统；中心绿地的地下空间应该要好好利用。

8. 服务设施方面：现在虽然已经有很大的改观，但是离真正的便捷化还有一段距离，特别是北部的服务设施还是比较缺乏。

9. 市、区、开发公司之间的关系还不顺。市里规划不放权，新区规划没有权，开发公司没有发言权，这个值得反思。

倪秉（原上海陆家嘴中心区规划深化工作组成员）

在当时邀请的四家国际事务所中，除了英国的罗杰斯我们比较熟悉，名声最响之外，其他三家实际上都是当时的中青年建筑师，很前卫，都很有特点。法国的贝罗，当时是一个新兴的建筑师，思想前卫，刚刚开始崭露头角，并且引领了风潮，他设计了法国塞纳河边的法国国家图书馆；日本的伊东丰雄和意大利的福克萨斯，他们当时的地位和贝罗差不多，属于新兴的中青年建筑师。

罗杰斯方案：罗杰斯的工作方法很不错，他把400万平方米的量切成一个个小方块，每个小方块代表了一定的覆盖率和楼层数，每个小方块是有面积概念的，以此做了一个形体的研究模型。在1.7平方公里中建400万平方米是一个很大的量，以净容积率算的话，基本上要达到5左右，而这种工作方式很好地告诉了我们400万的量在小陆家嘴区域的空间形态概念。按照他的理念，在整体空间形态上做了一个圆，比较出挑，但金融中心应该设置什么功能，这个方案没有展开研究。在交通组织方面，环状放射形的路网也值得商榷。但这个方案给了我们一个概念，就是寸土寸金的CBD中需要留有一块公共绿地。

福克萨斯方案：福克萨斯比较侧重文化和历史，他的方案给了我们一个沟通和联络的概念。在黄浦江西岸是有700多年历史的老城厢，他觉得面向未来的陆家嘴应该做一个金融“城”的概念，和老城呼应，所以在空间上也是有一个椭圆形的架构。这个方案很浪漫、很自由，以椭圆形为基底，滨江一条主要的步道穿插在椭圆和整个路网之中，这是他很强的特征。在金融城内还是方格网的路网，与老城厢有一个对应。他在滨江留了很大的绿化，并且在主体的金融城当中还留了非常宽的绿带，斜穿金融城。他的方案提醒我们，做这么一个现代地区的方案，你也要关注历史，注重文化、文脉的延续，不能隔断发展史，做方案不仅仅是一个形态问题。同时他在金融城中也做了很宽的公共绿带，这个和罗杰斯的理念是一样的，在寸土寸金的CBD中必须保留这么一块生态空间（另外两家国外单位同样也有这样的理念）。

伊东丰雄方案：伊东丰雄是一个非常前卫的建筑师，他的模型有一种科幻的意味，科技感很强。他表述了一个很明确的概念，就是金融城并不是一个单一的功能，他做了五条功能带，而且和浦西有呼应，以后也可以向南进行延续、扩展。他的方案中有滨江游憩带、有办公区域、有商贸服务区、有会展、居住、商业等多种功能；在交通组织上描述得也比较细致，做了一个整体性的立体交通。我觉得这个方案除了布局形态比较抽象、前卫以外，其他在有关功能布局、交通方面更像一个纯技术的解释，在各个功能的比例上有所描述，对交通设施、市政设施也有描述。在他的功能带中有一条娱乐游憩带，是一个公共开放空间（open space）的概念，不一定是绿地，可以是广场等其他形式，为市民提供活动空间。

贝罗方案：贝罗的方案在形式上对我们后来的实施深化方案有很大的影响。他有高层带的概念，他做了一个直角的高层带，关于这个高层带的方位，他是把整个陆家嘴放到上海原有的地形脉络之中，形成南偏东15°-30° 的方位。这条高层带形成了强烈的视觉景观特征。在交通、市政体系上，是围绕高层带集中，提高使用效率。他在滨江也做了开敞的绿地，这个概念与其他几位设计师一致。

法国建筑师的工作方法很值得我们借鉴。他们在做任何规划以前，都会去研究地脉，自然的地形网络，对地区原有的自然网络体系做一个解析，并且在后续的规划中尽可能地和原有体系吻合，这样不仅有历史的延续感，在分期开发、开发成本上也能达到最优。

上海联合小组方案：我们的方案中规中矩，比较贴近现实，比较容易操作。我们把小陆家嘴中很多原有道路的走向都保留了，并加以拓宽；规划的每个地块都有开发量；在绿地布局上，是把绿地分散到各个片区，做的小的街头绿地，面积也比较小；高层建筑基本沿东西轴线两侧布局。现在看来，这是一个保守的，易于实施的方案，没有过多的理念。和国外几个方案相比，无论在理念上还是在表现形式上都有较大的差距。

陆家嘴中心区深化规划是当时市政府批准的第一个详细规划，它有着特殊的地位，陆家嘴规划可以看做是当时上海改革开放以后规划界、建设界、以及城市发展进程中的历史性事件，是一个里程碑，没有一个规划有那么大的组织体系。其延续时间久、受关注面广、直至今天影响面还那么大，是中国改革开发的标志。从视觉效果来说，它达到了当初的目标，很具有震撼力。深化方案既考虑了现有的项目、地形特征，以及四家境外方案给我们的启示，同时为了避免区域活力不够、设施利用率不高，也进行了功能的调整，增加了居住、商业、配套设施的比重。

从现在实施的效果来看，经过二十多年的建设，大的功能、容量基本上都按照规划实施了，这也是很少有的特例。虽然个别地块提高了容量和高度，但是路网格局、绿化、超高层布局都按照规划维持了。

当然，在规划编制、开发实施过程中还是有遗憾的。从形态上看，不比国外的金融中心（像巴黎拉德芳斯）差，但从开发效率和集约度来说，我们与他们还是有差距。他们的基础配套设施是整体开发，再进行项目建设，所以开发综合度很高，而我们那时受制于观念、实力、开发进度要求，我们要尽快确立形象，在过程当中采用滚动开发的模式，包括基础设施也是。由于实施过程中的资金问题、工程技术问题等原因，导致最后一些设施无法按照规划设想实施成体系（像地下交通体系）。

大事记

1984年6月　上海市人民政府上报中央《上海市经济发展战略汇报提纲》中首次提出开发浦东问题。

1985年2月　国务院对《上海经济发展战略汇报》作批复，要求上海市府创造条件开发浦东，筹划新市区的建设。

1986年10月　国务院批复《上海市城市总体规划方案》时指出“使浦东成为现代化新区……，特别要注意有计划地建设和改造浦东新区”。

1987年8月　上海市规划局编制完成《浦东新区规划纲要（草案）》和相应的初步方案。

1988年2月　上海市城市规划设计研究院，结合与大巴黎规划院的国际合作，编报了陆家嘴中心地区规划，初步确定了陆家嘴中心区CBD的性质及180万～240万m^2建筑面积的规模布局原则。

1988年5月　上海市府召开“开发浦东新区国际研讨会”。江泽民、朱镕基、汪道涵等与140位专家学者共商开发浦东。自此，加速了关于浦东开发的前期研究工作。

1988年11月　上海市政府根据中共中央、国务院同意建立浦东开发筹备机构的指示，决定成立开发浦东新区领导小组。

1990年

2月26日　上海市人民政府正式向中央、国务院提出《关于开发浦东的请示报告》。

4月18日　李鹏总理在上海代表党中央、国务院宣布正式批准开发开放上海浦东新区。

4月30日　上海市政府以沪府发（1990）17号文件宣布成立上海市浦东开发领导小组，下设办公室，作为领导小组的办事机构，负责浦东开发的统筹、计划和协调工作。

5月3日　上海市人民政府浦东开发办公室及浦东开发规划设计院正式挂牌成立。市长朱镕基在挂牌仪式上号召创造浦东速度，树立浦东风格，培育浦东精神，扎扎实实地苦干、实干、拼命干，披荆斩棘，奋力开拓，把开发浦东的工作做好。

7月5日　上海市政府办公厅以沪府办发（1990）35号文明确浦东开发领导小组和浦东开发办公室组成人员名单。黄菊任领导小组组长，杨昌基任办公室主任。

7月27日　上海市委组织部任命王安德任上海陆家嘴金融贸易区开发公司总经理；余力、汪雅谷、郑尚武任副总经理。同日王安德等6位同志正式到浦东开发办报到。

8月5日　上海安徽裕安实业总公司与上海市陆家嘴金融贸易区开发公司［上海陆家嘴（集团）有限公司的前身］签订第一块土地批租合同，用于建造裕安大厦。该大厦于1991年6月24日奠基，1995年6月26日竣工。

8月29日　上海市陆家嘴金融贸易区开发公司成立，注册资本为人民币1亿元，取得了注册号为1500438的《企业法人营业执照》。

9月10日　上海市政府在锦江小礼堂召开大会，宣布浦东新区优惠政策，同时宣布成立陆家嘴、金桥、外高桥三个开发公司，分别负责浦东三个重点开发区陆家嘴金融贸易区、金桥出口加工区、外高桥保税区的开发建设，标志浦东开发进入项目启动阶段。

9月11日　上海市外高桥保税区开发公司、上海市金桥出口加工区开发公司和上海市陆家嘴金融贸易区开发公司在浦东由由饭店挂牌，倪天增副市长出席。

11月11日　上海市陆家嘴金融贸易区开发公司与中国人民银行上海市分行签署合作建造第一幢银行办公楼意向书。

1991年

1月28日－2月18日　邓小平同志在上海视察时就浦东开发发表谈话，邓小平指出“抓紧浦东开发，不要动摇，一直到建成”。

3月6日　当时浦东最大的投资项目——上海陆家嘴金融贸易区联合发展有限公司合资意向书正式签约，由六家单位合资组建，注册资本9800万美元。

4月6日　上海市市长朱镕基市长与法国公共工程、住房、交通和海洋部部长贝松先生签署会谈纪要，法方将积极协助上海市政府组织陆家嘴金融中心区的国际规划设计竞赛。

6月5日　陆家嘴开发公司与浦东开发办、市规划局联合召开陆家嘴中心区规划设计国际竞赛会议，陆家嘴中心区规划方案国际招标正式启动。

6月8日　中国人民银行上海市分行与上海市陆家嘴金融贸易区开发公司草签土地协议，成为金融中心区第一块土地批租转让项目。

6月22日　陆家嘴开发公司与市财政局签订了1.51平方公里土地使用权出让协议书，与市土地局签订了成片土地出让合同，首批开发土地得到落实。

6月24日　全国第一家进入浦东的省级公司——上海安徽裕安实业总公司在陆家嘴金融贸易区开业。同日，陆家嘴金融贸易区内竹园商贸区的第一幢商务楼——安徽裕安大厦奠基。

7月30日　上海市标志性建筑上海广播电视塔即“东方明珠”电视塔正式奠基开工，并于1995年5月1日正式开播。该塔设计高度468米，位居世界第三，亚洲第一。

9月6日　公司最大的负责成片土地开发的中外合资企业——上海陆家嘴金融贸易区联合发展有限公司举行合资合同签字仪式。合资公司由5方股东组成：上海市陆家嘴金融贸易区开发公司、香港泽鸿发展有限公司、中国人保投资信托公司、中国人保上海分公司、上海实业（集团）有限公司。区域开发的初始启动资金得到保证。

10月28日　上海陆家嘴金融贸易区联合发展有限公司经工商登记注册成立。

11月14日　杨高路一期工程建成通车。1992年1月25日杨高路拓宽改建工程启动，当年12月8日建成通车。改建后的杨高路从杨思的上南路到外高桥江海路，全长24.5公里。

11月19日　南浦大桥全部建成，于12月1日正式通车。邓小平同志为大桥题写桥名，国务院总理李鹏参加建成典礼。大桥全长8346米，主跨423米，为上海第一座双塔双索斜拉桥。

12月3日　东方明珠电视塔在陆家嘴金融贸易区动工建造。1993年12月14日350米主体结构封顶，1994年5月1日电视塔天线桅杆攀升至468米高度，1995年5月1日正式开播。

12月28日　上海陆家嘴金融贸易区第一幢银行大楼——中国人民银行上海市分行办公楼“银都大厦”奠基暨开工。

1992年

1月15日－18日　中共中央总书记、中央军委主席江泽民在上海考察，他指出：把上海建设好，搞好浦东开发，将对全国的发展起重要的作用。党中央、国务院非常关心、支持上海的工作和浦东新区的开发。

2月24日　招商大厦成为陆家嘴金融中心区第一块外资参与土地批租项目。

2月29日　深圳市宝安企业（集团）股份有限公司与上海陆家嘴金融贸易联合发展有限公司签约，投资3亿元，受让一块土地50年的土地使用权，成为深圳第一家到浦东参加投资开发的企业。

3月16日　中泰合资的富都世界举行签字仪式，共占地40万平方米，总投资20亿美元。

3月19日　上海市市长黄菊在杨高路现场办公会上提出“两桥一路促三区”的浦东三年开发方略，即以南浦大桥、杨浦大桥、杨高路带动陆家嘴、金桥、外高桥三个小区的开发，做到分段开发，每段集中，一年走一步，年年有变化，三年成气候。

3月31日　《浦东新区总体规划》编制完成，同年11月26日，经市九届人大常委会第三十八次会议审议通过。

4月16日　上海市陆家嘴金融贸易区开发公司与泰国富泰（上海）有限公司合资组建上海富都世界

有限公司合同签字仪式在锦江小礼堂举行。

5月15日　中国人民银行上海市分行正式与陆家嘴开发公司签订土地转让协议，取名“银都大厦”，成为陆家嘴金融中心区第一家入驻的中资银行项目。

5月26日　陆家嘴中心地区规划及城市设计国际咨询委员会正式发布由中法合作编制的《上海市陆家嘴中心地区规划及城市设计国际咨询邀请书》及《任务计划书》。

5月19日　上海市建委沪建经（92）第430号文，批准陆家嘴开发公司改制为股份公司，总股本71500万股，其中国家股67000万股，法人股3000万股，社会公众股（A股）1500万股。

5月28日　上海金属交易所开业。

7月4日　上海市城市规划管理局正式邀请同济大学、华东建筑设计研究院、上海民用建筑设计研究院、上海市城市规划设计研究院派员组成上海联合咨询小组，代表中国上海参与陆家嘴中心区规划国际咨询设计工作。

9月25日　全国第一家外资保险公司美国友邦上海公司在陆家嘴开业。

10月11日　国务院以国函〔1992〕第146号文批复：同意设立上海市浦东新区。撤销川沙县建制，将原川沙县和黄浦、南市、杨浦三个区的浦东地段及原上海县的三林乡合并为浦东新区。浦东新区面积522平方公里、人口143.75万。

11月2日　由法国政府公共工程部和上海市人民政府联合举办的上海陆家嘴中心区规划及城市设计咨询会议在上海国际贸易中心开幕。11月16日～22日，中、英、法、日、意五国将有关陆家嘴中心区规划国际咨询设计方案正式递交上海市政府。20日～22日在上海国际贸易中心及和平饭店正式举行了上海市陆家嘴中心区规划及城市设计国际咨询研讨会。并就审理意见通过高级顾问委员会形成《建议书》报上海市政府决策。

11月12日　沪府浦办（92）第145号文同意保留陆家嘴开发公司建制，陆家嘴股份公司为开发公司的子公司。

11月19日　上海市委、市政府在首次浦东新区干部大会上宣布，成立中共上海市浦东新区工作委员会（以下简称浦东新区党工委）（筹）和上海市浦东新区管理委员会（以下简称浦东新区管委会）（筹），副市长赵启正兼任党工委（筹）书记、管委会（筹）主任。

11月28日　山东齐鲁大厦在陆家嘴金融贸易区开工，总投资2.7亿元。于1996年建成开业。

12月4日　上海市建设委员会组织上海规划专家及相关管理部门领导总结陆家嘴中心区规划国际咨询成果，并初步决定进一步组织联合力量深化国际咨询设计精神，在更高的起点上编制陆家嘴中心区规划实施方案。

12月22日　台商在大陆最大的投资项目——汤臣金融大厦和汤臣国贸大厦在上海浦东新区开工。

12月31日　由留美法学硕士段祺华组建的全国第一家归国留学人员律师事务所在陆家嘴成立。

1993年

1月1日　浦东新区管理委员会在浦东大道141号正式成立挂牌成立，原浦东开发办建制撤销。

1月27日　由上海证券交易所和上海浦利房地产有限公司共同投资建造的上海证券大厦举行奠基仪式。8月8日，上海证券大厦开工。

2月10日　上海陆家嘴金融贸易区开发股份有限公司创立大会暨首届股东大会在上海影城召开，选举股份公司第一届董事会由王安德、任连友、余力、张哲、汪雅谷、何以平、郑尚武组成，王安德任公司董事长，第一届监事会由朱蔚、沈伯根、张耀伦组成，张耀伦任监事长。

2月16日　上海市陆家嘴中心区规划深化工作组成立。该工作组由领导小组、专家顾问组、工作小组约40人组成。

5月6日　上海市市长黄菊，副市长、浦东新区管委会主任赵启正听取陆家嘴地区规划深化方案的汇报。黄菊指出，这个规划要在中与外、东与西、历史与未来三个结合上做到尽心尽力。

6月28日　上海陆家嘴金融贸易区开发股份有限公司股票在上海证券交易所上市交易。

8月8日　上海证券大厦开工建设。

8月10日　浦东新区第一幢大型综合涉外办公楼——建于陆家嘴金融贸易区内高26层的众城大厦封顶。

10月23日　杨浦大桥建成通车。邓小平同志为大桥题写桥名，中共中央政治局常委、国务院副总理朱镕基代表江泽民、李鹏参加通车典礼。大桥跨径602米，全长7658米，主塔高208米。为当时世界第一大斜拉桥。

11月20日　上海第一条标准城市交通快速干道——内环线浦东段暨龙阳路立交桥建成通车。

11月28日　上海金茂大厦开工。

12月8日　银都大厦结构封顶，这是陆家嘴金融贸易区内首幢动工、第一个实现结构封顶的金融大楼。

12月23日　陆家嘴滨江大道一期工程建成。

12月27日　浦东新区1993年城市建设重点工程——“七路会战”（滨江路、源深路、龙东路、上川路、汾河路、东徐路、同高路）告捷，在龙东路举行通车典礼。

12月28日　上海市人民政府以沪府（93）77号文正式批复《上海陆家嘴中心区规划设计方案》，原则同意了陆家嘴中心区方案。批复指出：陆家嘴中心区是上海中心商务区的重要组成部分，范围为西、北滨临黄浦江，东至泰东路、浦东南路，南至东昌路，规划用地面积1.7平方公里。

1994年

1月18日 延安东路隧道复线工程在浦东一侧的三号井工地举行奠基仪式。1996年4月1日贯通，同年11月29日建成通车。

4月8日 陆家嘴中心区交通规划咨询合同签约仪式在锦江饭店举行。陆家嘴开发公司总经理王安德和英国奥斯卡菲帕交通运输规划咨询公司执行董事罗杰·雷科斯代表双方在合同上签字。

5月10日 我国第一座超高层大厦——金茂大厦正式开工，于1998年底建成，1999年8月28日开业迎客。大厦高88层，集智能化、信息化和现代化于一体。

7月2日 世纪大道样板段开工。该工程由上海市陆家嘴金融贸易区开发公司全资建设，被列入上海市和浦东新区十大工程。12月3日竣工。

7月22日 国内第一幢证券公司总部大厦——上海万国金融大厦在陆家嘴破土动工。

8月26日 陆家嘴中心区交通规划国际咨询召开领导、专家小组总结会，至此，陆家嘴中心区交通规划国际招标正式结束。

9月4日 上海市陆家嘴金融贸易区开发公司与日本森大厦株式会社签署Z4-1（环球金融大厦）、D1-1（森茂大厦）土地转让合同协议。陆家嘴开发公司总经理王安德、日本森大厦株式会社社长捻森代表双方在合同上签字。森大厦株式会社计划在Z4-1地块上投资7.5亿美元兴建一幢90层以上，370多米高、面积27万平方米的摩天大楼，是当时亚洲最高的建筑。此外还将在陆家嘴中心区投资2.1亿美元，兴建一座50层的办公楼。

9月28日 众城大厦竣工，这是陆家嘴金融贸易区开发建设以来竣工的第一幢办公楼。

11月4日 上海浦东首次举行土地出租招标，仁恒公司获得张杨路一地块70年使用权。

11月22日 陆家嘴股份公司人民币特种股票（B股）正式上市交易。

12月7日 中国规模最大、设施最齐全、功能最完善的城市高架快速干道系统——上海市内环线工程全线建成，全长48公里，由浦东段、浦西段、南浦大桥、杨浦大桥组成。

12月12日 浦东新外滩——滨江大道（富都世界段）开工建设。

12月26日 浦东新区“五路一桥”（即张杨路扩建、沪南公路改建、同高路二期、延安东路隧道浦东段配套、世纪大道样板段和金桥立交桥）工程竣工通车。

12月30日 上海市外资委向陆家嘴股份公司颁发了外经沪股制字（1994）014号中华人民共和国外商投资企业批准证书。

1995年

2月14日 总投资6000万美元的中国保险大厦在陆家嘴金融贸易区开工建造。

4月8日　国务院副总理朱镕基率中央有关部、委领导在市委书记黄菊、市长徐匡迪的陪同下视察了滨江大道及2-2地块的项目建设情况。

4月19日　国务院总理李鹏和国务委员李铁映在市委书记黄菊、市长徐匡迪的陪同下视察了滨江大道及2-2地块的项目建设情况。

4月26日　浦东开发五周年总结大会，上海市副市长、浦东新区管委会主任赵启正在讲话中指出，从现在到2000年的五年，是浦东开发开放进入基础开发与功能开发并举、全面出形象、出效益的关键时期，争取到20世纪末初步形成浦东新区现代化基础设施的框架。

4月28日　上海市重大工程、浦东新区1号重点工程——锦绣路（曾名“浦川路”）工程开工建设。

5月1日　上海东方明珠广播电视塔正式开播。

5月17日　中共中央总书记、国家主席江泽民在市委书记黄菊、市长徐匡迪的陪同下，参观了陆家嘴金融贸易区2-2地块、张杨路商业街、共同沟及滨江大道等开发现场。

6月26日　安徽省在浦东投资兴建的裕安大厦落成启用。

6月28日　银都大厦竣工。中国人民银行上海市分行正式迁入该大楼办公。

7月14日　国务院副总理吴邦国在市委书记黄菊、市长徐匡迪的陪同下视察陆家嘴金融贸易区，并参观了滨江大道。

7月14日　由中国股份制企业评价中心和金融时报共同发起，国家体改委、国家经贸委、国家统计局、中国证监会等参加评判的中国上市公司综合实力百强揭晓——陆家嘴股份公司以综合得分68名列百强第六，同时列百强中房地产类第一。本次评定以资产总额、净资产、营业收入、利润总额、净资产利润率、每股税后利润为指标。

9月18日　上海市政府新闻办公室、外事办公室和浦东新区管委会联合召开浦东开发情况介绍会，宣布此后5年，浦东进入功能开发阶段。浦东率先向全国开放外贸市场，允许中央和外省市外贸公司到浦东设立子公司。

9月28日　全国第一家外资银行——日本富士银行上海分行在陆家嘴金融贸易区成立，并在银都大厦开业。

10月3日　上海信息港枢纽工程在陆家嘴中心区启动。它是上海信息汇集、处理、存贮、交换、传送的枢纽。

10月26日　国务院副总理兼外交部部长钱其琛、中共中央办公厅主任曾庆红等在市委书记黄菊的陪同下视察了陆家嘴金融贸易区，并游览了滨江大道夜景。钱其琛副总理欣然题词“东方明珠，照耀四方”。

12月18日　上海招商局大厦在陆家嘴金融贸易区落成，招商银行上海分行同时挂牌。

12月20日　中国第一家中外合资商业零售企业——第一八佰伴有限公司在陆家嘴金融贸易区开业，

总建筑面积14.5万平方米，营业面积11万平方米。试营业当天，100多万顾客光顾，载入吉尼斯纪录。

1996年

1月17日 位于陆家嘴金融贸易区的上海证券大厦千吨钢天桥在百米高空整体安装成功，创造了我国大型钢结构整体提升新纪录。

1月19日 由浦东商业建设联合发展公司与廖氏国际集团有限公司合资建造的上海胜康廖氏大厦落成。

1月26日 亚洲规模最大的综合性商城——新上海商业城主体工程完工。

3月30日 中央政治局常委、全国政协主席李瑞环在市委书记黄菊、市长徐匡迪等领导的陪同下到浦东新区视察工作，听取了浦东开发开放五年来的建设情况，视察了张杨路共同沟和东方明珠电视塔。

4月1日 延安东路越江隧道复线贯通。

4月6日 位于东方路的煤炭大厦结构封顶。

4月25日 由韩国投资1.86亿美元的超甲级全智能型综合大厦——银冠大厦（后更名为浦项商务广场）在陆家嘴金融贸易区动工兴建。

4月28日-5月11日 国家副主席荣毅仁考察浦东新区时指出：当前浦东新区在抓基础设施建设的同时，尤其要重视功能开发、积极改善投资环境，使浦东新区的开发开放再上新台阶。

5月1日 上海市政府召开浦东开发开放第二次领导小组专题会议，作出关于加快陆家嘴金融贸易区形态和功能开发建设步伐的决定，并成立了由市长徐匡迪为组长的陆家嘴“四个一”工程领导小组。5月7日，浦东新区管委会召开城市建设和环境保护工作会议，公布了城市建设和环保工作蓝图，宣布近几年要着力搞好陆家嘴“四个一”工程，即滨江大道“一道”，文明景观路线“一线”，菊园旧城改造“一块”，以及陆家嘴中心区“一区”。5月22日，浦东新区召开“为了陆家嘴的明天”专题座谈会，宣布了加快陆家嘴金融贸易区形态和功能开发的具体实施步骤，确定了“四个一”工程目标。5月23日，“四个一”工程全面启动。

5月11日 由泰国正大集团联合泰国农业银行等六家银行共同投资3亿美元兴建的正大广场动工，上海市副市长、浦东新区管委会主任赵启正出席奠基仪式。正大广场于2002年10月18日正式开业。

5月17日 由上海市邮电管理局和陆家嘴金融贸易区开发公司合资建设的全智能型大楼——上海信息枢纽大楼在陆家嘴金融贸易区动工，于2001年7月1日竣工。

5月18日　上海国际会议中心在浦东陆家嘴开工建设，1999年8月8日竣工。

6月10日　金穗大厦（中国农业银行上海分行办公楼）结构封顶。

6月18日　地铁二号线一期工程经国务院批准。其中浦东段轨道工程上行线长7.14公里，下行线长7.55公里。1999年9月20日建成试通车，2000年6月11日正式通车。

6月25日　南起三里桥、北到浦建路，全长1.4公里的东方路辟通工程竣工。

7月1日　陆家嘴股份公司入围“上证30指数”。“上证30指数”由上海证券交易所在200多家上市公司的A股股票中选取最具代表性的30种样本股票为计算对象编制而成。

7月18日　中国船舶大厦在陆家嘴金融贸易区建成。

7月31日　地铁二号线浦东段陆家嘴车站开工。

8月12日　以色列著名企业——艾森贝克集团公司总裁艾森贝克先生一行访问陆家嘴开发公司，双方确定将共同合作组建钻石交易中心项目公司。

8月22日　总投资4.35亿元的黄浦江行人观光隧道工程启动。这是国内首条过江行人隧道，于1999年4月10日全线贯通，2001年1月1日正式开放。

8月23日　上海市政府新闻办公室和浦东国际机场建设指挥部联合举行新闻发布会，宣布国务院正式批准浦东国际机场建设工程立项。拟建中的机场位于浦东新区，计划建设4条跑道。1999年9月，第一条跑道建成通航。2005年，浦东国际机场第二条跑道建成投入使用。2007年，浦东国际机场扩建工程竣工，建成第三条跑道及第二座航站楼。

8月27日　第一家进驻浦东的外资银行总部——泰华银行开业。

9月6日　化工部进军浦东要素市场的第一个项目——中达广场在陆家嘴竹园商贸区落成。

10月3日　甲级智能综合大厦——之江大厦落成。

10月15日　中央领导宋平同志在市委书记黄菊同志的陪同下视察陆家嘴金融贸易区，王安德总经理汇报了六年来开发建设的情况。

10月24日　全国第一家中外合资外贸公司兰生大宇贸易公司成立。

10月25日　山东省名优商品展销会开幕仪式暨齐鲁大厦开业仪式举行。

11月29日　东海天然气下游工程正式开工。下游工程包括输配工程、现代化管理和设施三个部分。于1999年4月28日正式投产，向浦东首批3700户居民直接供应天然气。

12月27日　上海期货大厦结构封顶。

12月30日　经中国人民银行批准，美国花旗银行、香港汇丰银行、日本东京三菱银行、日本兴业银行的上海分行首批迁址浦东陆家嘴金融贸易区，并获准经营人民币业务。

12月30日 上海粮油商品交易所浦东新址落成暨东迁仪式举行，成为本市首家东迁的期货交易所。

1997年

1月6日 国务院副总理朱镕基在夏克强副市长的陪同下视察了陆家嘴金融贸易区。

1月18日 由香港华润（集团）有限公司和上海华联商厦股份有限公司投资1.2亿美元兴建的上海时代广场竣工开业。

2月28日 陆家嘴金融中心区城市管理委员会挂牌。

4月18日 浦东新区源深体育中心奠基。

5月9日 世界十大保险集团之一的丰泰保险（亚洲）有限公司上海公司落户。

6月16日 香港汇丰银行上海分行迁址浦东船舶大厦。

6月28日 我国第一家以民营企业投资入股为主的全国性股份制商业银行——中国民生银行其上海分行入驻齐鲁大厦并开业。

6月30日 浦东新区重大建设项目——浦东中央公园（后改名为世纪公园）首期工程20公顷乡土田园区竣工。公园占地总面积140.3公顷，总投资10亿元。2004年全面建成开放。

7月1日 陆家嘴中心绿地正式对公众开放。

8月27日 世界第一高楼上海环球金融中心开工。

8月28日 金茂大厦结构封顶，上海市市长徐匡迪、外经贸部部长助理吴仪等领导参加了封顶仪式。

10月1日 国务院副总理吴邦国在市委书记黄菊、市长徐匡迪等的陪同下视察陆家嘴中心绿地。

10月14日 专程来沪参加第八届全运会的国际奥委会主席萨马兰奇参观了陆家嘴中心绿地。

10月18日 中共中央总书记、国家主席、中央军委主席江泽民到浦东新区视察，为陆家嘴题词：“努力把陆家嘴建设成为面向国际的现代化金融贸易区。”

10月24日 国务院总理李鹏在市委书记黄菊、市长徐匡迪的陪同下视察陆家嘴金融贸易区。

11月6日 国务院副总理田纪云在市委副书记王力平的陪同下视察陆家嘴金融贸易区，公司领导参加接待；田纪云同志欣然题词“加快开发”。

11月7日 中共中央政治局常委、书记处书记胡锦涛同志在市委书记黄菊的陪同下视察陆家嘴金融贸易区。

11月19日 投资5.34亿元建造的国家级通信产品交易中心——中国通信贸易大厦落成并投入运行。

12月5日 上海海洋水族馆举行开工仪式。

12月10日　上海市陆家嘴金融贸易区开发公司变更为上海陆家嘴（集团）有限公司，注册资金17.432亿元。成为上海市首批重点扶持的54家国有大型企业之一，企业性质由全民所有制变更为国有独资的有限公司。

12月12日　工商银行浦东分行独家贷款6.12亿元支持浦东世纪大道开工建设。

12月19日　上海证券交易所迁至位于浦东陆家嘴的上海证券大厦并正式营业。同日，中国上海人才市场东迁陆家嘴金融贸易区乐凯大厦。

1998年

1月8日　全国人大常委会委员长乔石在市长徐匡迪的陪同下视察了陆家嘴中心绿地。

1月26日　世纪大道建设工程启动。2000年1月1日全线贯通，同年4月18日正式通车。

2月28日　全国煤炭系统最大的非煤炭项目和最大的三产投资项目——中国煤炭大厦和浦东假日酒店同时在浦东落成开业。

3月22日　源深体育中心二期工程开工建设，项目占地3.8万平方米，建筑面积1.8万平方米。

4月30日　地铁二号线浦东段上下行线贯通。

5月8日　杨尚昆同志在市委书记黄菊的陪同下视察陆家嘴金融贸易区。

7月17日　由日本森大厦株式会社投资兴建的森茂国际大厦正式建成开业。

8月27日　美国香格里拉集团投资1.3亿美元建造的五星级宾馆——浦东香格里拉酒店开业。该酒店是陆家嘴金融中心区首家营业的五星级酒店。

8月28日　金茂大厦竣工。于1999年3月18日对外营业。

9月23日　中央政治局常委尉健行在市委书记黄菊、市长徐匡迪的陪同下视察陆家嘴金融贸易区。

11月19日　张家浜整治一期工程启动，西起黄浦江水闸、东至三八河，总长6.8公里，总投资2亿元，于1999年12月24日竣工。

12月17日　陆家嘴中心区模型正式捐赠给中国革命博物馆作为历史文物收藏。

12月18日　上海科技城项目建设正式启动。该项目位于陆家嘴金融贸易区行政文化中心区，总投资15亿元，占地120亩，建筑面积9.6万平方米。于2001年建成开放。

1999年

1月18日　江苏大厦及紫金山大酒店开业。

2月3日 东方医院改扩建项目一期工程病房大楼竣工并投入使用。

2月26日 上海市召开重大工程建设工作会议，确定地铁二号线东延伸段（至张江）、上海国际会议中心、浦东国际机场一期主体工程、国际航运大厦、浦东中央公园、世纪大道等建设项目为1999年市重大工程。

4月1日 美国朗讯公司与上海市邮政局在浦东建立全国第一家中美合资电信企业，向用户提供先进增值业务。

5月2日 投资1亿美元的京银大厦在陆家嘴金融贸易区投入使用。

8月22日 上海国际会议中心试营业。

8月26日 受东南亚金融危机影响而一度停工的正大广场项目正式复工。

8月 中法合资金盛人寿保险公司成立。

9月20日 地铁二号线一期工程建成通车。

9月27日 为期三天的“99《财富》全球论坛”在陆家嘴中心区国际会议中心开幕。

9月30日 集美食、娱乐和文化于一体的陆家嘴世界美食城开业迎客（现已拆除，建成国金中心（IFC））。

11月2-4日 德国总理施罗德在沪访问并参加上海新国际博览中心建设工程奠基仪式，该工程于2001年11月2日一期建成开业，至2012年2月15日全部落成，历经12期扩建，总投资逾44亿元。

12月2日 浦东新区“迎接新千年，发挥新优势”招商引资签约大会在国际会议中心举行。

12月27日 1999年上海最后一项城市标志性工程——上海海洋水族馆在浦东新区陆家嘴开工。时任新加坡总理李光耀先生参加了开工仪式。

2000年

1月1日 路宽100米的世纪大道全线贯通。4月18日，正式通车。

1月13日 陆家嘴开发陈列室被评为浦东新区社会事业十大景观之一。

4月18日 中央公园易名为世纪公园。

5月1日 上海市政府决定自零时起，取消黄浦江大桥、隧道的设卡收费。

5月3日 全国政协主席李瑞环在市委书记黄菊、市长徐匡迪的陪同下参观陆家嘴中心绿地和滨江大道。

7月9日 上海第一条生态水景游览河——张家浜对外开放，成为上海第一条生态水景游览河。张家浜一期景观河道全长6.8公里，流经陆家嘴、竹园商贸区和世纪公园等区域。

7月29日　新区城区家庭燃气率达98.45%，跨入全气化行列。

8月8日　中国共产党上海市浦东新区委员会、上海市浦东新区人民代表大会常务委员会、上海市浦东新区人民政府、中国人民政治协商会议上海市浦东新区委员会、中国共产党上海市浦东新区纪律检查委员会在浦东大道141号挂牌。

8月28日　中银大厦（中国银行上海分行办公楼）在陆家嘴金融贸易区落成。

9月10日　世纪购物广场在世纪大道，张杨路口东侧开业。

9月16日　浦东国际机场一期工程竣工通航。

9月20日　地铁二号线一期工程建成试通车。

9月30日　浦东新区区委、区人大常委会、区人民政府、政协浦东新区委员会及所属工作机构迁入世纪大道2001号办公。

10月27日　钻石交易所成立。由上海陆家嘴集团公司、中国工艺品进出口总公司及中国香港公司等共同组建。

11月13日　中共中央政治局常委、国家副主席胡锦涛在市委书记黄菊、市长徐匡迪陪同下，参观了钻石交易大厅、一门式服务，并为当场交易成功签名鉴证。

11月20日　香港汇丰银行上海分行和该行驻中国总代表处进驻陆家嘴金融贸易区汇丰大厦。

2001年

1月1日　外滩观光隧道正式试营运。

1月1日　中心绿地、滨江大道正式向市民免费开放。

1月9日　投资2.5亿元的张家浜综合整治一期工程竣工。

2月16日　中美合资恒康天安人寿保险公司成立。

3月17日　世纪大道工程被评为2000年度中国市政金杯奖。

4月15日　表现世纪大道“时间与发展”主题的“五行”组雕在世纪大道亮相。

5月6日　上海国际新闻中心在陆家嘴中心区竣工。

5月26日　总投资16.55亿元，全长2.5公里的大连路越江隧道工程开工。2003年9月29日建成通车.

6月6日　2001年亚太经合组织（APEC）贸易部长会议在上海国际会议中心举行。

6月11日　上海地铁二号线一期工程通车仪式在杨高南路站地面广场举行。

7月1日　上海信息大楼在浦东落成。

7月17日 上海一百集团和日本丸红株式会社共同投资组建的上海百红商业贸易公司成立，标志中国批发业将允许外资进入，开辟了我国批发业中外合资的先河。

7月25日 上海瑞吉红塔大酒店开业。

9月4日 轻轨明珠线第二期工程浦东段建设全面启动。

9月14日 浦东新区决定将土控公司总体并入陆家嘴集团。

9月20日 第九届全运会“走进新时代”别克杯火炬传递活动上海市火炬传递起跑仪式在滨江大道隆重举行。

9月29日 上海浦东软件园陆家嘴分园项目正式启动。

10月1日 黄浦江人行观光隧道开始参观性试运行。

10月14日 上海国际新闻中心在浦东启用。

10月21日 亚太经合组织（APEC）第九次领导人非正式会议在上海科技馆举行，20个国家和地区领导人参加会议。国家主席江泽民主持会议并发表《加强合作，共同迎接新世纪的挑战》的讲话，会议通过了《领导人宣言》。

10月31日 世界上第一条双层双管六车道越江公路隧道——复兴东路隧道开工.2005年9月29日竣工通车。

11月2日 上海新国际博览中心开业仪式今天上午隆重举行，

11月28日 陆家嘴集团成为上海十大开发区中首家通过企业档案目标管理家一级认定企业。

12月18日 上海市政府2001年1号工程——上海科技馆试开馆。

2002年

1月10日 黄浦江两岸综合开发工程启动，在规划开发的22.6平方公里中，浦东新区有13.9平方公里，占61.5%。

1月18日 浦东新区新建成的塘桥公园、泾南公园开园对外开放。

2月1日 东昌港区杨家渡码头拆除，标志着上海港老港区整体开发实质性启动。

2月7日 上海海洋水族馆正式开放。

2月11日 上海市黄浦江两岸浦东新区综合开发领导小组及办公室成立。

3月7日 第十二届中国华东进出口交易会在上海新国际博览中心圆满落幕。这是华交会首次移师浦东。

3月15日　上海磁悬浮列车示范线下部结构工程近日竣工，作为世界首条磁悬浮列车商运线已全线贯通。

3月26日　总投资7.8亿元的上海东方艺术中心在花木行政文化中心区开工建设。2004年12月31日竣工开放。

4月15日　占地38000平方米的开放式绿地——塘桥公园日前全部建成。

4月18日　泰国正大集团投资4.5亿美元、总建筑面积达24万平方米的中国最大的购物中心——正大广场竣工，10月18日开业。

4月19日　上海银行大厦在陆家嘴金融贸易区开工建设。

6月25日　浦东新区土地资产交易中心成立，标志着上海市第一家土地有形市场开始运转。

10月18日　中国太平洋保险（集团）公司总部从北京迁入上海浦东陆家嘴金融贸易区。

10月23日　中国交通银行总部迁入浦东陆家嘴交银金融大厦。

11月1日　交通银行总部从北京迁入上海浦东陆家嘴金融贸易区。

11月30日　占地2.8万平方米的浦东展览馆动工建造，2006年4月18日竣工开馆。

12月22日　轨道交通6号线工程开工建设。

12月24日　中国首家跨地区律师联盟——金茂联盟成立。

2003年

1月9日　上海浦东发展银行上海总部迁入陆家嘴金融贸易区浦发大厦。

2月13日　高492米、101层的上海环球金融中心大厦在陆家嘴中心区Z4—1地块举行复工启动仪式。

3月6日　陆家嘴中心绿地被评为上海市四星级公园。

6月13日　陆家嘴股份公司与招商银行今天上午签署B3-2、B3-4土地使用权转让协议，两地块面积约18696平方米，土地规划用途为商业金融业办公用地。

6月25日　由上海市房地产业协会组织评选的房地产企业50强揭晓，陆家嘴集团公司荣获首届上海市房地产开发企业50强第三名。

8月15日　陆家嘴股份公司、新鸿基地产发展有限公司关于陆家嘴金融贸易区X2地块土地使用权转让合同签字。该项目占地面积6.5万平方米，总建筑面积41.5万平方米，土地规划性质为商务、金融办公用地。

8月29日　中共中央政治局常委、国务院总理温家宝在上海市市长韩正等的陪同下视察了陆家嘴金融贸易区，并在陆家嘴中心绿地摄影留念。

2004年

1月17日　世界第一条长2785米双层双管的复兴东路越江隧道地下主体结构全线贯通。

3月5日　上海陆家嘴金融贸易区联合发展有限公司与嘉里集团在浦东香格里拉大酒店，举行了竹园商贸区2-16-B、C地块土地使用权转让商业条件协议签约仪式，

3月16日　上海陆家嘴金融贸易区联合发展有限公司与中国建筑工程总公司在上海国际会议中心举行了竹园商贸区2-11-5地块土地使用权转让合同签字仪式。

3月25日　陆家嘴集团公司入选“中国房地产百强企业”，位列第二。本次评选由国务院发展研究中心企业研究所、清华大学房地产研究所、搜房研究院主办。

4月18日　上海科技馆二期扩展工程开工。

5月18日　中心绿地、滨江大道入选浦东新区“十佳”景点。

5月24日　陆家嘴金融贸易区SB1-3-2地块人民日报社华东分社二期项目土地使用权转让合同签约。

5月28日　上海市委组织部任命杨小明任上海陆家嘴（集团）有限公司总经理。5月29日，上海市委任命杨小明任上海陆家嘴（集团）有限公司党委书记。

6月15日　上海浦东城市雕塑国际设计方案展览会开幕式上午在陆家嘴中心绿地举行。来自31个国家的161位艺术家的517件设计方案参加展览，评审出27件入围方案及56件优秀方案。浦东城雕委决定在陆家嘴中心绿地、滨江大道、新国际博览中心三处标志性景点建造户外雕塑。

6月15日　世纪大道被评为“上海市十佳优秀市政金奖工程”，上海市民对历年（1995～2004）竣工的200个市政金奖工程和20个入围项目进行了公开评选。

9月27日　位于陆家嘴金融中心的花旗集团大厦揭幕，世界500强中位于第7位的花旗集团宣告正式入驻，成为花旗集团在中国的全球企业与投资银行业务和全球消费业务的总部。

9月28日　浦东新区区委、区政府印发《关于建立陆家嘴等四个功能区域党工委、管委会的通知》。10月9日，浦东新区区委、区政府宣布成立陆家嘴、张江、金桥、外高桥四大功能区域。陆家嘴功能区域包括花木镇、潍坊街道、梅园街道、洋泾街道、塘桥街道。

10月16日　首届“中国上海E-CBD论坛”在浦东世纪公园国际会议厅开幕。

2005年

3月17日　浦东国际机场第二条跑道启用。浦东国际机场成为中国大陆第一个两条跑道均可独立运行的机场。

3月21日　陆家嘴股份有限公司与上海日本人学校签署了上海日本人学校浦东校区土地使用权租赁合同。该校位于塘东中块TD4-3-1地块，占地面积约20000平方米，建筑面积约22000平方米，由上海日本人学校自行投资建设，2006年4月完工。

5月14日　上海科技馆二期正式对外开放。

5月25日　陆家嘴股份有限公司与富士康企业集团签署了鸿海集团中国总部大厦项目土地使用权转让合同。鸿海项目位于陆家嘴金融贸易区B4-2-1地块，占地面积约1万平方米，地上部分建筑面积5万平方米。

6月20日　上海新国际博览中心A-04地块土地使用权转让招标投标及开标仪式正式举行。上海浦东嘉里城有限公司中标。

6月25日　陆家嘴开发大厦举行复工仪式。

7月9日　证大大拇指广场开业。

7月28日　上海市委、市政府确定浦东新区功能定位。浦东新区积极贯彻国家综合配套改革试点，努力成为改革开放先行先试区、自主创新示范引领区、现代服务业核心集聚区。

8月10日　中国人民银行上海总部在浦东陆家嘴揭牌。

8月30日　软件园8号楼开工建设，项目用地面积为11041平方米，建筑高度为50米，设计风格为一幢外形简约的研发性质高层建筑，将在陆家嘴软件园区内呈现一个新的地标。

11月16日　位于陆家嘴的中国内地第一高楼——上海环球金融中心全面开工。

11月20日　世纪大道2-3、2-4地块对外公开商务招标，和记黄埔集团公司中标。

12月8日　陆家嘴股份公司召开股东大会，公司股权分置改革方案现场投票网上投票同时举行，该方案以78.57%赞成获通过。

12月19日　招商银行大厦奠基，总建筑面积约9.8万平方米，建设资金预计13.5亿元。

12月19日　陆家嘴联合公司与和记黄埔正式签订2-3、2-4地块土地转让合同。

12月20日　上海陆家嘴金融贸易区联合发展有限公司与李嘉诚和记黄埔地产有限公司签署合作协议，双方分别投资20亿和50亿元，共同开发大型商贸综合性项目“世纪大都会”。该项目于2008年12月16日开工。项目总投资60亿元，占地面积约3.8万平方米，总建筑面积约27.7万平方米。

12月28日　上海陆家嘴金融中心大厦（即星展银行大厦）、陆家嘴96广场、东和公寓、金杨商业中心等4个建设项目同时开工建设。

2006年

1月1日　浦东新区各功能区域即日起承担起城市管理职责，新区5个城市管理署的事权和城管大队人员划转各功能区域。

1月25日　渣打银行大厦冠名及楼宇使用权框架协议签订。这是继汇丰、花旗大厦之后，在陆家嘴中心区又一栋以跨国银行命名的现代化、高标准的甲级办公大楼。陆家嘴股份公司将投资10亿元人民币，按照渣打银行提出的适合跨国银行地区总部办公需要的各项建筑标准进行定制建设。

3月17日　“世纪大都会”2-3项目设计协议签约仪式在浦东新区政府办公中心举行，该协议的签署标志了“世纪大都会”项目开发已进入启动阶段。2-3项目将由世界著名的美国SOM设计公司和上海建筑设计研究院期间承担设计工作。

4月8日　由证大集团投资20亿元建设的“证大·喜玛拉雅艺术中心”在芳甸路奠基。

4月18日　浦东新区公共文化标志性设施——浦东新区档案馆新馆正式开馆。

4月28日　钻石大厦在陆家嘴竹园商贸易区2-15-1地块开工建设。项目占地面积约6400平方米，建筑面积约为3.9万平方米，主体建筑高度为68米。由上海陆家嘴金融贸易区联合发展有限公司投资建设，建成后将定向交付给上海钻石交易所及其会员单位使用。

4月29日　富都大厦在陆家嘴中心区X3-3地块开工建设。后为服务“金融聚焦”战略，引进中保国际集团，本项目改为平安金融大厦。

4月29日　陆家嘴1885文化休闲中心项目开工建设。该项目地块内现有一幢保留老建筑。

6月26日　陆家嘴股份公司与上海药材有限公司签署协议收购位于陆家嘴软件园区内的上海中药研究所，并计划根据规划在中药所旧址建造陆家嘴软件园13号楼。

7月28日　轨道交通9号线浦东南路站SN1地块动迁工作全面启动，该地块东至崂山西路、南至商城路、西至浦东南路，北至世纪大道，需动迁的土地净面积约4.8万平方米。地块上现有居民约1800户，企事业单位17家。

8月18日　上海石油交易所成立。

9月8日　中国金融期货交易所挂牌成立。

9月13日　富都公司与中国保险控股有限公司签署X3-3地块土地转让合同协议。

10月28日　世纪大道地铁枢纽站投入使用，四条地铁线在此交汇。

11月8日　上海市软件产业基地陆家嘴软件园成立。这是浦东软件分园中唯一的市级软件产业基地。

11月6日　陆家嘴开发大厦有限公司与英国渣打银行有限责任公司上海分行签署《框架协议》，就渣打银行购买、租赁大厦使用权及大厦命名权达成了协议。

11月9日　上海浦东嘉里中心奠基。项目总投资5亿美元，总建筑面积23万平方米。

12月27日　陆家嘴开发大厦主体结构封顶。陆家嘴开发大厦（即渣打银行大厦）是陆家嘴股份公司在陆家嘴金融中心区内自主开发的第一栋高标准智能化大厦。

2007年

3月7日　陆家嘴集团公司与中国电信集团浦东电信局签署合作协议，将携手共同推动陆家嘴“数字金融”建设。

4月18日　陆家嘴集团公司与中欧国际工商学院就共同建立“中欧陆家嘴国际金融研究中心”签署合作协议书。

4月25日　陆家嘴股份公司与中国石油化工集团公司签署塘东北块TD-1地块土地使用权转让合同，中石化办公科研大楼位于塘东北块TD-1地块，土地面积约6.3万平方米，建筑面积约15.75万平方米。

5月8日　美国欧特克软件（中国）有限公司（Autodesk）正式从浦西迁入陆家嘴软件园7号楼办公，这标志着陆家嘴软件园吸引国际优秀软件企业取得实质性进步。陆家嘴软件园7号研发楼位于风景优美的张家浜河畔，是一栋依河而建的3层低密度研发楼，由A、B两个楼组成，建筑面积约1.2万平方米。

7月30日　华银大厦全面建成。中国银行业监督委员会上海监管局、中国保险监督委员会上海监管局正式入驻办公。

8月15日　陆家嘴滨江大道亲水平台工程（东园路—浦东南路段）开工建设。陆家嘴滨江大道亲水平台改造工程全长约465米，宽21.7米至23米，高度约5米。该工程由亲水平台、驳岸、防汛墙、景观绿地等共同组成。

10月26日　中欧陆家嘴金融研究院揭牌。

10月31日　陆家嘴塘东中块土地使用权转让招标工作正式启动，并正式对外公布招标公告。塘东中块TD4-3、TD4-4、TD4-7等3幅地块，用地面积合计约2.43万平方米，建筑面积约13.87万平方米，地块规划性质为商务办公。

11月8日　“上海市软件产业基地陆家嘴软件园”揭牌仪式在陆家嘴软件园中心广场隆重举行，陆家嘴软件园步行景观桥建成，极大地方便了园区两边的沟通，使陆家嘴软件园形成一个整体。

11月9日　上海浦东嘉里中心项目开工建设。上海浦东嘉里中心项目由陆家嘴金融贸易区开发股份有限公司、嘉里建设有限公司、香格里拉（亚洲）有限公司、新加坡长春产业有限公司联合投资建设，总投资约5亿美元。

12月18日 全国第一个金融审判庭——上海金融仲裁院落户浦东。

12月28日 由陆家嘴股份公司投资建造的第一栋高标准智能化金融大厦——渣打银行大厦竣工，该项目位于陆家嘴中心区，建筑总面积约4万平方米，建筑高度120米，地上26层。

12月29日 陆家嘴（集团）有限公司与北京富华园房地产开发有限公司合作开发新民花木北块签约。

2008年

3月29日 陆家嘴股份公司、陆家嘴软件产业发展有限公司与上海邵万生商贸合作公司、上海晨光虾片厂以及上好佳（国际）有限公司就合作开发陆家嘴软件园C区共同签署合作协议，由公司对陆家嘴软件园C区规划范围内的旧建筑进行改造，通过“腾笼换鸟”合作经营方式，为陆家嘴软件园提供新的发展空间。

4月14日 陆家嘴滨江绿地亲水平台一期工程A-H段结构提前35天实现全线贯通。

4月18日 陆家嘴中心区二层步行连廊系统一期建设正式启动。陆家嘴中心区二层步行连廊系统共分四期建设，由“明珠环”、“东方浮庭”、“世纪天桥”以及“世纪连廊”四部分组成。一期即“明珠环”项目，位于陆家嘴核心区东方明珠环岛路，环型桥直径约120米，廊桥净高为5.5米，宽约10米。

5月6日 中国人民银行征信中心揭牌仪式在浦东举行。

5月6日 陆家嘴信息服务中心开工建设。

5月9日 经国务院批准，由中国人民银行、中国银监会、中国证监会、中国保监会、上海市人民政府共同主办的“2008陆家嘴论坛”召开。

6月21日 新国际博览中心首个功能配套项目——永达国际大厦正式落成。

6月28日 陆家嘴基金大厦开工建设，该项目地处陆家嘴金融贸易区2—11地块，占地面积约9902.8平方米，总建筑面积为44183平方米，建筑高度约80米，地上17层，地下2层。

6月30日 陆家嘴软件园9号研发楼竣工。项目位于陆家嘴软件园沿杨高路一侧，占地面积10500平方米，建筑总面积约40098平方米，共10层，是目前陆家嘴软件园内投入使用单体面积最大的建筑。

7月9日 上午，渣打银行（中国）有限公司举行“渣打银行大厦落成竣工典礼”，这标志着渣打银行中国地区总部正式入驻陆家嘴，这是继汇丰银行、花旗银行大厦之后，陆家嘴中心区又一栋以国际知名银行命名的金融大厦正式投入运营。

7月11日 保时捷中国总部大楼正式签约入驻陆家嘴软件园11号研发楼。

8月30日　拥有世界最高观光楼层（地上472米）的环球金融中心对外开放，接待观光游客。

10月20日　新华社与上海市人民政府在浦东香格里拉大酒店签署战略合作备忘录。新华社CFC大厦B5-5地块位于陆家嘴东园路、陆家嘴环路，西临东方明珠，南临海洋水族馆，北面紧靠正在建设中的滨江大道亲水平台，土地面积约6100平方米。

11月17日　陆家嘴塘东总部基地开工（后更名为陆家嘴世纪金融广场）。基地建设由上海陆家嘴股份公司总投资近60亿元，占地面积约5.34万平方米，总建筑规模约44万平方米。

11月26日　陆家嘴投资大厦、竹园中心绿地及管理辅助用房两个项目正式开工建设。陆家嘴投资大厦项目占地面积8325平方米，建筑总面积约4.6万平方米，建筑高度约72米，其中地上14层，地下2层。竹园中心绿地及管理辅助用房项目占地面积约15057平方米，建筑总面积为9768平方米，项目地上为2层，地下1层。

11月28日　陆家嘴96广场进入试运行。项目位于竹园商贸区核心地块，是陆家嘴公司投资建造的第一个大型综合商业项目，也是陆家嘴商圈目前唯一的“开放式商业中心”。

11月29日　位于陆家嘴中心区Z3地块上海中心大厦开工。大厦总高度632米，121层，总投资148亿元。项目建成后将成为国内第一高楼，成为陆家嘴和上海的地标建筑。

12月16日　“世纪大都会”项目正式开工建设。

12月24日　陆家嘴软件园11号研发楼正式开工建设。

2009年

1月9日　上海市金融交易广场在竹园商贸区奠基。

1月21日　陆家嘴集团与浦发集团、土控公司共同斥资20亿元，组建上海陆家嘴金融发展有限公司。

3月17日　陆家嘴公司收购浦项商务广场大厦签约，启动收购工作。7月16日完成收购。更名为“陆家嘴商务广场”。

3月20日　陆家嘴集团与保时捷公司正式签署合作开发协议。

3月30日　二层步行连廊东方浮庭正式开工。

3月31日　杨东凤凰城青年公寓（现更名为陆家嘴金融城人才公寓）开工建设。

5月15日　中国金融信息大厦举行奠基仪式。

5月26日　“陆家嘴人才金港”开港，

5月28日　陆家嘴集团本部迁址软件园C区。

6月17日　上海陆家嘴金融发展有限公司以股权收购方式获得爱建证券有限责任公司51.14%的股

权，成为爱建证券第一大股东。

7月5日　高139.6米，宽43.2米，总面积达6030平方米的巨大世博宣传LED幕墙在陆家嘴花旗银行大楼启用，这是国内显示面积最大的楼宇LED彩显幕墙。

7月7日　陆家嘴金融贸易区开发股份有限公司与新加坡星展银行（中国）有限公司签订了“星展银行大厦”（即陆家嘴金融中心大厦）命名及楼宇使用合同的签约仪式。

8月20日　陆家嘴花园一期人才公寓正式投入运营。

10月16日　钻交所、钻石办、各会员入驻钻石大厦。

11月19日　陆家嘴集团与百联集团在东锦江宾馆签订战略合作框架协议。

11月20日　连接人民路和东昌路、新建路和银城东路的人民路隧道和新建路隧道部分通车。

12月18日　星展银行正式入驻陆家嘴金融中心大厦。

2010年

1月6日　中国银行业监督管理委员会批复浦东新区、中国银行和百联集团，同意筹建中银消费金融有限公司。这是国内首批获准筹建的三家消费金融公司之一。

1月8日　陆家嘴1885商业文化中心开业。

1月12日　陆家嘴功能区域管委会被撤销，成立陆家嘴金融贸易区管委会，主要从事经济发展、规划建设、产业促进、环境优化等职能。

1月28日　竹园绿地商业配套设施竣工。

2月3日　陆家嘴金融中心大厦（星展银行大厦）启用仪式在陆家嘴金融中心大厦举行。星展银行大厦项目荣获上海市建筑业协会颁发的建筑工程“白玉兰奖”。

3月18日　美国哈佛大学在海外最大的研究中心——哈佛上海中心在浦东陆家嘴投入运营。

4月8日　陆家嘴中心区二层步行连廊“明珠环”、“东方浮庭”竣工。

4月8日　中国金融期货交易所股指期货启动仪式在东郊宾馆举行。

4月16日　“庆祝浦东开发20周年暨陆家嘴中心区二层步行连廊工程竣工仪式”在陆家嘴二层步行连廊举行。二层步行连廊于5月8日正式对外开放。

4月19日　陆家嘴集团公司所属上海易兑外币兑换有限公司获得由中国人民银行上海总部、国家外汇管理局共同颁发的“特许货币兑换”许可。

5月8日　陆家嘴中心区二层步行连廊“明珠环”、“东方浮庭”竣工并对外开放。

6月20日　经新区商务委、财政局、金融服务局和陆家嘴金融贸易区管委会（筹）联合验收：陆家嘴商务广场荣获“金融城商业配套达标楼宇”；渣打银行大厦、中国钻石交易中心被认定为首批“金融城商业配套必备业态齐全楼宇”。

6月30日　永亨银行（中国）有限公司上海分行签约购入21世纪中心大厦20层，于2011年1月份入驻。

7月16日　上海航运金融研究所和航运信息技术研究所揭牌成立。航运金融研究所由建设银行上海分行、远东租赁、广发期货、中银国际证券和上海国际航运研究中心共同发启成立。

9月24日　上海浦东保时捷中心入驻陆家嘴软件园11号楼，举行开业运营典礼。

10月11日　陆家嘴股份公司与泰康人寿保险有限公司合作备忘录签约。

10月18日　新建成的浦东图书馆开馆。该馆位于前程路88号，占地3万平方米，可藏书200万册，阅览座位约3000个。

10月26日　证大喜马拉雅中心落成，“证大喜马拉雅——上海文广艺术创新基金”设立。

11月1日　大华银行（中国）有限公司入驻陆家嘴金融信息大厦。

11月1日　陆家嘴中心区二层步行连廊续建工程（世纪连廊、世纪天桥）开工。

11月2日　上海浦东国际航运服务中心与浦东航运协会签约入驻陆家嘴浦东大道981号办公楼。

11月15日　浦东嘉里中心项目竣工。

2011年

1月9日　二层连廊步行系统续建项目——跨银城路段钢结构合拢。

1月10日　陆家嘴软件园11号楼主体结构封顶。

1月26日　陆家嘴金融发展公司获得中国银监会关于控股收购海协信托投资有限公司的批复，同意受让新疆威仕达实业（集团）股份有限公司等4家股东总计约71.6%的股权。

2月12日　世纪大都会启动基坑第3层挖土施工。

2月25日　陆家嘴软件园12号楼开工。项目总建筑面积约1.2万平方米，高度为8层，是一栋小巧精致、富有时代感的独栋办公楼。

3月28日　上海纽约大学在浦东陆家嘴竹园商贸区奠基。上海市委副书记、市长韩正，教育部副部长郝平，市委副书记殷一璀，市委常委、区委书记徐麟，副市长沈晓明，市政协副主席、区长姜樑，美国纽约大学校长约翰·塞克斯通等出席奠基仪式。

4月22日　上海市浦东新区现代服务业促进会成立。

4月28日　陆家嘴金融城1路巴士正式开通。沿线直接服务中银大厦、恒生银行大厦等30幢楼宇。

6月28日　陆家嘴投资大厦、陆家嘴基金大厦正式交付运营。

6月29日　陆家嘴渣打银行大厦项目荣获“2011上海十佳写字楼”奖项。

6月30日　上海纽约大学项目开工。

7月8日　“新华—道琼斯国际金融中心发展指数”在浦东发布2011年度指数报告，上海由上一年度的排名全球第8位上升至第6位，这一排名很大程度反映了浦东金融要素的扩张和服务水平的提升。

9月16日　南滨江综合改造工程开工建设。

9月28日　二层连廊跨银城中路与世纪大道段正式竣工并启用。

10月9日　由中国社会科学院和上海市人民政府合作成立的中国社会科学院陆家嘴研究基地挂牌。

10月27日　北滨江户外银幕建造完成。并于11月11日放映了首场露天电影。

11月29日　金融城人才公寓项目“锦绣前程”开工建设。姜樑区长、严旭副区长、刘正义副区长及新区相关部门负责人出席开工典礼。

12月12日　陆家嘴金融城环境优化配套项目集中开工仪式举行。集中开工的11个项目包括陆家嘴公共空间功能提升样板段建设项目、标准化出租车扬招点建设、行人指示系统完善、陆家嘴中心绿地健身步行道、滨江Halcyon画廊美术馆、上海市银行博物馆新馆、环球金融中心公共绿地改造、金融城成衣定制街、金融城地下空间建设、北滨江文化休闲长廊、金融城餐饮广场项目。

12月12日　浦东金融广场（SN1地块）一号办公楼项目股权转让协议签约。

2012年

1月19日　凤凰卫视中国上海新闻中心揭牌仪式在上海环球金融中心举行。

2月15日　上海新国际博览中心（SNIEC）全面建成。

2月16日　爱建证券有限公司正式迁入陆家嘴商务广场。

2月27日　陆家嘴金融发展公司收购的海协信托公司获中国银监会批复，同意更名为陆家嘴国际信托有限公司，并获准开业运营。

3月15日　陆家嘴金融城人才公寓开业运营。

3月20日　中国银行上海人民币交易业务总部正式在沪成立，成为首家在沪设立“第二总部”的商业银行。

5月10日　位于陆家嘴环路、东园路口的上海富士康大厦开工建造。大厦建筑高度95米，分为地上

21层、地下4层，总建筑面积8.1万平方米，预计2015年完工。上海富士康大厦是鸿海富士康的中国地区总部，也是其在长三角地区的研发中心。

5月18日　陆家嘴软件园12号楼竣工。

5月23日　陆家嘴软件园11号楼竣工。

5月24日　《上海市加快国际航运中心建设"十二五"规划》出台。这是上海国际航运中心建设的第一个专项5年规划。规划提出，到2015年上海要形成国际航运中心核心功能，实现航运要素和资源集聚；港口、机场吞吐量继续位居世界前列，航运服务体系基本建成，国际航运综合试验区建设要取得新突破。

5月27日　陆家嘴股份公司与阿里巴巴公司签订出售浦东金融广场（SN-1地块）2号办公楼协议，成功吸引"支付宝"入驻浦东陆家嘴金融城。

6月28日　陆家嘴城2路、3路和人才公寓专线3条短驳巴士开通。至此，陆家嘴金融城公交短驳巴士实现了金融贸易核心区交通枢纽至楼宇的全覆盖。

8月7日　浦东金融广场（SN-1地块）项目正式开工。该项目总建筑面积约45万平方米，是"十二五"期间浦东推进金融城建设的十大重点项目之一。整个项目预计将在2018年前竣工交付。

8月29日　陆家嘴中心区二层步行连廊续建工程开工建设。

9月20日　塘东总部基地（TD4-1）1号楼土建及钢结构封顶，并举行封顶仪式。至此，塘东总部基地5栋办公楼全部实现结构封顶。

9月28日　由陆家嘴股份公司筹建的"东方纯一"项目开工建设。该项目地块位于峨山路与南泉路交汇处东北侧，将包含1幢高层（18层）公楼和2栋多层（3层）办公楼，总建筑面积4.6万平方米。

10月15日　陆家嘴公司负责建设的"上海纽约大学"在香格里拉大酒店举行揭牌仪式，韩正市长为上海纽约大学揭牌。

11月9日　陆家嘴集团公司完成对申迪集团增资18亿元的年度计划，已累计完成投资54亿元人民币。

2013年

1月14日　陆家嘴中心区二层步行连廊"世纪连廊"段钢结构工程完工。

1月21日　由上海陆家嘴金融发展公司与香港亚洲联合财务有限公司、上海外联发实业发展有限公司共同投资设立的上海浦东新区亚联财小额贷款公司开业。

2月5日　陆家嘴集团与中国建筑第八工程局有限公司签订战略合作框架协议。

3月28日　陆家嘴软件园获评“上海品牌园区”。

6月24日　股份公司通过公开产权交易市场，购得“前滩中心”项目60%股权，参与前滩最大城市综合体项目的开发。

8月3日　上海中心大厦结构封顶（总高度632米）。

8月30日　陆家嘴证券广场（暂定名）项目开工建设。

9月30日　陆家嘴二层步行连廊系统（一期）“世纪连廊”工程竣工，并于9月30日凌晨对外开放。

10月9日　陆家嘴集团、新希望集团以及日本SBI控股株式会社签署《关于打造互联网金融服务平台、开展互联网金融服务业的战略合作备忘录》，三方拟共同在中国（上海）自由贸易试验区开展金融创新业务。

10月13日　“金色阳光”老年公寓工程实现主体结构封顶。

10月18日　迪士尼陆家嘴旗舰店签约入驻陆家嘴中心区A块。

10月20日　上海市政府与中国建设银行签署《战略合作备忘录》，明确建设银行将在上海设立一个名为“中国建设银行（上海）中心”的机构。建设银行（上海）中心是总行在上海的一个派出机构，类似于建设银行的“第二总部”。

11月7日　陆家嘴集团公司增资申迪集团6.5亿元，目前已累计完成投资60.5亿元。

11月18日　陆家嘴集团公司、陆家嘴金融发展公司与日本野村控股株式会社在上海花园饭店签署了《关于全方位推进在金融服务领域紧密合作的战略合作备忘录》，计划共同在中国（上海）自由贸易试验区设立机构，开展金融创新业务。

12月21日　“陆家嘴集团参与临港地区开发前期可行性论证和策划研究课题成果汇报会”在世纪公园会议厅举行，原上海市副市长胡延照、浦东新区副区长周亚、朱嘉骏，以及市相关部门的领导、专家出席了会议。

2014年

1月1日　中国金融信息中心大厦揭牌启用。新华上海贵金属交易中心揭牌。国家价格研究院揭牌。

1月2日　陆家嘴股份公司全资项目公司以10亿元人民币竞得陆家嘴中心区的Z4-2地下商业空间及公共绿地综合改造工程地块.成为上海市首宗以地下空间为标的的公开市场“招拍挂”交易。

3月17日　陆家嘴证券广场项目开工建设。

4月16日　中国保监会正式批复陆家嘴金融发展公司收购国泰人寿50%的股权。公司于8月更名陆家嘴国泰人寿有限公司，注册资金增至16亿元。

5月13日　塘东总部基地全面竣工。

5月18日　陆家嘴集团公司携陆家嘴金融发展有限公司与日本野村控股株式会社签署关于成立自贸区“陆家嘴野村资产管理有限公司”的合作协议。这是上海自由贸易试验区内成立的首个中外合资资产管理公司。

6月13日　上海纽约大学浦东校区竣工。8月17日，上海纽约大学正式建成并投入运营，2018届新生开学典礼在新教学楼隆重举行，来自全球40多个国家和地区的294名学生参加开学典礼。

8月14日　由华东师范大学和美国纽约大学联合创办的第一所具有独立法人资格的中美合作创办的大学——上海纽约大学正式进驻学生。

8月28日　上海陆家嘴金融发展公司与浙江传化集团签订萧山科技城（核心区）合作开发战略合作框架备忘录。

8月30日　陆家嘴中心区二层连廊步行系统（世纪连廊）全面贯通。

9月2日　陆家嘴集团公司与川沙新镇组成“川沙新城”综合开发领导小组，拟共同开发约5平方公里的川沙新城项目。

10月9日　陆家嘴集团公司与川沙镇政府签署“川沙新城”开发建设战略合作协议。双方将与复旦建筑规划设计院共同开展“川沙新城”项目的战略规划研究。

10月17日　上海新辰投资股份有限公司增资扩股（24亿人民币）协议签约仪式在临港管委会举行。陆家嘴集团、港城集团、陆家嘴股份公司共同签署此项协议，这标志着陆家嘴临港项目的开发又迈出了实质性的一步。

10月31日　集团“挥师南下、决战临港”首期投资24亿，集团通过土地交易公开市场竞得临港项目用地，开发面积30万平方米。

12月28日　上海陆家嘴金融发展有限公司与上海外高桥（集团）有限公司、中国信达资产管理股份有限公司、中国东方资产管理公司共同发起设立“上海自贸区股权投资基金”。这是首支专注于投资自贸实验区的股权投资基金。

后记

今日的陆家嘴不是一天建成的。1990–2015，25年间，沧海桑田。那一幢幢高楼大厦、一条条宽畅大道背后，凝结着多少费心的思量、忘我的投入？那一个个火热的日子、一幕幕动人的场景，让多少与这片热土紧密相连的人们，难以忘怀？

一念缘起。如果不是编撰《梦缘陆家嘴——上海陆家嘴金融贸易区规划和建设》这样一套兼顾史料价值和可读性的丛书，我们也许就会错失这样一次与历史精彩对话的机会。

所有的繁华，掩不住最质朴的心。当国外的规划设计师们艳羡中国同行能在有生之年亲历蓝图化作现实之时，曾参与陆家嘴规划编制和开发的建设者们想得更多的是如何才能更少地留下遗憾。“后人永远有比我们更先进的技术和更高的眼光，只要别人肯定我们的用心和勤奋，就已经很满足了”，老开发的话语，自谦中透出最朴素的情感——用心，将个体的命运和荣辱，与一个时代的变迁、一座城的崛起，紧紧连结在一起。

在本套丛书的编写过程中，最让我们感动的，也是这份用心。有一种精神，叫老开发精神；有一种情结，叫陆家嘴情结。它们在陆家嘴的开发建设者们的心中，用心浇筑，历久弥坚。

心有所属，才能心无旁骛。在“陆家嘴”的成长过程中，开发建设者们从未懈怠，一直在思考。当他们意识到，汇聚于此的人们不仅是为了工作，同时也在追求更加丰富、便捷的生活时，继续秉承开发初期“无中生有”、敢想敢做的精神，在科学论证的基础上，不断与时俱进、自我完善：滨江大道改造工程，在满足黄浦江防汛基本功能的同时，引入亲水平台、绿化景观和商业配套；斥资数亿元打造的陆家嘴二层连廊，将人车分流、改善交通的作用，与观光、餐饮、休闲等功能相融合，大楼之间实现的互连互通，也使工作、生活在这里的人们拉近彼此距离……一次次以人为本、因地制宜的实践，为整座金融城平添一道道新的风景,彰显“城市，让生活更美好”。“有苦干才有实绩，有智慧才有神奇，有忠诚才有正气”，这是陆家嘴人的自勉，又何尝不是今日陆家嘴所有成果的由来？

Epilogue

As Rome was not built in a day, so does Lujiazui. Everything has undergone enormous changes for the past 25 years from 1990 to 2015. Every skyscraper and every road is crystallized with endless thoughts and dedication. People closely connected to this precious land would never forget each and every fiery day and moving scene.

If it were not for this series of books with both historical values and readability, we would have probably lost an opportunity to converse with history.

A humble and pure heart cannot be covered by its superficial prosperity. While foreign architects envied their Chinese counterparts because of the chance they had to carry out their blueprints into reality, architects participating in Lujiazui planning were thinking of how to avoid regrets and imperfections to the minimum. "Future generation would always have more advanced technologies and higher visions than that of today's architects. As long as our diligence and hard work is acknowledged by others, we would be definitely satisfied." These words by today's architects show their purity and humbleness. They put their own destiny and glory together with the changing times and a rising city.

It is their devotion for this cause that moves us deeply during the process of editing this series. There is a spirit we call the old developer's spirit, and a complex called Lujiazui complex. They grow deeper in architects' hearts and stronger as time passes.

One cannot be easily distracted with a solid goal in mind. During Lujiazui's development process, architects and developers never got slack on the work, and kept their mind running all the time. They gradually realized people came to this land for not only their career but also a convenient and colorful life. So they kept on improving the planning as time advanced in a courageous and scientifically proving spirit: the reconstruction project of Binjiang Avenue introduced waterside platform, green landscape and commercial infrastructures without compromising flood control function of the Huangpu River; Lujiazui second-floor passageway that cost hundreds of millions RMB successfully separated pedestrians from vehicles to improve traffic. The passageway connected different buildings, which integrated sightseeing, dining and recreation around a single area and sufficiently shortened the distance among citizens living and working there. Every practice aiming at improving people's lives and local environment created new scenes for the entire financial town, perfectly illustrating the slogan "better city, better life". "Hard work brings achievement, wisdom brings amaze, and loyalty brings justice", this is how people of Lujiazui encourage themselves, and the reason Lujiazui thrives today.

几十位不同时期参与陆家嘴金融贸易区规划编制和开发建设的亲历者，投身本套丛书的编辑工作，秉承“开发者写开发，建设者写建设”的宗旨，近两年来，他们利用空余时间，查阅了25年累积的数以吨计的档案、资料，访谈了上百位的专家学者、老领导、老开发。在此基础上，反复甄别核对，精心研究编撰，从实践者的角度，对这段历史进行了深入的总结和反思，从而保证其史料性、准确性，同时又具有一定的可读性。

无论来自何方，去向何处，在陆家嘴开发建设的日子里，总有一种使命感牢牢牵绊。正是这份使命感，让陆家嘴的开发建设者们始终激情澎湃、继往开来。也正是这份使命感，让这些为金融城精心打磨一砖一瓦、悉心栽种一草一木的“园丁”们，敞开心扉，记录历史，为后人留下宝贵的精神财富。

上海陆家嘴（集团）有限公司携手上海市规划和国土资源管理局编撰的这套丛书，不仅如实展现了陆家嘴从一个开发区到一座金融活力城的建设成果，也忠实记录了其政策设计、形态开发和功能实现的实践历程，全面公开了截至2014年底，陆家嘴开发建设进程中的历年数据“家底”。以史为鉴可以知兴替，我们要做的，便是以一种尊重历史的态度，留下真实的印记。这是企业精神的体现，更是面对社会责任时的责无旁贷。

一千个人心中就有一千个陆家嘴。它是中国的，也是世界的；是不甘寂寞的，也是耐得住寂寞的……就像有人说的那样，这是一个有生命力的、活的城市，无数人怀揣梦想在这里启程，城市自身也在不断吐故纳新、修筑再生。每一个有幸与它结缘的人，共同的心愿是让它愈发美好。

本套丛书的编写，很荣幸得到了曾参与浦东开发的老领导的支持和鼓励。我们将其中历年浦东新区（开发办、管委会、区委区府）主要领导对陆家嘴的讲话摘录编辑成《寄语陆家嘴》，放在本套丛书的首页，以此作为陆家嘴25年发展历程的精华浓缩，也是对今后陆家嘴开发建设的一种激励和鞭策。

Dozens of architects and developers that had took part in the planning and construction of Lujiazui Finance and Trade Zone in different times dedicated themselves to the editing work of this series. They took responsibility of different chapters in accordance with their own occupations, looked into tons of documents and files in the past 25 years during off-work time, and interviewed hundreds of experts, senior government officials and developers. On the basis of these researches, they made careful selections and comparisons to conclude and retrospect the course from their own experiences, which guaranteed the books historical view, accuracy and readability.

No matter where the past came and where the future holds, a sense of commitment have always stayed with us during those constructing days. It is this sense of commitment that keeps people devoting themselves to Lujiazui's passionate development. It is this sense of commitment that keeps the gardeners who planted trees and polished the bricks open their heart and mind to record the history, which would be spiritual wealth for generations to come.

With the cooperation between Shanghai Lujiazui Development(Group) Co., Ltd. and Shanghai Land Resource and Planning Bureau, they successfully showed it to the public the construction achievements of optimizing Lujiazui from a developing zone to a financially active town, and also the practice course of its policy design, morphological development and function realization using data of each year's construction process until 2014. As a Chinese idiom goes, mirror of history can reflect failure and success of the present. What we try to achieve is to record the truth with a respectful attitude toward history. This is a testament to the entrepreneurial spirit and the unshakable social responsibility.

Everyone has a different image of Lujiazui. It belongs to China, and to the world. Sometimes it is quiet, sometimes not. It is a vivid and lively town that evolves and restores every day, with countless people coming here in a hope to realize their own dreams. Each person who is lucky to get to know this town has a common aspiration to make it better.

This series was supported and encouraged by dozens of officials once participated in the development of Pudong District. We selected a few speeches by major officials from Pudong Development Office, Administrative Committee, Pudong District Committee and Government as Wishes for Lujiazui in the first few pages, an epitome of the 25-year developing course and motivation for the future.

与此同时，浦东新区发改委、规土局、经信委、商务委、陆家嘴管委会、浦东改革发展研究院、浦东规划设计研究院、上海市规划设计研究院、同济大学、上海交通大学、现代建筑设计集团、上海期货交易所、上海钻石交易所等诸多相关单位的专家学者、领导以及关心本丛书编辑出版的专业人士，也在本套丛书的编写过程中，无私地给予我们指导和帮助，谨在此一并表示崇高的敬意和衷心的感谢！因为你们，让这段历史更加丰满翔实，更坚定了我们书写这段历史的勇气和信心。

2015年，中国（上海）自由贸易试验区扩区，上海新一轮总体规划明确了今后的发展目标，陆家嘴的开发建设将进入一个新的历史阶段。如果说，1990年浦东开发开放是陆家嘴建设四个中心的历史性起点，2015年则是陆家嘴二次创业又一次新的征程，陆家嘴金融城精耕细作、前滩建设如火如荼、临港新城雏形初现……陆家嘴集团这支上海城市核心功能区域开发的野战军，似乎永远在路上。

总有一种精神，催我们奋勇前行；总有一种情结，令我们义无反顾。这种精神，这种情结，从陆家嘴的老开发们身上一脉相承。无论斗转星移，岁月变迁，建设一个更加美好的陆家嘴，是我们不变的使命和梦想。

李晋昭

2015年9月

Experts, officials and professionals concerned with this series from Pudong Development and Reform Commission, Land Resource and Planning Bureau, Economic and Information Commission, Commerce Commission, Lujiazui Administrative Committee, Pudong Academy of Reform and Development, Pudong New Area Planning and Design Institute, Shanghai Urban Planning and Design Research Institute, Tongji University, Shanghai Jiao Tong University, Shanghai Xian Dai Architectural Design (Group) Co., Ltd., Shanghai Futures Exchange, Shanghai Diamond Exchange also extended to us their selfless assist. Great respect and thanks to all the help we received. It is because of you that we were more determined and confident than ever to make the history real and vivid.

In early 2015, China (Shanghai) Pilot Free Trade Zone expanded its area to Lujiazui with new round of Shanghai overall planning under way. The development and construction of Lujiazui ushered into a new era. While the reform and opening-up of Pudong in 1990 to build the four centers in Lujiazui was the historical start point, the year 2015 would certainly mark the beginning of a new process of Lujiazui's undertaking with financial town, foreshore construction and Lingang City all in their full bloom. Lujiazui Group, field army of Shanghai urban functional zone planning, is always on the road.

There would always be a spirit to push us forward and a complex to let us proceed without hesitation, which passes on from generation to generation. No matter how time changes, to build a better Lujiazui is a dream and a commitment we never cease to fulfill.

Li Jinzhao

September, 2015

图书在版编目（CIP）数据

梦缘陆家嘴（1990—2015）第一分册　总体规划／上海陆家嘴（集团）有限公司，上海市规划和国土资源管理局编著. —北京：中国建筑工业出版社，2015.10
（上海陆家嘴金融贸易区规划和建设丛书）
ISBN 978-7-112-18448-4

Ⅰ.①梦…　Ⅱ.①上…②上…　Ⅲ.①城市建设-研究-浦东新区-1990～2015②城市规划-总体规划-研究-浦东新区-1990～2015　Ⅳ.①F299.275.13②TU984.251.3

中国版本图书馆CIP数据核字（2015）第216388号

责任编辑：陆新之　何　楠　焦　扬
书籍设计：康　羽
责任校对：张　颖　关　健

上海陆家嘴金融贸易区规划和建设丛书
梦缘陆家嘴（1990—2015）
第一分册　总体规划
上海陆家嘴（集团）有限公司
上海市规划和国土资源管理局　编著
*
中国建筑工业出版社出版、发行（北京西郊百万庄）
各地新华书店、建筑书店经销
北京锋尚制版有限公司制版
北京雅昌艺术印刷有限公司印刷
*
开本：880×1230毫米　1/16　印张：16½　字数：448千字
2015年12月第一版　2015年12月第一次印刷
定价：130.00元
ISBN 978-7-112-18448-4
（27629）